도덕적인간은 왜 나쁜사회를 만드는가

PSYCHOLOGIE DU BIEN ET DU MAL
by LAURENT BÈGUE
Copyright ⓒ LES EDITIONS ODILE JACOB, Paris, 2011
Korean Translation Copyright ⓒ BOOKIE Publishing Co. Ltd., 2013
All rights reserved

This Korean edition was published by arrangement with
LES EDITIONS ODILE JACOB (Paris)
through Bestun Korea Agency Co., Seoul

이 책의 한국어판 저작권은 베스툰 코리아 에이전시를 통해
저작권자와의 독점계약으로 부키(주)에 있습니다.
저작권법에 의해 한국 내에서 보호를 받는 저작물이므로 무단전재와 복제를 금합니다.

철학이 묻고 심리학이 답하는 인간 본성에 대한 진실

도덕적 인간은 왜 나쁜 사회를 만드는가

로랑 베그 지음 | 이세진 옮김

부·키

지은이 로랑 베그는 프랑스 그르노블 대학 사회심리학 교수이자 인격, 인지, 사회 변화와 관련한 대학연합심리학 연구소 소장이다. 스탠퍼드 대학 방문교수, 객원연구원을 역임했으며 학문적 업적이 뛰어난 교수들을 지원하는 프랑스 교수협회(IUF) 명예회원이기도 하다. 국제학술지에 50편 이상의 논문을 발표했고 『프시콜로지』, 『프시코』 등의 대중적인 심리학 전문지의 자문을 맡고 있다.

최근에는 기발하고 황당한 연구에 주어지는 이그 노벨상의 2013년 심리학 분야 수상자가 되어 화제가 되었다. 로랑 베그는 '술을 마신 사람은 자신을 매력적으로 생각한다'는 가설을 입증한 실험연구로 이 상을 받았다. 이는 술을 마시면 상대에 대한 호감도가 높아진다는 기존의 생각(비어 고글Beer Goggles 현상)을 뒤집어본 것이다.

옮긴이 이세진은 서울에서 태어나 서강대학교 철학과를 졸업하고 같은 학교 대학원에서 불문학 석사 학위를 받았다. 프랑스 랭스 대학교에서 공부했으며 현재 전문 번역가로 일하고 있다. 『유혹의 심리학』, 『나르시시즘의 심리학』, 『욕망의 심리학』, 『비합리성의 심리학』, 『안고 갈 사람, 버리고 갈 사람』, 『굿바이 심리 조종자』 등 다수의 심리학 서적을 번역했으며, 『아프리카 술집, 외상은 어림없지』, 『설국열차』 등의 소설을 우리말로 옮겼다.

2013년 12월 20일 초판 1쇄 펴냄
2024년 7월 1일 초판 14쇄 펴냄

지은이 로랑 베그
옮긴이 이세진
펴낸곳 부키(주)
펴낸이 박윤우
등록일 2012년 9월 27일 등록번호 제312-2012-000045호
주소 서울시 마포구 양화로 125 경남관광빌딩 7층
전화 02) 325-0846
팩스 02) 325-0841
홈페이지 www.bookie.co.kr
이메일 webmaster@bookie.co.kr
ISBN 978-89-6051-362-4 03180

책값은 뒤표지에 있습니다.
잘못된 책은 구입하신 서점에서 바꿔 드립니다.

프롤로그

렘브란트Rembrandt Harmenszoon van Rijn,
〈선한 사마리아인〉

"강도를 만난 사람의 이웃이 누구라고 생각하느냐?"
이따금 번지르르한 말과 행동이 극명한 대조를 이루는데도 위선이라고 보기는 애매한 경우가 있다. '선한 사마리아인'을 통한 비유는 남을 돕는 행동에 대한 좋은 예를 보여준다.

나는 이따금 정보 공유 차원에서 페이스북에 흥미로운 기사나 동영상 링크를 걸곤 한다. 그럴 때면 기껏해야 한두 명이 반응을 보인다. 그런데 우리 딸 루이즈가 저녁식사 시간에 던진 질문을 토씨 하나 안 빼고 페이스북에 그대로 옮겼을 때에는 불과 몇 시간 만에 댓글이 폭주했다. 아이의 질문은 이것이었다.

"아빠, 사람은 원래 착한 거라는 증거가 어디 있어요?"

반응은 그야말로 폭발적이었다. 같은 대학 동료는 웬만한 사람은 알아먹지 못할 특이한 유머감각을 발휘하여 "정답은 42입니다."라는 댓글을 남겼다.(『은하수를 여행하는 히치하이커』에서 '깊은 생각'이라는 슈퍼컴퓨터가 42라는 숫자를 생명과 우주에 대한 진리로 제시하는 내용을 패러디한 것이다.—옮긴이 주)

또 어떤 이들은 "이원론적 사고를 넘어서도록 가르칠 좋은 기회군요." "이런, 회의주의 휴머니스트가 나셨습니다!"라는 댓글을 달았다.

시간이 갈수록 전문적인 의견들이 늘어났다. "'원래'라는 부사가 문제군요." 문학교수 자격을 가진 여자 친구는 자신의 고정관념에 사로잡혔다. 프랑스어를 할 줄 아는 미국인 인권운동가 친구는 "맨 처음 취한 입장에 매몰되어서는 안 된다."라고 했고, 레바논인 예수회 수사는 "'원래(존재론적으로)' 선하거나 악한 인간이 있을까요?"라는 질문을 추가할 필요가 있다고 했다. 몇 개의 댓글이 더 달리고 나서 한 젊은 연극연출가 겸 작가가 "그럼요, 선과 악은 공존하는 거죠!"라고 결론을 내렸다.

나는 다음 날 아침식사 시간에 열세 살짜리 딸아이에게 신통한 답을 내놓을 수는 없었지만 나의 '페이스북 인맥'이 태국 코끼리들의 협동방식이나 레너드 코헨Leonard Cohen의 간결한 기타 선율보다 그 아이의 질문을 더욱 흥미롭게 여긴다는 확증은 얻었다.

여러분이 지금 읽고 있는 이 책은 '딸에게 들려주는 윤리 이야기' 같은 책이 아니다. 내가 아리스토텔레스를 문제 삼거나 칸트를 인용할 일은 없을 것이다. 이 책은 선과 악 그 자체에 관심을 두지 않는다. 그보다는 선과 악이 우리의 머릿속에서 어떤 형태를 취하는지, 그러한 관념들이 개인의 삶이나 타인과의 관계에 어떤 영향을 미치는지 살펴보고자 한다. 따라서 나는 학술지에 발표된 연구들에 근거해서 말할 뿐, 인간의 선의나 악의에 대한 특정한 도덕관념이나 보편적 판단을 옹호하지 않을 것이다. 반면에 독자는 우리가 선악을 생각하는 방식, 우리의 근본적인 사회성에 대해서 여러 가지를 배우게 될 것이다.

이 책은 대학과 그랑제콜에서 가르치는 하나의 분과인 사회심리학의 관점을 취한다. 이 분야의 연구는 인간의 본성에 대한 독창적이고도 흥미로운 여러 가지 근거들을 보여주었다. 사회심리학은 '타인들이―그들이 함께 있고 없고를 떠나서―우리의 관념, 정서, 행동방식에 미치는 영향력'에 관심을 둔다. 그래서 도덕 현상을 바라보는 데 유용한 관점들을 제공하기 좋은 학문 분과이고, 그러한 관점들을 제공하기 위해 자연환경에서의 상호 작용 관찰에서부터 뇌영상 촬영에 이르기까지 참으로 다양한 방법들을 동원한다. 20여 년간 사회심리학을 연구해왔고 프랑스교수협회Institut universitaire de France에 소속인 나는 이 책에서 이 분야의 최신 연구 결과들에 대해 이야기해볼까 한다. 사회심리학을 처음 접하는 독자들은 '도덕지성'이 어떻게 사회적 교류를 통하여 계발되고 발현되는가를 볼 수 있을 것이다. 또 이미 이쪽에 식견이 있는 독자라면 사회심리학이 인간의 도덕성 연구에 공헌한 부분들과 민감한 이슈들을 함께 볼 수 있을 것이다.

현대인들은 이미 도덕관념을 초월해 있는 것 같지만 한편으로 이 관념은 어디에나 보편적으로 존재한다. 의무의 황혼과 도덕의 종말에 대한 예언은 진즉에 나왔고[1], 우리는 21세기 초를 살아가고 있지만 아직도 각종 윤리위원회들은 네덜란드에 튤립이 만발하듯 번성하고 있다. 심지어 이 시대는 그 어느 때보다 과학기술과 경제 분야의 규준을 수립하거나 '인간농장'을 제대로 다스릴 규칙을 만드는 데 몰두하고 있지 않은가.[2] (인간농장'이라는 용어는 독일 철학자 페터 슬로터다이크가 하이데거의 휴머니즘에 대한 답변을 주제로 발표한 논문에서 유래했다.―옮긴이 주) 마르크스, 니체, 프로이트(여기에 다윈도 추가하자)라는 의심의 대가들은 도덕을 끊임없이 탈신화화했고, 그 후로 선과 악은 뜨뜻미지근한 불가지론적 성격을 띠게 되었다. 그래서 우리는 선악 관념을 별로 믿지 않는데도 허구한 날 타인들이 어떤 존재인가, 타인들이 어떤 행위를 하는가를 판단하는 데 골몰한다. 또 우리의 행동, 의견, 심지어 겉모습까지 매 순간 다른 사람들에게 평가를 받는다. 그들이 그런 것들에 부여한 의미는 그들과 우리의 사회적 교류에 영향을 미치기 십상이다.[3] 우리가 사는 세상은 선과 악이 마치 산소와 수소처럼 결합해 이루는 '좋은 생각'의 바다와 같다. 우리는 태어남과 동시에 그 바다에 잠겨든다.[4] 스스로 의식하지 못할지라도 우리는 호모 모랄리스homo moralis, 즉 '도덕적 인간'이다. 내 아들은 분만실에서 태어난 지 고작 몇 시간 만에 행동거지가 바르다는 평가를 받았다. 아기의 체온 등 몇 가지 사항을 확인한 간호사가 차트에 '순하게 행동함'이라는 코멘트를 달았던 것이다.

이 책의 요지 중 하나는 우리가 '선과 악'을 '좋고 나쁨'과 동일시하고 타인의 행동이 사회적 기대에 얼마나 잘 부응하는지만 볼 때가 너무 많다는 것이다. 우리는 우리 자신에게도 동일한 기준을 적용할 때가 많다. 우리는 일상적으로 찬사와 비난을 늘어놓는다. 개인이나 집단을 신성시하든가, 사악하게 보든가 둘 중 하나다.[5] 우리는 도덕적 열망을 해소하기 위해 무의식적인 모방 혹은 피나는 노력과 희생을 계속한다. 그러한 도덕적 열망은 우리의 인정받고 싶은 욕구, 사회에 잘 편입되고 싶은 바람을 나타낸다.[6]

우리가 사는 사회보다 훨씬 단순하고 문화적으로 덜 이질적인 사회에서도 도덕적 삶이 절대불가침의 규칙들을 맹목적으로 따르는 것으로 축소될 수는 없다. 사실, 우리가 근본적이라고 생각하는 '규범과 가치의 충돌'만큼 도덕의 문제를 직시하게 만드는 계기는 없다. 그러한 충돌을 계기로 우리는 사회적 창의성을 발휘하기도 하고, 때로는 불복종을 불사하기도 한다.

로빈후드 심리

71세의 아가트는 이제 전기요금을 낼 돈도 없다.[7] 이 가엾은 할머니는 골절상을 입고 장기 입원하는 바람에 저축을 상당 부분 써버렸고 설상가상으로 아는 사람에게 사기까지 당했다. 미납요금이 자꾸 쌓이자 전기회사는 공급량 제한 조치를 취했고 결국에는 전기를 끊겠다고 최후통첩을 날렸다. 그런데 전기가 끊기고 열흘쯤 지나서 모자를 쓰고 파란색 유니폼을 입은(소위 '플레이모빌' 스타일의) 전기회사 직원이 찾아와 회사 몰래 전기를 다시 연결해주었다.

프랑스에 사는 수많은 가난한 노인들이 비슷한 경우를 경험해보았을 것이다. 도덕적 신념을 실현하기 위해 의적 노릇을 하는 이 반항아들은 "누가 와서 어떻게 된 일이냐고 물어보면 '로빈후드'가 왔었다고만 말씀하세요. 절대로 제 이름을 가르쳐주거나 인상착의를 알려주시면 안 됩니다."라는 말을 남긴다. 예전에는 유명인들의 자택에서 전기를 몰래 끊는 정도로 만족하던 이들이 덜미가 잡혀 추궁을 당하면 이렇게 말하곤 했다. "부자들한테서 전기를 빼앗는 것도 좋은 일이지만 가난한 사람들에게 그 전기를 나눠주는 것도 괜찮겠다 싶었죠."

엘리자베트 바이스망Elisabeth Weisman이 『윤리적 불복종』[8]에서 주목한 도덕적 반항과 기존의 무질서에 대한 부정은 사회과학적으로 대단히 흥미로운 현상이다.[9] 하지만 사회과학은 크레온 왕의 인습적인 법률지상주의에 저항했던 안티고네의 이야기에 주목하지 않았다. 부화뇌동하는 우리의 성향을 고려한다면 그토록 흥미로운 주제를 못 보고 지나친 것이 일면 당연해 보이지만, 사실 사회적 저항과 도덕적 봉기는 그렇게 단순한 얘기가 아니다. 권위를 아무리 존중한다 해도, 심지어 유해한 권위의 파괴적인 명령을 따르면서도 우리는 사회적 저항과 분노의 태도를 유지할 수 있다. 활발한 소수집단만의 운동일지라도 그 운동에 당위와 일관성이 있다면 지속적이고 근본적인 변화를 끌어낼 수도 있다.[10] 우리는 사회적 규범들에 대해 생각해보고, 그 타당성에 이의를 제기하고, 가끔은 더 고차원적인 이유를 들어 규범을 위반할 수도 있다. 그러나 모든 규범을 반드시 곱씹어보고 난 후 행동해야 한다고 믿을 필요는 없다. 굳이 생각하지 않아도 반항적인 행동이 튀어나오는 때가 있다. 전직 군인들에 대한 조사나 컴퓨터 모의전쟁을 이용한 연구에 따르면 전투 중에 적에게 총을 쏘지 않는 소극적 불복종은 굉장히 흔하게 나타난다. 이러한 불복종은 철학적 추론보다는 '다른 사람을 죽일 수 없다'는 평소의 생각과 더욱 관련이 있다.[11]

"나만 그러는 것도 아닌데!"

도덕 영역에서 행동 규준의 정당성은 그 규준을 실천하는 사람들의 수에 크게 좌우된다. 앞으로 보게 되겠지만, 동시대 사람 중에서 '이렇게 행동하는 사람이 많을 것'이라고 상상하는 것은 어떤 행동을 정당화하는 방식이 되곤 한다. 호텔에서 수건을 슬쩍 챙기는 사람, 보험회사를 속이는 사람, 고객에게 쓸데없는 비용을 부담시키는 사람들의 공통분모가 무엇인지 아는가? 토론토 대학의 범죄학자 토머스 가버Thomas Gabor는 이들이 예외 없이 "남들도 다 그러잖아!"라고 생각하는 경향이 강하다는 점을 간파했다.[12]

  우리는 다소 꺼림칙한 일을 할 때 '그저 남들처럼 행동하는 것뿐'이라고 생각함으로써 이미 검증된 이 심리 기제를 이용하곤 한다. 가령 못 말리는 술꾼에게 친구들의 주량을 털어놓으라고 하면 그는 친구들의 주량을 실제보다 부풀려 말한다.[13] 당신의 이웃이 남들을 우롱하거나, 아내 몰래 바람을 피우거나, 세금을 포탈하지 않는지 확인하고 싶다면 그 사람에게 그런 짓을 하는 사람들의 비율이 얼마나 될 것 같으냐고 물어보라! 구린 일을 하는 사람은 자기와 똑같이 행동하는 사람의 비율을 높게 잡는 경향이 있다.[14] 회사에서 일어난 도난 사건의 범인으로 동료를 지목하는 사람일수록 좀도둑질을 자주 하는 경향이 있다는 연구도 마찬가지 맥락이나.[15]

진화하는 심리학

이 책에서 소개할 저작들은 대부분 실험연구에 근거하고 있다. 실험연구는 학문의 문제들을 일정 범위 안에서 바라보게 하는 장점이 있다.

오늘날의 심리학은 뇌를 스캔하거나 생리학적 변화를 측정하고, 온갖 종류의 발언과 표현을 수집하고, 미세한 표정 변화나 타인에 대한 행동들을 상세하게 기록하는 등 여러모로 애를 쓰고 있다. 다양한 기후 현상들에 맞서기 위해 테스트용 격납고에서 별의별 풍동風洞 시험을 하여 기후조건 변화가 비행체에 미치는 효과를 연구하듯이 심리학 연구자들도 사회적 행동에 정말로 영향을 미치는 요인을 가려내기 위해 다른 조건들은 통제한 채 특정 선택 조건들에만 변화를 준다. 도덕 영역에서도 이러한 실험 설계는 수백 년 묵은 문제들에 몇 가지 성과를 가져왔다. 이른바 인간의 근본적인 이기심이라든가 감정이 도덕 판단에 미치는 영향, 소위 '의지력'이라는 것을 결정하는 요소들이 그런 문제들이다.

또 심리학은 연구기술의 발전에 힘입어 도덕적 판단을 바라보는 새로운 시각들을 제공했다. 현미경이 세포생물학을 비약적으로 발전시켰듯이 심리학의 몇 가지 혁신은 과거에는 꿈도 꾸지 못했던 몇 가지 관념들의 테스트마저 가능케 했다. 예를 들어 과거의 심리학 이론은 동성애에 대한 가혹적인 판단이 자신의 동성애적 충동을 부정하려는 방어 기제에서 비롯된다고 보았다. 요컨대 동성애적 충동은 억압의 대상인 것이다. 하지만 이러한 가설을 어떻게 검증한단 말인가? 플래티스모그래피 plethysmography, 즉 페니스 크기의 미세한 변화를 측정하는 방법은 이 가설을 현대적 기술로 테스트할 수 있게 해주었다. 한 연구에서 설문조사를 통해 동성애 혐오도를 파악하고 며칠 후에 그중 동성애에 매우 비판적인 남자들을 불러서 동성애 관계를 다룬 영화들을 보여주었다. 이들은 영화에 전혀 흥미가 가지 않는다고 주장했지만 실제로 그런 영화를 보면서 발기를 경험할 확률은 보통 남자들보다 훨씬 높았다. 비동성애혐오자는 34퍼센트만이 페니스가 커졌지만 동성애혐오자는 그 비율이 80퍼센트나 되었다.[16] 이 연구는 사회적 판단에 대한 어떤 가설들이 기술의 발전 없이는 검증하기 어렵다는 것을 잘 보여준다.

뇌영상 촬영술은 플래티스모그래피보다 훨씬 더 결정적으로 심리학의 진보에 영향을 미쳤다! 뇌기능자기공명영상 fMRI을 이용하여 심리현상에 따른 뇌 기능 연구도 가능해졌다. 뇌의 어떤 영역이 활성화되는지 시각적으로 확인할 수 있기 때문이다. 이 기술을 이용하여 우리가 규범을 위반하는 광경을 보거나 다른 집단 구성원이 고통을 당하는 모습을 보면서 쾌감을 느낀다는 사실을 밝혀낸 흥미진진한 연구도 있다.[17] 도덕 판단이라는 영역에서는 이론을 증명할 측정도구가 있다는 사실이 매우 중요하다. 말로만 주장을 펴는 사람은 자신에 대한 남들의 생각(혹은 자기 자신에 대한 생각)을 유리한 방향으로 이끌기 위해 그 말을 이용하기 십상이다. 또 말은 현상의 진정한 원인을 가려내지 못한 채 사후 정당화에 빠지기 쉽다.

이제 우리가 생각하는 선악의 근원으로 거슬러 올라가는 여정을 시작해보자. 그 첫 번째 단계는 우리가 그 어느 곳보다 관심을 기울이고 있는, 우리의 도덕적 자아를 탐색하는 것이다.

차례

프롤로그 5 ● 로빈후드 심리 11 | "나만 그러는 것도 아닌데!" 12 | 진화하는 심리학 13

1 나는 누구인가 23

도덕적 자아를 살펴본다. 도덕적 자아는 우리의 의식적 자아의 한 부분으로서 자신과 타자에 대한 관찰을 통해 소위 선과 악을 조율한다. 이 장의 중심 개념 중 하나는 우리가 스스로 남들보다 뛰어나다고 지나치게 낙관하고 있다는 것이다. 그리고 어떤 상황에서 도덕적 잣대가 흐려지면 개인의 도덕적 의식이 실제 행동에 영향을 미치지 못할 수도 있다는 것이다.

나와 거울 속의 나 27 | 나는 도덕적인 사람인가 29 | 자아의 이미지 관리 30 | Dennis가 dentist가 될 확률 31 | 자아가 기억을 조작한다 35 | 도덕적 자기만족 36 | 타인과의 비교 38 | 나는 평균 이상일 것이라는 착각 39 | 거울을 똑바로 바라볼 수 있습니까? 42 | 술은 양심을 가볍게 한다 43 | 집단 속에서 사라지는 자의식 44 | 가면 뒤의 안락함 46 | 집단 내에서 희미해지는 책임감 47

2 가로등이 지켜보는 사회 49

인간이 정직하게 행동할 확률이 높아지는 조건들을 밝힌다. 여기서는 도덕규칙을 위반해도 아무렇지 않은 물질적, 사회적 여건이 조성되면 도덕규칙을 존중하는 우리의 마음이 해이해질 수 있다는 것을 보여준다.

가로등이 지켜보는 사회 54 | 눈치 보는 원숭이 55 | 사회통제와 범죄의 상관관계 58 | 양심을 저버리는 사람들 59

3 코끼리보다 도덕적인 인간은 누구인가   63

우리가 사람들에게 도덕적 가치를 부여할 수도 있고, 부여한 가치를 철회할 수도 있다는 점을 보게 될 것이다. 자신과 대립하는 집단을 더 스스럼없이 탄압하기 위해 사람을 짐승과 동일시한 예들을 살펴보자. 한편 플라톤은 집단 그 자체를 반드시 해방시켜야 할 '거대한 동물'로 보았다.

이 짐승만도 못한 놈! 66 | 동물이기를 거부하는 인간 69 | 인간의 동물성 72 | 증오의 우화집 73 | 어떤 인간집단이 '동물화'될 때 75 | '그들'과 '우리'의 경계 76 | 종의 도덕적 분류 79 | 인간이 도덕의 범위를 확장하는 이유 80

4 사회적인 사람은 도덕적인 사람인가   83

인간집단이 개별화와 인간화에 참여함으로써 우리의 삶에 어떤 의미와 안정감을 주는지 살펴볼 것이다.

사회성이 가져오는 이점 86 | 우리가 법을 어기지 않는 이유 88 | 사회적 평판의 힘 90 | 언어가 도덕적 평판에 미치는 영향 91 | 왕따의 고통 93 | '다수'가 깡패다! 95 | 만장일치를 거스르는 죄 97 | '검은 양'을 찾아라! 98 | 감정의 등가 교환 100 | 위계질서에 순응하는 안락함 102 | 죄의식과 수치심의 구분 105 | 죄의식이 오히려 안도감을 낳는다 107 | 당혹감은 사회적 편입의 표식이다 109

5 정의를 무엇으로 실현할 것인가 113

도덕규범들이 우리 내면에 자리 잡게 되는 심리학적 기제들을 설명하고, 이 기제들이 도덕적 정체성에 미치는 영향을 알아본다.

당근과 채찍 116 | 무엇으로 행동을 강화할 것인가 117 | 넌 참 착한 아이야! 120 | 채찍은 부메랑이 된다 121 | 보상은 진정한 동기 부여가 아니다 123 | 가정교육에 따른 아이의 도덕성 125 | 도덕성을 떨어뜨리는 처벌 127 | 사태를 악화시키는 처벌 129 | 정의의 실현 130 | 처벌에서 겨우 건질 만한 것 131

6 파괴적 모방과 이타적 모방 133

인간의 모방 현상이 지니는 중요성, 모방이 조화로운 인간관계에 끼치는 공헌을 조명한다. 모방은 도덕성의 주춧돌이지만 도덕적 반항, 다수가 수립한 규범을 거부하는 현상까지는 설명하지 못한다.

일탈행위의 모방 137 | 좋은 본보기를 모방할 때 138 | 동물도 모방을 한다 140 | 서로를 모방하는 인간과 원숭이 142 | 단순 모방에서 선택적 모방으로 143 | 모방은 사회의 윤활제 145 | 본보기를 통한 대리 학습 147 | 관찰을 통한 모방의 단계 149 | 폭력을 확산하는 파괴적 모방 151 | 미디어가 확산시키는 모방의 역기능 152 | 조건화와 학습의 관계 154 | 아이는 '백지상태'가 아니다 155 | 체벌의 정당화는 가능한가 157

7 도덕과 이성은 관습과 전통을 뛰어넘을 수 있는가　159

도덕적 추론의 다양한 형식과 전개, 그 추론의 결과가 행동에 미치는 영향을 보여줌으로써 시각을 좀 더 넓혀본다. 우리는 아주 이국적인 문화권에서조차 아이가 어른으로 성장하면서 도덕적 추론을 단계적으로 발전시키는 모습을 보게 될 것이다.

장 발장의 딜레마 162 | 콜버그의 도덕적 추론 모형 164 | 콜버그 도덕적 추론 모형의 오류 167 | 일상 속의 도덕적 판단 169 | 관습적 규칙과 도덕적 규칙의 구분 170 | 종교가 도덕규칙에 미치는 영향 172 | 피해자 없는 도덕 위반 173 | 세 가지 인류학적 규약 176

8 인간, 감정의 딜레마에 빠지다　179

이따금 혐오 같은 특정한 감정들이 우리의 생각과 행동을 완전히 한 방향으로 몰고 가는 양상을 살펴볼 것이다.

폭주하는 전차의 딜레마 183 | 뇌량을 제거당한 환자의 사후 합리화 실험 186 | 혐오의 심리학 190 | 도덕성과 청결도의 상관관계 192 | 예쁘면 착하다? 195

9 피해자의 관점에서 세상 바라보기 199

사람과 사물의 겉모습은, 우리가 그것들에 결부시키는 도덕성을 영향을 주곤 한다. 우리가 피해자를 대하면서 양가감정을 느끼는 이유가 바로 여기에 있다. 우리는 피해자와 우리를 차별화하고 싶어하는 동시에, 그들의 고통에 마음 아파하고 그들을 얼른 도와주고 싶어한다.

좋은 피해자가 되기 위해 알아야 할 것들 204 | "천벌을 받아 그런 몹쓸 병에 걸렸지!" 207 | 에이즈는 부도덕의 증거인가 209 | '성도덕'이라는 이름의 주홍 글씨 210 | 죽음 앞의 인간 211 | 아이들의 도덕적 판단 213 | "넌 그래도 싸다!"는 판결 214 | 피해자를 업신여기는 태도에 대한 실험 215 | 누가 공정한 세상을 믿는가 218 | 도덕적 판단에 이용되는 정보들 220 | 감정이입의 패러독스 221 | 누가 피해자를 비난하는가 222

10 자신에게만 관대한 사람들 225

우리를 도덕극의 무대 뒤로 데려가 사람들의 공적 행동에 숨겨진 동기들을 발견하게 할 것이다. 때로는 의도적이고 때로는 전혀 의도적이지 않은 도덕적 위선과 이중성의 메커니즘도 파악할 수 있게 될 것이다.

위선자를 묘사해보세요 229 | 성자는 자신을 보아줄 관객을 찾나니 231 | 나의 도덕성 포장하기 233 | 도덕적인 사람으로 보이고 싶은 유혹 234 | 위선에 대하여 236 | 선한 사마리아인의 비유 237 | 독실한 종교인은 일반인보다 관대한가 239 | 원숭이가 높이 올라갈수록 240 | 도덕 이후의 탐욕 241 | 약속을 지킨다는 것 243 | 자신에게만 관대한 사람들 245

11 인간이 부도덕에 굴복할 때 247

| 우리를 어둠의 편으로 넘어뜨려 평소 혐오하던 행동을 저지르게 만드는 상황들을 정리해본다.

권위에 대한 복종 251 | 우리를 복종하게 만드는 조건들 253 | 복종하세요, 카메라 돌아갑니다! 255 | 이데올로기와 사이코패스 257 | 개인의 성격과 복종의 상관관계 260 | 악은 그것을 보는 이의 눈 속에 있다 262 | 스탠퍼드 모의 감옥 264 | 사형수와 사형 집행인 266 | 친절한 간수 268 | 관점의 차이와 악의 유혹 269

12 인간을 유혹하는 것들 273

| 좋은 규범에 걸맞게 행동하는 능력에 작용하는 변수들을 살펴볼 것이다. 우리의 의지가 왜 가끔씩 혼란에 빠지거나 무력해지는지, 어떻게 하면 이에 맞설 수 있는지 알아보겠다.

무엇이 선한 일인지 알면서도 악을 행하다 277 | 신념과 다른 행동을 하게 되는 이유 278 | 급박한 상황에서 도움을 제공하는 조건 280 | 약해지는 의지 283 | 폭력과 단맛 285 | 탄탈로스와 마시멜로 287 | 딜레마의 대가 290 | 술김에 저지른 일 291 | 섹스, 알코올, 플라세보 293 | 도덕과 권위주의 295 | 악은 자기통제의 부재 상태인가 297

에필로그 301 ● 도덕적 선택을 하는 사람들 306 | 내 안의 타인 307 | 아는 만큼 도덕적으로 살 수 있다 308

미주 311

1
나는 누구인가

니체 Friedrich Wilhelm Nietzsche
(1844~1900)

망각이 없다면 행복도, 평온도, 희망도, 자부심도,
현재마저도 있을 수 없다.

> 맹목적으로 꾸며야 했던 것은 사랑이 아니라 자존심이라네.
> — 볼테르Voltaire [1]

제2차 세계대전이 끝나고 전범들은 다양한 심리 검사를 받았다. 그중에는 개발자의 이름을 따서 '로르샤흐Rorschach 검사'라고 불리는 그 유명한 잉크 얼룩 검사도 끼어 있었다. 심리 투영법의 대표 격인 이 검사는 좌우대칭으로 된 잉크 얼룩 도판들을 한 장씩 피검자에게 보여주며 무엇처럼 보이는가를 물어보는 검사였다. 심리학자들은 피검자들의 즉각적인 연상(그 얼룩들이 어떤 동물 모양으로 보였는가, 도판의 세부적인 부분을 어떻게 받아들였는가 등)을 바탕으로 무의식적인 심리를 파악하고 피검자들의 성격에 대한 판단을 내릴 수 있다고 보았다.

세계적인 심리학 전문가들은 나치 전범들의 로르샤흐 검사 결과를 꼼꼼하게 분석했다. 그런데 이 조사에서 전혀 예상치 못한 결론이 나왔다. 이 조사를 통하여 전직 SS요원들과 다른 사람들을 구분한다는 것은 불가능하다는 결론이 나왔던 것이다.[2] 그나마 최근에 한 전문가가 나치 전범들에게 공감능력이 제한되어 있다는 특징을 발견했을 뿐 아니라 나치 전범들이 로르샤흐 검사에서 얼룩 모양과 상관없이 전혀 엉뚱한 동물을 연상한 경우가 많았다고 강조했다. 실제로 잉크 얼룩이 카멜레온처럼 보인다고 답한 전범들의 수는 결코 간과할 수 없는 수준이었다.[3] 놀라운 후일담을 알려줄까? 카멜레온이 보인다고 답한 전범들은 그렇지 않은 전범들에 비해 처형을 모면한 경우가 많았다.

우리는 많은 상황에서 보호색을 선택한다. 하지만 어떤 상황에서 우리의 '자아'는 남들과 확실히 구별받기를 원한다. 우리 자신을 설명하고 판단하고 남들에게 제시하는 방식은 대부분 콘텍스트에 좌우된다. 대개 생각하고 말고 할 것도 없이 즉각적 상황에 따라서 우리의 자세, 말수, 얼굴 표정, 보폭이 자동 조절되는 것이다.

어디 그뿐인가, 자기 정체성에 대한 감정의 주요 특성들도 우리가 소통하는 상대나 그 소통의 구체적 틀에 따라 변동한다. 나는 토요일 오후에 정원 울타리를 손질하며 이웃집 남자와 수다를 떨 때보다 강의가 없는 시간에 학생들과 대화를 나눌 때 대학교수라는 정체성을 좀 더 실감하는 편이다. 때로는 역할에 따른 이러한 조정이 의도적으로 이루어진다. 일부러 어떤 인상을 주기 위해 자기 인격의 특수한 면을 부각시킬 수도 있으니까. 그러나 우리는 대체로 사회생활을 하면서 자신이 드러내는 바를 별로 생각하지 않고 '자동 조종'에 따르는 편이다.

나와 거울 속의 나

자의식은 타인의 심리와 정서 상태를 이해하기 위한 초석이다. 인간은 흔히 자의식이야말로 인간을 다른 동물들과 차별화하는 특권이라고 본다. 그래서 자기네들이 지닌 이 진귀한 보석을 인간의 고귀한 본성의 상징으로 삼았다. 하지만 자기반성적 의식은 자연계에서 관찰 가능한 수많은 '자아'의 형태 중 하나에 지나지 않는다. 그러한 의식의 첫 단계는 우리가 살아가는 환경 속에서 만들어지는 '지금 여기의 나'다.

다트머스 대학 인지신경과학 교수인 마이클 가자니가Michael Gazzaniga 와 토드 해더튼Todd Heatherton은 최소한의 자아는 곤충류, 조류, 어류에게서도 찾아볼 수 있다고 주장했다.[4] '객관화된 자아'는 이보다 좀 더 발전된 의식 수준에서 나타나며, 이는 곧 자신의 정신 상태를 의식할 수 있는 능력이다. 이 경우에는 자아가 개체의 관심 대상이 되기 쉽다.

올버니 대학의 고든 갤럽Gordon Gallup은 거울을 이용한 실험을 통하여 침팬지들의 반성적 자아 개념을 연구했다.[5] 갤럽은 침팬지들이 자신의 신체 부위를 거울을 이용해 본다는 사실을 확인했다. 침팬지들은 거울로 입 속을 관찰하면서 이빨을 한참 들여다보거나 이를 잡았다. 갤럽은 침팬지들을 마취시킨 다음에 침팬지들이 자기 눈만 가지고는 볼 수 없는 신체 부위(예를 들면 귀 위쪽이라든가)에 냄새와 자극이 없는 물감을 칠했다. 마취에서 깨어난 침팬지들은 거울에 비친 상이 아니라 물감이 칠해진 자신의 신체 부위를 긁어댔다. 침팬지들에게도 거울에 비친 신체가 자기 것이라는 의식은 분명히 있었던 것이다. 고릴라나 오랑우탄 같은 다른 영장류들에게서도 동일한 현상을 관찰할 수 있었지만 아주 어린 원숭이들은 예외였다. 연령이 높을수록 자기를 구분할 수 있는 동물들이 많았다. 인간의 경우, 평균적으로 생후 17개월 미만의 아이는 잠든 사이에 코에 물감을 칠하고 나중에 거울을 보여주면 거울 속의 광대가 자기라는 것을 알지 못한다.[6] 그래서 자기 코에는 신경도 안 쓰고 거울 속의 상을 잡으려고 용을 쓴다.[7] 인간은 이 시기를 지난 후에야 자기가 동물원에서 구경하는 동물들과 경쟁이라도 해볼 수 있다.

일부 영장류와 어린아이에게서 볼 수 있는 초보적인 형태의 자의식은 자아와 결부된 현상들 중에서 매우 제한된 일면에 불과하다. 자아의 최종 단계는 상징적 자아(혹은 서사적 자아)다. 이 단계에서는 언어를 통하여 시간 속에서의 나 자신을 표상할 수 있다. 상징적 자아에는 정체성, 과거에 대한 자전적 기억, 미래에 대한 기대와 믿음이 포함된다. 최근 연구에 따르면 자의식의 발달과 발현은 뇌 전두엽의 성장과 관련이 있다고 한다. 예를 들어 자신과 관련된 정보를 처리할 때에는 중전두엽이 크게 활성화된다.[8] 행여 이 전두엽에 손상을 입는다면 지적능력이 변하지 않을지라도 자의식은 손상된다.[9]

자아에는 반성적 자아와 그 수준의 다양성 외에도 두 가지 중요한 측면이 더 있다.[10] 타인과의 상호 작용으로 정의되는 '대인 자아'와 자기 자신과 환경에 대하여 어떤 행위를 수행하는 '행위자로서의 자아'가 바로 그것이다. 이 장에서는 이어서 자기반성적 앎으로서의 자아를 다루고자 한다.

나는 도덕적인 사람인가

반성적 자아는 인간의 도덕에서 중심 기능을 차지한다. 이러한 자아는 "자기 심리 상태의 2차적 표상을 만들 수 있는 능력"[11]에 해당한다. 따라서 반성적 자아는 재귀적이다. 개인은 '자기가 의식이 있다는 사실을 의식하는' 것이다. 우리는 자기에 대한 인식을 바탕으로 타인의 입장에 서서 타인의 마음을 가장할 수 있다. 그래서 남들의 생각을 상상할 수 있고 우리가 그들에게 바라는 생각과 실제 그들의 생각이 얼마나 차이가 나는지 가늠할 수도 있다. 시각 차이의 전제가 되는 타인의 내면에 대한 의식을 '인지적 공감'이라고 한다.[12]

자아는 우리 내면의 정체성을 이룬다. 그리고 자신만의 '역사'를 통해 형성된 자아는 우리의 도덕적 행동방식의 중심을 차지한다. 이러한 인식은 경험에서 나오되 부분적으로는 내면을 성찰하는 연습을 통해 이루어지기도 한다. 하지만 성찰은 제한적이다. 11세 이전의 아이들은 자기 자신보다 부모가 자기를 더 잘 안다고 생각한다.[13] 게다가 우리가 '잘못된 기억'을 품는 경우도 드물지 않다. 잘못된 기억은 때때로 가까운 사람들에 의해 주입되기도 하는데 진짜 기억과 좀체 구별되지 않는다.[14] 반성적 자아는 우리를 개인으로 규정하는 인지적 표상들을 처리하고 통괄한다. 우리는 저마다 그러한 정보들을 자아의 도식에 따라 단계적으로 정리한다. 정보를 수집하고 저장하는 과정은 자신에 대해서 알고 싶다는 동기에서 비롯된다. 나는 내가 어떤 사람이고 남들과 어떻게 다른지 정확히 알고 싶어하고, 때로는 별로 달갑지 않은 정보라도 받아들일 수 있다.

우리 자신을 규정하는 데 있어서 도덕적 자아는 특히 중요하다. 도덕적 자아는 나와 타인들의 관계에 직접적으로 연루되는 도덕규범들과 관련이 있다. 도덕적 자아는 묘사적으로 표현된다. "나는 누구인가?"[15]라는 물음에 대한 답변에 해당한다고 할까. "나는 정직한 사람이다." "나는 믿을 만한 사람이다." "나는 거짓말을 잘하는 경향이 있다." 같은 답변 말이다. 또 도덕적 자아는 "나는 참을성을 키워야 한다." "나는 사교성이 좀 더 필요하다."라는 식의 명령이나 조언을 담을 때도 있다. '이상理想'은 자아에 지속적인 압력을 가하며 자기 자신에 대한 긍정적 평가를 보장하고 진작시키기 위해 노력을 아끼지 않는다. 그래서 실제 자신에 대한 지각과 자신에 대한 이상이 너무 괴리되면 실망과 좌절을 느끼는 것이다.[16]

자아의 이미지 관리

자아가 몰두하는 중대한 관심사는 자기 자신을 용인할 만한 존재로 생각하는 것이다. 스스로를 정의한다는 것은 자신의 가치를 표현하고 그 가치가 반박당하면 변호에 나서는 것이다. 나치 친위대의 중령이었던 루돌프 회스Rudolf Höss 조차도 자서전 말미에 "나도 심장이 있는 사람이었다."라고 썼다. 나치 비밀경찰의 총수였던 힘러Himmler도 자신은 "피를 보기 좋아하는 사람이 아니며 어쩔 수 없이 가혹한 일을 집행하면서 기쁨이나 쾌감을 느끼는 사람도 아니다."라고 묘사했다.[17] 악명 높은 나치 요원들조차 피에 주린 괴물로 보이고 싶어하지 않는다는 사실은 주목할 만하지만 비교적 당연한 것이기도 하다. 크메르루주의 한 보안요원은 투올슬렝 수용소 생존자의 물음에 이렇게 답했다. "우리 모두가 예외 없는 희생자죠."[18] 투올슬렝 수용소에서 폴 포트 정권의 가장 파렴치하고 잔인한 범죄가 자행되었는데도 어떻게 이렇게 말할 수 있을까?

때로는 자신의 무죄를 주장하는 수사법과 자신을 피해자로 위치시키는 수사법이 다르지 않다. 파스칼 브루크너Pascal Bruckner는 "피해자라는 입장을 취함으로써 항의와 비난을 면할 수 있다."고 보았다.[19] 우리는 우리 자신에 대해 생각하는 바에 힘을 실어주는 정보, 상황, 사람에게 특별한 관심을 쏟는다. 반면 우리 자신에 대한 정확한 정보를 찾으려는 관심은 금세 약해지거나 아예 사라지기 쉽다. 우리는 우리의 가치를 높게 보는 정보에는 유독 관심을 두고 우리의 결점을 지적하거나 개인적 한계를 강조하는 정보는 슬쩍 간과한다.[20]

Dennis가 dentist가 될 확률

우리는 무의식중에 우리의 자아와 관련된 것은 뭐든지 애지중지하는 경향이 있다. 시끌벅적한 파티에서 다른 사람들이 나누는 대화 속에서 내 이름이 튀어나오면 나도 모르게 그 대화에 귀를 기울이게 된다. 우리는 자신과 관련된 모든 것에 특별한 관심을 쏟는다.[21] 소위 '칵테일 파티 현상'을 통해서도 간단하게 확인되는 이 관심은 매우 다양한 형태를 띤다. 우리는 알파벳에서 자기 성이나 이름에 들어 있는 문자는 무의식적으로(그 문자들이 우리의 언어에서 얼마나 자주 쓰이느냐와 무관하게) 다른 문자들보다 선호한다.[22] 자기 이름의 이니셜뿐만 아니라 배우자 이름의 이니셜에 대해서도 비슷한 경향이 나타난다.[23] 심지어 아주 미미한 효과이기는 하지만 거주지나 직업을 선택할 때에도 자기 이름과의 유사성이 개입한다. 브렛 펠햄Brett Pelham 은 미국인들을 표본으로 하여 데니스Dennis라는 이름을 가진 사람이 치과의사dentist가 될 확률과, 로렌스Lawrence라는 이름을 가진 사람이 법조인lawyer이 될 확률이 다른 이름을 가진 사람들보다 좀 더 높다는 통계 결과를 보여주었다.[24] 또 루이즈Louise 라는 이름을 가진 사람은 루이지애나나 세인트루이스로 이사할 확률이 평균보다 높다는 것도 보여주었다.(이 놀라운 현상은 12개 유럽 언어에서 확인되었다.)[25] 배우자를 선택할 때에도 자신과 이름이 비슷한 사람을 배우자로 선택하는 경향이 미미하게나마 존재한다. 최근에는 태풍의 이름과 자기 이름의 이니셜이 일치하는 사람일수록(예를 들어 '카트리나Katrina' 태풍처럼 K로 시작하는 이름을 가진 사람이라면) 태풍 피해자를 돕는 성금을 더 많이 낸다는 재미있는 연구 결과도 나왔다.[26]

　한 여성 경제학자에게 펠햄의 논문 파일 사본을 보내면서 이 경악할 만한 연구 결과를 얘기해 주었더니, 바로 그날로 이런 답장이 돌아왔다. "믿기지 않아요. 사실 최근에 당귀(파리 북서부의 소도시)에 집을 샀거든요." 나는 처음에는 아무 반응도 하지 않았다. 그녀의 이름은 '당귀'와 전혀 비슷하지 않았으니까. 하지만 그녀는 곧이어 해명했다. "내 처녀 때 성이 '당뷔'거든요!"

　우리가 자신에게 쏟는 특별한 관심은 일상적이다. 특히 사회적 교류를 지배하고 있는 강력한 '동류애'는 그러한 관심의 대표적인 예라 할 수 있다. 우리는 우리와 비슷한 사람들과 어울리고 함께 살아간다. 지구상 어느 나라에서든 친구 집단, 커플 집단에서의 유사성은 쉽게 발견된다. 커플의 경우에는 신장, 신체적 매력, 성격상의 특징, 가치관, 지능지수, 교육 수준, 정신 건강 등이 항상 서로 비슷하게 나타난다.[27] 설문조사와 생리학적 지표들을 통해 살펴본 결과, 일반적으로 나의 배우자는 어쩌다 우연히 마주친 사람에 비해 웰빙, 불안, 스트레스 수준이 나와 비슷하게 나타날 확률이 높다.[28] 게다가 내가 콜레스테롤 수치가 높거나 고혈압이 있으면 나의 배우자도 그럴 확률이 높다.[29] 우리는 또한 자신과 신체적으로 닮은 사람을 좀 더 신뢰하는 경향이 있다.[30] 유사성에 대한 연구는 더 멀리까지 나아간다. 아버지와 정서적 유대가 돈독한 딸은 성인이 되어서 자기 아버지와 얼굴이 닮은 남자를 선택하는 경향이 있다.[31] 물론 우리가 자주 접하는 사람들도 우리에게 영향을 미친다. 행복한 사람은 그 친구들도 행복하게 지낼 확률이 높고, 그래서 그 사람은 더욱더 행복해진다. 5000명을 대상으로 10년간 진행한 연구에 따르면 2킬로미터 이내에 사는 친구에게 좋은 일이 생기면 우리에게도 좋은 일이 생길 확률이 25퍼센트 늘어난다고 한다.[32] 반대로 우리와 가까운 사람들이 우울해하면 우리의 기분도 가라앉기 쉽다.[33]

자신과 관련된 정보일수록 잘 기억하는 현상에서도 인간의 자기중심성을 볼 수 있다. 한 연구자는 실험참가자들에게 일련의 단어들을 보여주고 그 단어들이 자신과 개인적으로 관련이 있는지 없는지 표시하라고 했다. 또 다른 조건에서는 단어들을 자신과 연결을 지으라는 요구 없이 그냥 보여주기만 했다. 잠시 후 기억력 테스트를 해보았더니 실험참가자들은 자신과 상관이 있는지 없는지 생각해보아야 했던 단어들을—비록 자기와 무관하다고 표시했던 단어들일지라도—훨씬 더 잘 기억했다.[34] 어떤 단어를 자신과 연결 짓는 행위로 기억을 더 단단하게 만드는 기술은 이미 교육계에서 널리 쓰이고 있다. 어떤 식으로든 자기와 관련된 것을 더 중요하게 생각하는 현상은 매우 보편적이다. 온타리오 대학의 엘렌 랭거Ellen Langer는 학생들에게 복권을 한 장씩 고르게 하고는 추첨이 이루어지기 전에 복권을 되팔라고 했다.[35] 자기가 직접 복권을 고른 학생들은 무작위로 복권을 배정받은 학생들에 비해 평균 4배나 비싼 값을 불렀다. 실제로 사용하거나 정든 물건이 아닌데도 되팔 수 있는 기회가 생기자 자신의 소유였다는 이유만으로 그 물건의 가치를 과대평가한 것이다. 더 놀라운 사실은 어떤 재화나 서비스가 자기 것이 되면 그것에 부여하는 주관적 가치가 커진다는 것이다.[36]

이러한 '소유 효과'를 잘 보여주는 실험이 있다. 실험참가자들에게 스테이플러나 캔디바 따위의 자질구레한 물건들의 품질을 평가하라는 과제가 주어졌다. 단, 이들은 평가에 착수하기 직전에 그 물건들 중 하나를 증정받았다. 실험 결과, 실험참가자들이 자신에게 주어진 물건에는 항상 좀 더 호의적인 평가를 내리는 것으로 나타났다. 또 어떤 실험참가자들은 먼저 어떤 테스트를 받고 좋은 성과를 내지 못한 후에 물건들의 품질을 평가하는 과제로 넘어갔다. 이들은 물건의 품질이 자기 자신에 대한 판단에 좌우되기라도 하는 듯 좀 더 호의적인 평가를 내렸다.[37]

자아가 기억을 조작한다

우리는 우리 자신에게 유리하게 정보를 선별하여 도식화하는 경향이 있다. 실험참가자들에게 한 여자가 생일날 남편과 함께 저녁식사를 하는 영상을 보여주었다. 그리고 그녀의 직업에 대한 정보를 주었다. 그녀의 직업이 사서라고 했을 때는 실험참가자들이 그녀가 안경을 끼고 있었고 클래식 음악이 흘러나왔다는 점을 더 잘 기억해냈다. 반면에 그녀의 직업이 웨이트리스라고 했을 때는 그녀가 맥주를 마셨고 집에 TV가 있었다는 점을 더 잘 기억해냈다.[38] 이와 같은 현상은 우리 자신에 대해서도 일어나며 우리의 가치를 높여주는 정보를 선택하려는 방향으로 작용한다. 내가 과거에 한 행동들에 대한 기억은 나 자신을 드높이는 방향으로 수정된다. 나와 관련된 정보가 내 마음에 들지 않을 때에는 얼마든지 건망증을 발휘할 수 있다! 우리는 과거의 연봉이나 자기가 낸 기부금을 실제보다 더 많이 기억하는 반면, 파티에서 마신 술의 양은 실제보다 적게 기억한다.[39]

오하이오 대학의 앤서니 그린월드Anthony Greenwald는 「독재적인 자아」라는 논문에서 자아가 동원하는 방법들을 '정보를 통제하고, 선선공작을 펼치고, 역사를 편파적으로 조작하는 독재자의 수법들'과 비교했다.[40] 조지 오웰이 만든 『1984』의 세계에서처럼 모든 정보는 자아의 가차 없는 선별을 거치며 결코 어떤 것도 우연에 맡겨지지 않는다. 그린월드는 이러한 경향을 설명하기 위해 학생들에게 대학 학업 과정에서 그들 자신의 생각이 중요하다는 의견을 개진하게 하고 일주일 후에 이러한 입장과 정반대되는 에세이를 쓰게 했다. 인지부조화 이론으로 짐작할 수 있듯이[41] 그들의 처음 의견은 영향을 받았다.(60개 등급 척도에서 평균 10등급 이동) 학생들이 에세이를 작성한 직후에 그들에게 지난주에 내놓았던 의견을 생각해보라고 했다. 그 결과, 학생들은 과거의 입장을 60점 기준 척도에서 10점이나 낮게 축소해서 기억했고 그러한 변화를 의식조차 못했다.[42]

우리는 대개 자신과 밀접한 관련이 있는 정보를 다분히 예측 가능한 방식으로 망각하곤 한다. 이 방면의 세계적인 권위자인 대니얼 섁터 Daniel Schacter 하버드 대학 교수에 따르면 우리 기억의 '대죄' 중 하나는 자신의 입장을 좀 더 유리하게 하기 위해 편향적으로 정보를 취하는 것이라고 한다.[43] 일찍이 니체가 『도덕의 계보학』에서 지적했듯이 망각은 타성이나 관성이 아니라 능동적인 활동이다. "망각이 없다면 행복도, 평온도, 희망도, 자부심도, 현재마저도 있을 수 없다."[44]

도덕적 자기만족

대부분의 종교와 영성단체들이 신도들에게 고양하고자 하는 겸손, 자신을 낮추는 자세는 뚱딴지같은 소리가 아니다. 도덕적 자기만족은 매우 보편적이며, 개인들 사이에 있을 수 있는 불화의 싹들을 은닉한다. 인간사회는 그러한 불화의 효과를 제한하고 사회구성원들을 땅바닥까지 끌어내리고 싶어한다.(겸손을 뜻하는 단어 'humilité'는 땅을 뜻하는 'humus'에서 나왔다.) 그리스도교의 일곱 대죄 중에서도 교만과 허영은 빠지지 않는다. 처음에는 우리 자신에 대한 생각이 도덕과 어떻게 관련된다는 것인지 이해가 잘 가지 않는다. 그러나 타인의 시각과 정서를 고려하는 것이 우리가 본능적으로 스스로에게 부여하는 위치와 무관할 수 있을까? 더 깊게 들어가자면, 우리는 자신을 중요하게 여기기 때문에 자기 시각 자체가 문제시되면 부정적으로 반응하기 쉽다. 그래서 자기만족과 (자신 혹은 자기가 소속한 집단의) 이미지 관리는 폭력의 보편적 요인이 된다.[45] 자기에 대한 생각을 시험에 들게 하는 것은 깎아내리는 것이다. 한 실험에서 참가자들에게 그들의 성격에 대한 거짓 프로필과 앞으로의 정신적, 신체적 건강에 대한 예후를 내놓았다. 어떤 이들은 낙관적인 얘기를, 또 어떤 이들은 부정적인 얘기를 들었다. 그들에게 이런 얘기들이 얼마나 믿을 만하다고 생각하는지 물어보았다. 부정적 예후를 접한 사람일수록 자기가 들은 얘기를 믿지 않는 경향을 보였다.[46]

그뿐 아니라. 우리는 단체작업에서의 자기 공헌도를 과대평가한다. 실험참가자들은 2인 1조로 작업을 수행하고 자기 조의 성과를 평가받았다.(두 사람의 개별 점수를 합치고 다시 2로 나누어 평균점을 가르쳐주는 방식으로) 다른 조들의 평균 점수도 알려줌으로써 자기 조가 상위권인지, 중위권인지, 하위권인지도 알 수 있게 했다. 별로 놀랍지도 않겠지만, 자기 조의 성과가 높게 나타날수록 그 공을 자신에게 돌리는 경향이 컸다. 반대로 자기 조의 성과가 낮을 때에는 그 이유가 자기가 아니라 다른 조원에게 있다고 보았다. '평균'에 겨우 머물 때에는 자기 짝에게 문제가 있는데 자기가 잘해서 그나마 중간이라도 간 거라고 생각했다.[47]

기혼자이거나 동거 중인 사람은 이 얘기가 묘하게 와 닿을 것이다. 저마다 자기가 더 힘들다고, 쓰레기통을 비우거나 주유를 하는 등의 잡일을 자기가 더 많이 한다고 생각한다. 커플을 한 사람씩 따로 불러서 청소, 육아 따위의 가사노동에 얼마나 참여하고 있는지 물어보았다. 조사 결과, 대부분의 커플에서 둘 중 적어도 한 명은 파트너가 생각하는 것보다 자신의 가사노동량을 과대평가하고 있었다.[48]

타인과의 비교

자기보다 조금 떨어지는 사람들에 대한 관심에는 자아의 사기를 진작시키려는 심리가 숨어 있다. 자기를 그런 사람들과 비교함으로써 희열을 느낄 수 있기 때문이다.[49] 우리는 유명인이나 큰 성공을 거두고 잘 나가던 가까운 사람이 갑자기 몰락할 때에도 비슷한 감정을 맛본다.[50] 독일어에는 개인 혹은 집단에게 적용되는 이런 현상을 가리키는 샤덴프로이데Schadenfreude[51]라는 단어가 따로 있을 정도다.[52]

실험참가자들에게 가상인물의 성공담 혹은 실패담을 다룬 시나리오를 읽게 했는데, 인물이 불행해지는 대목을 읽을 때 그들의 뇌에서 쾌감을 느끼는 부분, 즉 선조체가 활성화되었다.[53] 유사한 논리로, 우리는 성공을 경험할 때에도 남들에게 뭔가 도움을 줌으로써 그들의 시기심을 달래는 것이 바람직하다고 생각한다.[54] 우리는 자기 혹은 자신이 속한 집단을 드높이기 위해서 우리가 남들보다 뛰어난 영역들을 조심스럽게 선별한다.[55] 액상프로방스 대학에서 실험에 참가한 여성들에게 이런저런 검사들을 실시하고는 남들에게 잘 휘둘리는 면이 있다는 얘기를 검사 결과로 전달했다. 그러나 이어서 실시한 독립적인 실험의 다른 단계에서는 이 여성들이 타인에 대한 감수성이 뛰어난 사람들로 나타났다.⁵⁶ 우리는 남들과 자신을 비교해서 뭔가 부족한 면이 보인다 싶으면 그러한 비교를 재정의하고 새로운 비교 기준들을 내세운다. 휴양지에서 두 집단의 아이들에게 오두막을 만들어보라고 했다. 단, 둘 중 한 집단에만 오두막을 짓는 요령을 알려줬다. 이후 두 오두막 중 어느 쪽이 더 뛰어난지 평가하려 했는데, 오두막 짓는 요령을 전수받지 못한 집단이 평가를 거부했다. 아이들은 완성된 오두막을 심판이 검사하는 것도 거부했고, 경쟁 집단에서 만든 오두막이 좀 더 어엿해 보인다는 사실에도 반발했다. 또 엄청난 항의를 제기했을 뿐 아니라 자기네들은 오두막 주위에 작은 정원을 만들었으니까 심판이 그 정원도 오두막 평가 기준에 포함해야 한다고 주장했다.⁵⁷

나는 평균 이상일 것이라는 착각

자신의 도덕성을 과대평가하는 성향은 소위 'BAE(better-than-average effect)'로 잘 설명된다.⁵⁸ 우리는 이 경향에 힘입어 우리의 태도와 자질을 철저하게 과대평가한다. 미국 성인 인구 가운데 부모, 배우자, 자식으로서의 자기 신뢰도, 지성, 노동 의지가 평균에 미치지 못한다고 답한 사람은 2퍼센트에 불과했다.⁵⁹ 북아메리카인들은 자신의 결혼이 이혼으로 막을 내릴 확률을 20퍼센트로 추정했지만 실제 이혼율은 50퍼센트에 달했다.

한 연구에서 학생들은 20가지 긍정적 특징(싹싹하다, 똑똑하다, 성숙하다 등)과 20가지 부정적 특징(기분 나쁘다, 유머감각이 없다 등)에 비추어 자기 자신을 평가하고 그다음에는 동성의 '평균적인' 학생들을 평가했다. 학생들은 무려 40개 특징 가운데 38개 특징에서 동성의 다른 학생보다 자신이 더 낫다고 평가했다! 82만 9000명의 학생들을 대상으로 실시한 이 조사에 따르면, 응답자의 60퍼센트가 타인과의 소통능력이 상위 10퍼센트 안에 든다고 답했고 25퍼센트는 자신이 사회적인 인맥을 맺는 자질이 유난히 뛰어난 상위 1퍼센트라고 답했다![60] 이러한 현상은 놀랄 만큼 확고부동하다. 한 조사에서 응답자의 약 90퍼센트가 자기 대학에서 자신은 매우 우수한 편에 속한다고 답했다. 이들에게 BAE 현상을 설득력 있게 소개해보았다. 그 후에 학생들에게 그들의 처음 답변이 BAE 현상에 영향을 받았다고 생각하는지 물어보았다. 75퍼센트는 자신을 남들보다 낮게 생각하는 성향이 자기와는 무관하다고 답했다.

자신을 과대평가하는 경향이 가장 두드러진 부류는 확실히 남들과 차별화될까? 그렇다. 하지만 나쁜 방향으로 차별화된다. 한 연구에서 실험참가자들의 논리적 추론능력을 검사했다. 그 결과 성적이 가장 나쁜 부류와 자신의 추론능력을 가장 과대평가하는 부류가 일치하는 것으로 나타났다.[61] 개인은 온갖 능력으로 자신을 치장하는 것으로도 모자라 자신의 반려동물마저 다른 동물보다 우수한 것으로 본다. 자기가 키우는 개는 앞집 정원에서 왈왈대는 똥개보다 훨씬 똑똑하다고 믿는 것이다.[62]

우리는 이러한 자기만족적 경향에 힘입어 자신을 드높이거나 유리하게 작용하는 사건들을 보다 적극적으로 설명한다.(난 영리해, 난 열심히 일했어, 난 정직해 등) 그런가 하면 실패는 운이 없어서, 상황이 여의치 않아서, 다른 사람들이 심술을 부려서 일어난 일이다. 파리 우에스트 낭테르 대학의 파트릭 고슬링Patrick Gosling은 교사들이 제자들의 성적을 어떤 식으로 해명하는지 연구했다. 교사들은 성적 부진의 이유를 주로 가정환경에서 찾은 반면, 우수한 성적은 교육진의 뛰어난 능력 때문이라고 여겼다.[63]

심리검사는 우리가 자신에게 유리한 설명을 선호하는 또 다른 예를 보여준다. 이 검사에서 사람들은 시험성적이 우수할 때보다 시험성적이 나쁠 때 시험의 타당성에 대해 이의를 더 많이 제기하는 것으로 나타났다.[64] 자신이 중간 이상은 된다고 생각하는 것, 이것은 자기가 더 나은 대우를 받을 자격이 있다거나 남들보다 '도덕적'이라고 생각한다는 뜻이다. 미국에서 전국 상인들을 대상으로 실시한 조사에 따르면, 대부분은 자기가 다른 상인들에 비해 양심적으로 장사를 한다고 생각하고 있었다.[65] 또 다른 기상천외한 조사에서는 1000명의 일반인에게 죽어서 천국에 갈 것 같은 유명인을 물었다. 마더 테레사가 천국에 갈 거라고 답한 사람은 79퍼센트, 마이클 조던이 65퍼센트, 다이애나 왕세자비가 60퍼센트로 나타났다. 하지만 이 조사에서 가장 흥미로운 점은 '자기가 죽으면 천국에 갈 것'이라고 답한 비율이 가장 높았다는 것이다. 천국행 티켓을 확보해두었다고 생각하는 사람은 무려 87퍼센트에 달했다.[66] 자신이 다른 사람보다 도덕적이라고 생각하는 경향은 수많은 연구 결과로 나타났다. 사람들은 '나는 남들보다 편견이 적고 공정하며,[67] 연로한 부모를 다른 형제자매에 비해 잘 보살피는 편'이라고 생각하며 살아간다.[68]

자신이 남들보다 도덕적이라고 보는 성향은 꽤나 끈질기기도 하다.[69]

단순히 이 성향을 의식한다고 해서 우리가 느끼는 방식이 달라지진 않는다. 이러한 성향을 누구보다 잘 알고 대학생들에게 가르치기도 하는 사회심리학자들 역시 자신이 학계의 다른 교수들에 비해 양심적이라고 생각하기는 마찬가지였다.[70]

거울을 똑바로 바라볼 수 있습니까?

자의식은 스스로 정해놓은 기준에 맞게 행동할 수 있게 하는 중요한 도구다. 우리는 자의식 덕분에 어떤 상황에서의 행동이 개인적 규준에 들어맞는지 가늠할 수 있다. 다이어트 중인 사람은 탈의실에서 옷을 입어보다가 거울에 비친 자기 모습을 보고 자기가 원하는 몸매와 실제 몸매 사이의 괴리를 깨닫는다. 영국의 어느 유머 작가는 벌거벗고 전신 거울 앞에서 식사를 하는 것만큼 확실한 다이어트 비법이 없다고 했다.[71] 실제로 거울 앞에서 식사를 하면 기름진 음식 섭취를 줄이게 된다는 연구 결과도 있다.[72] 또 다른 연구에서는 다이어트 중인 사람들이 자의식에 자극을 받으면 아이스크림을 덜 먹게 된다는 결과도 나왔다.[73] 거울은 그 밖의 유혹들에 대해서도 효과가 있을까?

 자의식과 개인적 규준의 준수 혹은 위반이 어떤 관계에 있는지 알아보기 위해 거울을 사용한 연구들은 매우 많다. 스스로 만족스럽지 못한 행동을 저지른 사람은 그렇지 않은 사람에 비해 거울 앞에 앉기를 꺼렸다. 마치 거울 속의 자신을 보고 자의식이 강화되면 기분이 나빠지기라도 한다는 듯이 말이다. 반대로 뿌듯한 성취나 선행을 한 사람은 거울이 없는 곳보다 거울이 있는 곳을 더 좋아했다.[74] 또 다른 연구에서는 평소 신념에 위배되는 행동을 하고서 거울을 보면 정신적 긴장이 더 높게 나타난다는 결과가 나왔다.[75] 이는 자의식을 느끼면 행동과 신념의 일관성에 대한 욕구가 증가한다는 의미로 볼 수 있겠다.[76] '당신은 부도덕한 행위를 할 수 있는가'라는 물음에 눈을 감고 대답해보라고 하면 그냥 눈을 뜬 채로 대답할 때보다 '그럴 수 없다'라는 답변이 늘어나는 것도 같은 이유에서일 것이다.[77] 시선을 다른 데로 돌릴 수 없기 때문에 개인적 규준이 더욱 뚜렷하게 다가온다.

그렇다면 위반 행동도 자의식 증대에 영향을 받을까? 이를 입증한 연구들이 있다. 필기시험에서 응시자들의 자의식을 자극하면 부정행위를 저지를 확률이 낮아진다고 한다.[78] 아이들에게 자의식을 일깨워주면 사소한 물건을 슬쩍하는 행위가 줄어든다.[79] 성에 대한 죄의식 수준이 높은 사람들일수록 자의식에 자극을 받으면 에로틱한 이미지들을 더욱더 부정적인 시선으로 바라본다.

술은 양심을 가볍게 한다

술은 예로부터 자의식을 느슨하게 하는 특효약이었다.[80] 헐Hull 연구팀은 술을 마시면 '나', '내 것' 등의 대명사를 평소보다 덜 쓰게 된다는 흥미로운 결과를 보여주었다. 또 술을 마시는 공간에 거울이 있는 것만으로도 술기운에 저지르는 과격한 행동을 줄일 수 있다고 한다.[81] 어떤 경우에는 공격적인 행동을 하기 전에 자신을 놓아버리기 위해 일부러 술을 마시기도 한다. 전쟁 중에도 양심의 가책을 버리기 위해 술기운을 빌렸다는 얘기가 많다. 제2차 세계대전에 참전했던 사람의 고백을 들어보자. "그러지 않고는 사람을 죽일 수가 없었습니다. 그래서 매일 아침 눈뜨자마자 술을 마셨어요. 술이 없었으면 전쟁을 할 수 없었을 겁니다."[82] 크리스토퍼 브라우닝Christopher Browning은 16개월 동안 8만 3000명의 민간인을 학살한 독일 101예비경찰부대를 다룬 책에서 첫 번째 학살을 저지르기 전날 밤 이야기를 이렇게 기술했다. "그들은 닥치는 대로 술을 마셨다. 많은 이들이 만취해 있었다."[83] 1930년에 페탱 장군이 제1차 세계대전에서 프랑스군이 승리한 데에는 술이 아주 중요한 역할을 했다고 강조한 것도 이해할 만하다.[84] 술은 자의식을 흐리게 하는 데 유용하다. 하지만 술을 금방 구할 수 없다면 집단 속으로 뛰어드는 방법으로도 비슷한 효과를 기대할 수 있다.

집단 속에서 사라지는 자의식

집단 속에서는 자의식이 약화되고 평소의 개인적 신념과 모순되는 행동을 저지르기가 한결 수월해진다. 이러한 현상은 탈개체성(개인적 정체성의 약화)과 집단이 가져오는 익명성에 근거한다. 탈개체성의 정도는 집단의 규모에 따라 달라진다. 집단의 구성원 밀도가 높을수록 폭력 성향은 더 커지는 편이다. 그래서 탈개체성이 심할수록 과격한 폭력이 나타난다. 하버드 대학의 로버트 왓슨Robert Watson은 24개 문화권의 고고학적 자료를 조사하여 전사가 자기정체성을 가리고(변장을 한다든가,

몸에 색칠을 한다든가) 전투에 나서는 사회일수록 학살이나 포로에 대한 가혹행위(고문, 신체 절단 등)가 심하다는 결과를 발표했다. 익명성의 효과도 북아일랜드에서 발생한 500건의 폭력 사건 자료 분석을 통해서 입증되었다. 변장을 하고 폭력을 저지른 사람일수록 사람들에게 더 심각한 부상을 입혔고, 더 많은 사람을 다치게 했으며, 사건 이후에도 피해자들을 괴롭히는 성향이 두드러졌다.[85]

플로리다 대학의 스콧 프레이저Scott Fraser도 같은 방향으로 연구를 수행했다. 초등학생들에게 학교 축제에서 다른 아이와 힘을 겨루는 놀이를 하게 했는데, 지금은 다른 방에서 놀이용 가면과 옷을 사용하고 있으니 일단 놀이를 시작하고 조금 있다 변장용품이 오면 그때 착용하라고 했다. 두 아이는 일단 평소 옷차림으로 놀이를 시작했고, 놀이가 끝나기 전에 변장용품을 착용하고 몇 분 더 놀았다. 그런데 변장용품을 착용하자 상대를 거칠게 밀거나 넘어뜨리는 등의 공격적 행동 비율이 42퍼센트에서 82퍼센트로 높아졌다.[86]

시라쿠사 대학의 브라이언 멀렌Bryan Mullen이 폭행에 대한 50년간의 자료를 기반으로 집단의 크기와 공격적 행동의 관계를 연구한 결과에 따르면, 집단 구성원 밀도가 높을수록 피해자를 불에 태우고 사지를 찢거나 절단하는 등의 잔혹행위가 늘어나는 경향이 있다.[87]

이러한 결과들은 윌리엄 골딩의 『파리대왕』에서 난파당한 아이들이 폭력이 난무하는 원시 상태로 돌아가는 모습을 연상시킨다. 그중에서도 잭이라는 아이는 얼굴에 분장을 한 이후로 모든 금기를 깨뜨린다. "잭은 한쪽 뺨과 눈가를 하얗게 칠하고 다른 쪽은 붉은색으로 칠한 뒤, 오른쪽 눈에서부터 왼쪽 턱까지 시커먼 선을 그었다."

가면 뒤의 안락함

"가게 안에서는 가면을 쓰지 마세요. 모두 즐거운 할로윈!"

샌프란시스코의 할로윈. 퇴근길에 필모어 스트리트의 어느 카페 앞에서 작은 포스터를 보았다. 흥미롭기도 하고 나름 짚이는 바도 있기에 카페에 들어가 종업원에게 왜 그런 포스터를 붙였는지 물어보았다. "모처럼 대목인데 손님들이 포스터를 보고 발길을 돌릴 수도 있지 않겠어요?" 종업원은 간략하게 설명했다. "사람들이 가면을 쓰면 막나가거든요."

일리노이 대학의 연구자 에드 디에너Ed Diener도 할로윈 저녁을 이용하여 익명성이 범죄에 미치는 효과를 절묘하게 입증해 보였다. 그는 약 1350명의 아이들에게 할로윈 변장을 하고 시애틀 곳곳의 가정을 찾아가 사탕을 달라고 하라고 했다. 아이들은 혼자서 혹은 두세 명으로 소집단을 이루어 움직였다. 실험에 동원된 20채의 집에서는 실험보조자들이 대기하고 있었다. 실험보조자들은 아이들의 절반에게는 이름을 물어보았고 나머지 절반에게는 이름을 묻지 않았다. 각 가정에서는 아이들에게 사탕을 주고 잠시 자기들끼리만 있게 내버려두었다. 탁자에는 사탕과 돈이 무방비 상태로 놓여 있었다. 아이들이 사탕을 더 챙기거나 돈을 훔치지 않는지 몰래 관찰한 결과, 집단으로 움직이고 이름을 물어보지 않은 아이들은 57퍼센트나 허락 없이 사탕이나 돈에 손을 댔다. 혼자 왔고 이름도 밝혔던 아이들 중에서 그런 짓을 하는 비율은 7.5퍼센트에 그쳤다. 한편, 다른 두 조건(집단이지만 이름을 밝힌 조건, 혼자 왔지만 이름을 밝히지 않은 조건)에서는 20퍼센트 정도가 사탕이나 돈에 손을 댔다.

 스탠퍼드 대학의 필립 짐바르도Philip Zimbardo 는 탈개체성이 위반행위를 야기한다는 가설을 실험을 통해 분석했다. 그는 실험참가자들을 두 집단으로 나누어 한쪽에는 이름표를 달게 했고 다른 쪽은 실험실 가운과 마스크를 착용하게 했다. 그 후 두 집단에게 학습과 관련된 연구를 한다는 명목 하에 실험대상자에게 고통스러운 전기충격을 가하게 했다. 진짜 전기충격이 아니라는 것을 감추기 위해 실험대상자가 괴로워하는 비명소리를 녹음해서 틀어주었다. 그 결과, 실험대상자가 호감형이냐 비호감형이냐에 상관없이 가운과 마스크를 착용한 사람은 이름표를 단 사람보다 평균 2배나 되는 전기충격을 가했다. 몇 년 후 독일에서 이와 유사한 실험이 이루어졌다. 학생들을 임의로 다섯 명씩 묶어서 핸드볼 시합을 하게 했는데, 한쪽 팀은 오렌지색 티셔츠를 입혔고 다른 팀은 그냥 사복 차림으로 경기를 하게 했다. 시합에서 나타난 행동양식을 조사한 결과, 오렌지색 티셔츠 팀이 사복 팀보다 공격성이 두드러졌다.

집단내에서 희미해지는 책임감

 탈개체성의 효과는 '책임감의 약화'로 설명된다. 정체가 드러나지 않으면 타인에게 공격적인 짓을 해도 위험 부담이 적다. 책임감과 사람 수는 반비례하는 듯 보인다. 이타적인 행위에서도 마찬가지다. 책임감 분산 현상은 긴급 상황에서 여러 차례 입증된 바 있다. 긴급 상황에 직면한 사람이 많으면 많을수록 특정 개인이 도움을 주려고 나설 확률은 낮아진다. 가르시아Garcia 연구 팀은 어떤 사람들에게는 친구와 단둘이 극장이나 식당에 있다는 상상을, 또 어떤 사람들에게는 사람으로 미어터지는 극장이나 식당에 친구와 있다는 상상을 하라고 했다. 그런 다음 일련의 설문조사를 한 결과, 전자가 후자보다 다른 사람을 도우려는 경향이 높은 것으로 나타났다.[88] 일탈에 대한 사회적 통제에 있어서도 같은 현상이 관찰된다. 클레르몽페랑 대학 연구에서는 상가 엘리베이터 내부에 낙서를 해보았는데, 엘리베이터에 지저분한 낙서가 있다는 신고가 들어온 비율이 엘리베이터 탑승객의 수와 반비례했다.[89]

때로는 타인의 존재가 거울처럼 작용해서 특정 상황에서 규범을 강하게 환기시키기도 한다. 우리의 도덕적 자아는 사회적 자아로서만 존재하기 때문이다. 실제로 사회집단은 인간 도덕성의 근원이자 목적이요, 그러한 도덕성이 실현되기에 가장 좋은 조건이다. 이러한 생각은 지지받아 마땅하다. 하지만 그 전에 우선 인간은 긴밀한 감시 아래서만 도덕적일지도 모른다는 단순한 가설을 살펴보자.

2
가로등이 지켜보는 사회

다니엘레 크레스피 Daniele Crespi, 〈카인과 아벨〉

「창세기」에서 카인은 그의 내면에 도사리고 있던 "짐승"에 사로잡혀 아벨을 죽였다고 했다. 생명의 기나긴 연쇄에서 인간만이 독자적인 위치를 누려야 한다는 진부한 강박관념은 아주 오래전부터 있어왔다.

만약 하루 동안 투명인간이 된다면 당신은 무엇을 하겠는가? 이 간단한 테스트를 최대한 진지하게 생각해보자. 플라톤의 『국가』 중 한 대목에서 글라우콘이 들려주는 기게스의 반지 이야기는 이에 관련해 매우 비관적인 전망을 내놓는다.

비가 한바탕 퍼부은 후에 커다란 지진이 일어났다. 지진이 일어난 자리에는 땅이 갈라져 동굴이 생겼고… 기게스는 호기심을 이기지 못하고 갈라진 동굴 속으로 들어가 보았다. … 동굴 안에서 기게스는 거인의 시체를 발견했다. 시체 손가락에는 금반지가 끼워져 있었다. 기게스는 거인의 손가락에서 반지를 빼 들고 밖으로 나왔다. 양치기 기게스는 자신이 끼고 있는 반지의 흠집 난 곳을 안쪽으로 돌리면 자신의 모습이 다른 이들에게 보이지 않게 되고 바깥쪽으로 돌리면 자신의 모습이 다시 보인다는 사실을 알게 된다. '보이지 않는 능력'을 지니자 기게스는 못된 마음이 생겼다. 가축의 상태를 왕에게 보고하는 전령으로서 궁에 들어간 기게스는 자신의 새로운 힘인 마법의 반지를 이용해 모습을 감춘 후 왕비를 겁탈하고 그녀를 자기편으로 끌어들여 왕을 암살하고 스스로 왕이 되었다.

— 플라톤, 『국가』 제2권 중에서

그저 타인의 시선이 도덕성을 보장하는 것이라고 인정하는 것이 꺼림칙할지도 모른다. 그 시선에서 벗어나자마자 여러분 나름대로의 가치관이 햇볕에 눈 녹듯 사라져버린다고 생각하기 싫을지도 모른다. 사실, 몰래 위반할 수도 있는 규칙을 알아서 지킬 때도 많지 않은가? 도덕적으로 인정받는 사람은 일반적으로 사회적 제재나 처벌을 의식하지 않고도 무엇을 하지 말라거나("남의 것을 훔치지 말라.") 어떤 명령에 따른다는("곤궁에 빠진 사람은 도와줘라.") 규칙을 잘 적용하는 사람이다.

도덕이라는 영역에서 우리는 인간의 도덕성 연구의 두 거장 장 피아제Jean Piaget나 로렌스 콜버그Lawrence Kohlberg와 대체로 비슷한 견해를 갖고 있다. 당근과 채찍은 조련사의 도구이지 교육자의 도구는 아니다. 요컨대 당근과 채찍은 '도덕을 아직 깨우치지 못한' 존재들을 기르고 길들이는 데에나 쓰이는 것이다. 따라서 어린아이들에게는 보상과 처벌이 매우 유용할 수 있다. 하지만 아이들의 내면은 도덕적 감성과 그 강력한 결과로 가득 차 있으므로[1] 아이들을 과소평가해서는 안 된다. 또 어른들의 신념은 고무줄처럼 이랬다저랬다 하는 경향이 있으므로 어른들의 도덕성을 과대평가해서도 안 된다.

　우리는 진심 없이 도덕적 행위를 흉내만 내는 사람들을 매우 경멸하는 경향이 있다. 그래서 도덕적 행위자의 진짜 의도를 어떻게 파악하느냐에 따라 그 사람을 위선자나 일관성 없는 인간으로 치부할 수도 있다. 도덕적 행위자가 반드시 자신의 이중성을 의식하란 법도 없거니와 스스로를 속일 수도 있기 때문이다. 어떤 때는 작정하고 위선적으로 행동할 수도 있지만, 또 어떤 때는 도덕적 기대에 부응하느라 별다른 의식 없이 카멜레온처럼 태도를 바꿀 수도 있을 것이다.

　규칙에 대해서라면 그저 타인이 있다는 것만으로도 훨씬 의식적인 행동을 하게 된다. 하지만 그 영향력이 거의 무의식적으로 미치는 경우도 많다. 순전히 신체적으로만 살펴보자면, 남들이 있는 자리에서는 우리의 호흡이 좀 더 빨라지고 근육이 수축된다. 동맥압이 높아지고 심장박동이 빨라지며 땀을 더 많이 흘리게 된다.[2] 누군가 나를 쳐다보면 이러한 신체 활동은 더 강화된다.[3] 공원에서 조깅을 하는데 나를 주시하는 사람들이 있으면 자연스럽게 속도가 더 나지 않는가?

　어떤 연구에 따르면 조깅하는 사람들은 자기를 보는 사람이 없다고 생각할 때보다 누군가가 자기를 보고 있다고 생각할 때 좀 더 열심히 달린다고 한다.[4] 또 다른 연구에서는 헬스클럽에서도 누군가 지켜보는 사람이 있으면 아령을 더 열심히 들어올린다고 밝혔다.[5] 위생수칙이라는 측면에서도 공중화장실에 혼자 있을 때보다 다른 사람들이 있을 때 볼일을 보고 나서 손을 씻는 빈도가 높다는 연구 결과가 있다.[6] 이타적인 행동을 요청할 때에도 한 사람보다는 두 사람이 권할 때,[7] 사회적인 인맥을 고려하게 만들 때,[8] 전화보다는 직접 얼굴을 보고 부탁할 때,[9]

특히 눈을 똑바로 바라보며 부탁할 때[10] 그 요청이 받아들여질 확률이 높다. 반대로 성금 따위를 봉투에 넣어서 내게 하면 모금액은 확연히 줄어든다.[11]

가로등이 지켜보는 사회

도덕이라는 영역에서 처벌에 대한 두려움이나 보상에 대한 선망은 다소 피상적이긴 해도 행동에 직접 영향을 끼치는 수단이 된다. 앞 장에서 강조했듯이 타인의 존재는 여러 가지 행동을 억제하거나 자극한다. 따라서 비도덕적인 행동을 감행하려고 생각할 때에는 처벌 때문에라도 타인의 시선에 노출되지 않으려 한다. 시애틀에서 강간이 이루어진 600개 공간을 중심으로 도시에서의 성폭력을 다룬 중요한 연구가 있다. 이 연구에서 대부분의 강간사건은 가로등이나 조명이 거의 없는 곳에서 일어났음을 볼 수 있다. 또 수풀이나 벽으로 가려진 곳에서는 범행을 성공할 확률이 더 높았다.[12]

19세기의 작가 랠프 에머슨Ralph Emerson은 한밤에 가장 유능한 경찰은 가스등[13]이라고 했는데 일리가 있는 말이다. 어둠 속에 서 있으면 인간의 어두운 본성이 드러나기가 쉽다. 토론토 대학의 연구자는 실험 참가자들에게 간단한 계산문제를 풀게 하고 점수에 따라 소정의 상금을 줬는데, 실험 결과, 문제를 푸는 방의 조명이 어두울수록 부정행위의 빈도가 높았다.(등이 12개 켜져 있을 때보다 4개 켜져 있을 때에 부정행위가 더 많이 발생했다.) 발각될 위험이 뚜렷이 낮아진 것도 아니고 그저 불빛이 좀

약해졌을 뿐인데도 부정행위가 늘어난 것이다.[14]

눈치 보는 원숭이

타인의 시선이 발휘하는 시각적 제재효과는 사회규범의 작동에서 핵심적인 역할을 한다. 사회학자 노르베르트 엘리아스Norbert Elias[15]는 풍속을 문명화하는 역사적 과정이 타인의 시각과 타인의 판단에 근거한다고 보았다. 인간들이 서로를 바라보는 시각은 규범의 기원인 동시에 (부끄러움이나 정숙함은 타인의 시선에서 비롯된다.)[16] 규범이 규범으로서 지켜질 수 있도록 보장하는 역할을 한다. 그 증거들은 자연에서도 얼마든지 찾을 수 있다. 한 실험에서 집단에서 하위로 처지는 수컷 마카크원숭이를 암컷과 한 방에 두었다. 그리고 그 집단의 우두머리인 수컷 마카크원숭이를 옆방에 두었다. 이때 두 방 사이는 유리로 막혀 있어서 들어갈 수는 없지만 옆방에서 무슨 일이 일어나는지는 서로 볼 수 있게 했다. 우두머리 수컷이 보고 있을 때에는 열등한 수컷이 절대로 암컷을 선느리시 않았다. 하지만 우두머리 수컷이 보고 있지 않으면 지체없이 암컷과 교접하고 우두머리 수컷처럼 의기양양한 태도를 보였다.[17] 도덕이란 자기 내면의 목소리라기보다는 타인의 시선이 내면화된 게 아닐까? 모 유머 작가는 양심이 '누가 보면 어떡해!'라는 내면의 속삭임이라고 하기도 했다.

 이러한 비관적인 생각에 고무된 사회개혁가가 한두 명은 아닐 것이다. 법학자 제레미 벤담Jeremy Bentham은 1786년에 학생이나 죄수처럼

'훈육이 필요한 존재들'에게 선한 행동을 주입시키려면 감시인이 360도 감시가 가능한 중앙 탑에서 근무해야 한다는 발상을 내놓기도 했다. 그 중앙 탑에서는 모든 감옥이 한눈에 들어오고 죄수들은 감시인을 볼 수 없다. 하지만 감시자는 필요에 따라 언제라도 자신이 보고 있다는 표시를 할 수 있다. 이렇게 건물 내부가 한눈에 다 보이는 구조의 건물을 팬옵틱panoptique(일망원형 감옥)이라고 부른다.[18] 벤담의 발상에서 '신이 어느 곳에나 있다'는 의식이 인간을 인간답게 만드는 데 얼마나 지대한 영향을 끼쳤을지를 생각하지 않을 수 없다.

중세에 성 아우구스티누스는 천벌에 대한 두려움은 인간을 도덕적으로 행동하게 하므로 차라리 축복이라고 했다. 그로부터 몇 세기 후, 소위 포스트모던하다는 속세의 정치학자들도 미국의 한 연구에서 신의 존재를 은근히 암시하는 것만으로도 타인에 대한 이타적 행동을 끌어낼 수 있으며,[19] 십계명을 상기시키는 것만으로도 대학생들의 부정행위를 줄일 수 있다고 밝혔다.[20]

타인의 시선은 직접적 처벌 없이도 규제의 역할을 한다. 실험참가자들을 두 무리로 나누어 두 방에 들어가도록 하는 실험에서 한 방에는 스크린에 꽃 이미지가 떠 있고 다른 방에는 스크린에 사람의 눈 이미지가 떠 있다면[21] 후자의 경우에 집단 내 이타적 행동이 증가한다는 보고가 있다.[22] 전자의 방보다 후자의 방에서 식사 후 다른 사람의 식기를 치워주는 등의 이타적 행위의 빈도가 훨씬 높았다.[23] 아마도 같은 이유에서 북미 토템에 거대한 눈의 이미지가 있는지도 모른다. 집단구성원들에게 그들을 지켜보고 있다는 인상을 주면 그들의 사회적 순응성을 높일 수 있다.[24]

미셸 푸코Michel Foucault는 '팬옵틱'이라는 전면적 감시를 자신의 책 『감시와 처벌』에서 가장 중요하게 다루었다.[25] 오늘날 타인의 시각에 노출되느냐 마느냐가 범죄 예방의 핵심이라고 평가하는 범죄예방 전문가들도 이러한 감시에 큰 의미를 둔다.[26] 애덤 스미스Adam Smith는 당대의 도덕적 타락의 원인 중 하나가 도시화가 낳은 익명성이라고 지적했다. 한 노동자가 자기 마을에 있을 때에는 어떻게 행동해야 하는지 정해져 있으며 스스로 그것을 의무로 여긴다. 그러한 규범을 어길 경우에는 마을에서 평판이 나빠지기 때문이다. 하지만 대도시로 나오면서부터 그는 어둠과 그늘에 파묻힌다. 아무도 그의 행동에 주의를 기울이지 않고 그는 변덕스러운 악과 방종에 놀아나고 싶다는 유혹을 느낀다.[27]

시각적 감시를 체계적으로 강화하면 실제로 범죄율이 줄어들까? 하지만 연구 문헌들을 종합해보건대 감시카메라는 폭력 예방에 별 효과가 없는 듯하다. 감시카메라의 효과는 어디까지나 위험도가 높은 주차장에서의 도난방지나 불법침입방지 정도에 그친다. 하지만 범죄 예방에 감시카메라가 큰 효과가 없다고 해서 진짜 살아 있는 사람의 감시도 큰 효과가 없을 것이라고 볼 수는 없다. 감시, 즉 타인의 시선은 범죄 예방에 효과가 있지만 실질적으로 감시카메라를 피할 수 있는 방법이 엄연히 존재하기 때문에 효과가 없는 것처럼 보인다고 봐야 한다.

사회통제와 범죄의 상관관계

수많은 실례들이 사회통제가 범죄에 미치는 중요성을 보여준다. 맨체스터에서 조사한 결과, 이층버스의 일층보다는 아무 감시가 없는 이층에서 기물파손이 20배나 더 많이 발생했다.[28] 길거리보다는 카페나 역 안에 설치된 공중전화 부스가 파손되는 경우가 훨씬 적다는 조사 결과도 나와 있다. 학교에서도 감시가 어려운 공간일수록 파손이 심하다. 감시가 약할수록 규칙을 어겨도 처벌받을 위험이 적다. 나는 원형강의실에서도 이 사실을 확인하곤 한다. 강단에서 가까운 책상은 강단에서 먼 책상보다 훨씬 깨끗하다. 강단에서 먼 책상은 으레 지저분한 낙서로 덮여 있다.

통제 개념은 가정에서도 적용될 수 있다. 청소년범죄는 자녀의 행동이나 친구관계에 대한 부모의 감시가 느슨할수록 많이 일어난다.[29] 감시 효과는 사회적 출신에 상관없이 장남, 장녀가 범죄를 저지를 확률이 평균보다 낮은 이유를 부분적으로 설명해준다. 부모는 장남, 장녀에게는 일과표나 친구관계, 행동방식에 대해서 좀 더 엄하게 구는 경향이 있기 때문이다.[30] 경제학자 스티븐 레빗Steven Levitt은 통제가 없으면 범죄가 더 쉽게 발생한다는 또 다른 예를 보여주었다. 시카고 대학 교수인 레빗은 미국에서 새로운 조세 규정(세금공제를 받으려면 부양자녀의 이름만 적어선 안 되고 그 옆에 사회보장번호까지 함께 적어야 한다는 규정)이 하나 추가된 것만으로 실종 아동이 700만 명으로 늘어났다는 사실을 밝혀냈다. 미국 전체 아동의 10분의 1이 갑자기 증발해버린 것이다![31]

양심을 저버리는 사람들

범죄는 들통 날 가능성이 있으면 줄어들지만 통제가 없으면 급격히 늘어난다. 이 규칙은 매우 다양한 상황에 적용된다. 예컨대 변속기어를 넣을 때마다 차에서 뭔가 부딪히는 소리가 나는 상황에서 변속장치를 통째로 갈아야 한다는 정비사의 말을 믿어야 할까, 말아야 할까? 1940년대에 『리더스 다이제스트』는 자동차 정비사, 라디오 및 시계 수리공들의 부정행위에 대한 조사로 화제가 되었다. 이 언론사는 전혀 문제가 없거나 아주 간단한 조작(전선이나 건전지 교체 등)만 하면 되는 자동차, 라디오, 시계를 수리공에게 보내보았다. 평범한 부부로 가장한 남녀 한 쌍이 이러한 물건들의 수리를 의뢰했다. 그 결과 자동차 정비사의 63퍼센트, 라디오 수리공의 64퍼센트, 시계 수리공의 40퍼센트가 수리비를 부당하게 청구했다![32] 50년 후에 대중이 생각하는 가장 정직하지 않은 직업을 여론 조사한 결과, 자동차 딜러가 1위로 꼽혔다.[33] 나는 자동차 정비를 맡길 일이 있으면 차에 대해 뭘 좀 아는 사람이라는 인상을 주려고 노력한다.(하지만 청구서를 보건대 뭣도 모르는 사람이라는 게 다 들통 난 모양이다!)

직업상 양심을 나 몰라라 하는 행위에 대한 또 다른 연구 결과도 마찬가지다. 연구자들은 프랑스, 그리스, 미국에서 손님으로 가장하고 빵집에 들어가 구매를 끝내고 깜박 잊은 척 잔돈을 달라는 말을 하지 않고 나왔다. 그리고 나서 손님의 국적에 따라 잔돈을 가져가라는 얘기가 나오는 빈도가 어떻게 달라지는지 조사했다. 파리와 아테네에서는 잔돈을 제대로 거슬러 주는 경우와 슬쩍 가로채는 경우가 거의 반반이었다. 이 결과는 손님이 자국민이든 외국인이든 별 차이가 없었다. 하지만 보스턴에서는 미국인 손님의 잔돈을 가로채는 비율은 38퍼센트, 외국인 손님의 잔돈을 가로채는 비율은 27퍼센트로 꽤 차이가 났다.[34]

이러한 결과는 남의 것을 가로채는 일탈행위에 합리적 이유가 거의 없음을 보여준다. 훔치고, 슬쩍하고, 위반하는 행위는 들킬 위험이 적으면 확실히 더 많이 발생한다. 처벌 강도가 높아져도 범죄를 예방하지 못한다는 연구 결과도 많지만, 들통 나서 처벌받을 확률이 얼마나 높은가는 확실히 범죄 예방에 영향을 미친다. 그래서 어떤 식으로 행동할지 미리 생각하지 않았던 사람, 다른 상황에서라면 결코 그런 짓을 하지 않았을 사람일수록 통제가 없으면 범죄의 유혹에 빠지기 쉽다. 벤담의 말처럼 "끊임없이 감시에 놓여 있는 상태에서는 악을 저지를 수 있는 가능성, 악을 저지르고 싶은 마음이 실제로 없어진다."[35]

나와 친한 여자 분이 뉴칼레도니아에서 장을 보고 있는데 토착민들의 시위가 일어났다. 모두 허겁지겁 그 자리를 떠났고 그녀가 마트 입구를 보니 손님들을 감시하는 직원조차 전혀 없었다. 마트에서 뭔가 들고 나가도 전혀 문제가 될 것 같지 않았다. 그래서 그녀는 달콤한 주전부리를 몇 가지 챙겨서 아무렇지도 않은 척 그곳을 나왔다. 그녀는 몇 년 후에 그 일을 회고하면서 그 특수한 상황이 자기를 부추기는 것 같았다고, 단것들이 "날 가져가요!"라며 속삭이는 것 같았다고 했다. 그 후로 그런 상황은 없었고, 그녀는 다시 초콜릿을 사면 양심적으로 값을 치르는 생활로 돌아갔다. 버클리 대학 교수인 그녀가 눈 깜짝할 사이에 기게스처럼 못된 마음을 품게 될 줄 누가 상상이나 했겠는가?

자연재해나 질서를 유지하는 공공서비스가 마비된 상태에서 약탈과 폭력이 급증하는 역사적 사례를 보건대, 통제가 느슨해지면 일탈의 기회가 생기고 때로는 소수집단이 그 기회를 자기네에게 유리하게 이용하기도 한다.

인간이 언제나 상점이나 이웃집에서 물건을 훔칠 기회를 노리며 살아간다고 생각할 것까진 없다. 그런 짓이 가능할 법한 상황에서도 대다수는 그러지 않는다. 감시의 부재가 범죄 실행의 조건이 될지라도 부정직한 행위의 근본 원인이라고 보기는 어렵다. 뒤에서 보겠지만, 규범을 위반하는 가장 큰 이유는 통제가 느슨해져서가 아니다. 게다가 감시는 사회적 행동에 부정적 영향을 미치기도 한다. 부당하게 여겨지는 통제는 되레 바람직하지 못한 행동을 자극하고 역효과를 일으킨다. 한 연구에 따르면 직원들이 직장 상사의 감시가 과하다고 생각하면 그 상사에게 적대감을 품게 된다고 한다. 또 직장에서 출입 자동기록시스템 같은 인력감시수단을 늘릴수록 아랫사람이 윗사람에게 반감을 품는 경향이 있다.[36] 도덕규범을 획득하고 준수하는 데 있어서 처벌의 효력이 미미하다는 점은 나중에 다시 살펴보겠다.

어느 사회집단의 기본적 규제 수단이 강요와 위협이라면 그 집단은 오래가지 못한다. 억압적 통제는 대개 사회의 권위가 바닥을 쳤을 때 나온다. 규칙을 존중하는 마음은 감시에 대한 두려움보다 소속감과 자발적 동의에서 비롯된다. 하지만 살펴보았듯이, 때로는 인간 행동을 '사회적 통제'라는 시선에서 보는 것도 도움이 된다.

3
코끼리보다 도덕적인 인간은 누구인가

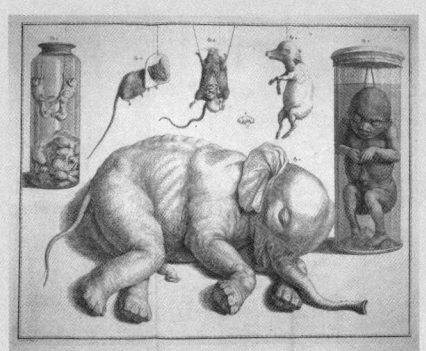

알베르투스 세바 Albertus Seba,
〈코끼리〉

코끼리는 평생 한 마리만을 짝으로 삼고, 2년에 닷새 정도 교미하는데 교미 전에는 반드시 몸을 씻는다. 이토록 정교하고 지적이며 정조를 지키는 동물은 사회에 대한 반성의 구실을 넘어 귀감이 되기도 한다.

도덕은 인간에게만 있는가? 불과 수십 년 전만 해도 이런 물음은 말도 안 된다는 욕만 먹었다. 그때만 해도 도덕성이 있다는 것은 그 정의상 자연법칙을 초월해 있다는 뜻으로 통했다. 오늘날 미국의 학술 전문지 『사이언스』에 실리는 기사 제목들을 보라. 「원숭이들의 부정행위에 대한 반감」, 「인간 아동과 침팬지 새끼의 이타적 행동」, 「놀래기들의 미덕」. 다른 한편으로, 우리는 다윈의 연구를 참조하는 심리학의 새로운 사조가 세력을 넓혀가는 현상을 보고 있다. 이 사조의 야심 중 하나는 인간의 동물적 유산이 윤리에 개입되어 있음을 보여주는 것, 다시 말해 인간 윤리를 '자연화'[1]하는 것이다. 진화심리학의 세계적인 베스트셀러로 꼽히는 책 제목이 바로 『도덕적 동물』[2] 아닌가. 이 장에서는 동물이 과학적 범주 이상의 의미가 있다는 것을, 인간은 자기 동족들을 자신과 근본적으로 분리해서 심판하기 위하여 이 범주를 이용한다는 것을 살펴보겠다.

분명히 인간은 자기는 동물이 아니라고 주장할 수 있는 유일한 동물이다. 동물과 인간의 구분은 가치판단이 깊게 개입하는 언어적 구분이다. 부도덕한 인간은 동물 취급을 당해도 싸다. 반대로 다른 사람들에게 귀감이 되는 인간은 그 뛰어난 '인간성'을 칭찬받을 것이다. 그런데 동물이 인간에게 예상치 못한 도움을 주거나 영웅적인 일을 한다면 이 구분이 흐려진다. 1996년에 상어에게 습격을 당한 잠수부를 돌고래들이 둥그렇게 에워싸고 보호해준 일이 있었다.[3] 같은 해에 고릴라 암컷이 시카고 동물원의 3미터짜리 담장에서 떨어진 세 살짜리 아이를 도와준 사건도 있었다. 두 사건은 전 세계로 퍼지며 충격과 감동을 주었다. 인간은 자신과 동물 사이에 어떤 경계가 있다고 생각하는 경향이 있다. 동물의 왕국은 잔혹하다고들 한다. 정말로 그러한 잔혹성이 동물과 인간을 구별할 수 있을까?

이 짐승만도 못한 놈!

내가 여덟 살 때 못 말리게 좋아하던 다큐멘터리가 있었다. 마을 학교에서 토요일 아침마다 선생님이 그 다큐멘터리를 보여주었다. 지금도 방한용 재킷과 귀마개 차림의 사냥꾼들이 스키 스쿠터를 타고 늑대를 추격하던 잔인한 장면이 눈에 선하다. 얼음판에 흥건히 쏟아진 피와,

죽음은 면했지만 심하게 다친 짐승들의 구슬픈 울부짖음이 생생하게 기억난다. 영국의 저명한 철학자 토머스 홉스Thomas Hobbes는 늑대를 인간의 근본적인 잔혹성의 상징으로 삼았다. 브루노 베텔하임Bruno Bettelheim 역시 "야만적이고 파괴적인 늑대는 모든 반사회적 힘을 상징한다."[4]고 했다. 당시에는 아직 동물행동학이 없었다. 따라서 지구상에서 가장 협동적으로 집단생활을 하는 늑대에게 부당한 오명을 씌웠다고 베텔하임에게 따지기는 뭣하다.[5] 게다가 프란체스코회에서 전해지는 사화집이 그려낸 일화에 따르면 아시시의 성 프란체스코와 구비오의 늑대는 서로 아름다운 교분을 나누었다고 하지 않는가.

 동물에 대한 비유나 유비를 통하여 인간의 근본적 특징을 언급하거나 비난한 사람은 토머스 홉스만이 아니다. 이 진부한 생각은 유서가 깊다. 「창세기」에서 카인은 그의 내면에 도사리고 있던 "짐승"[6]에 사로잡혀 아벨을 죽였다고 쓰여 있다. 홉스로부터 3세기 후 실증주의가 등장했을 때에도 늑대처럼 치열이 앞으로 툭 튀어나온 사람은 그 외모를 단서 삼아 범죄 심리를 짐작할 수 있다고 했다. 이론의 여지는 있으나 범죄인류학의 창시자로 여겨지는 체사레 롬브로소Cesare Lombroso도 짐승을 닮은 사람은 벌써 부도덕성과 범죄 충동을 의심할 만하다고 했다. 데카르트에 이르러 스스로 "자연의 지배자이자 주인"이 된 인간은 계속해서 자연과 자신의 연대를 부정하고 가장 악한 행위들을 지칭하는 말로 '자연'을 활용했다. 그래서 인간이 결국에는 마지못해 영장류와 자신의 연결고리를 인정했을까? 아니다. 오히려 인간은 서둘러 '비인간 영장류'라는 범주를 만들어 자기만을 별개로 여기는 특권을 유지했다. 생명의 기나긴 연쇄에서 인간만이 독자적인 위치를 누려야 한다는 강박관념은 여전했던 것이다.

'동물=악'이라는 등식은 매우 오래되었다. 인류학자들은 이 등식이 보편적이라고 말한다. 그래서 부도덕성은 인간적이지 않은 형태로 의인화될 수 있었다. 피에르 자케즈 엘리아스Pierre-Jakez Helias는 『오만의 말[馬]』에서 20세기 초 퐁라베 지방 마을의 한 장면을 묘사한다. 수도사들이 일곱 대죄를 짐승에 비유한 연극을 보여주며 마을 사람들에게 회심을 권한다. 오만은 공작, 음욕은 염소, 탐식은 돼지, 나태는 거북, 분노는 호랑이, 시기는 독사, 탐욕은 두꺼비로 상징된다. 일곱 동물은 갈퀴를 손에 들고 뿔과 기다란 손톱이 달린 악마를 에워싸고 있다. 이 장면은 중세 프랑스에서 도덕교육을 위해 흔히 이용되었던 동물 상징을 재현한 것이다. 프랑스 국립도서관에 소장된 1390년경의 필사본에도 일곱 대죄는 사회적 신분과 짐승으로 비유되어 있다.

'짐승'은 검열관들에게 가장 심한 욕으로 통했다. 중세 이탈리아 성직자는 키스를 "금수조차 하지 않을 추잡한 짓"[7]이라고 비난했다. 프로이트는 그의 가장 염세적인 책 『문명 속의 불만』[8]에서 '동물성'은 인

악		동물		인물
오만		사자		왕
시기		개		수도사
분노		멧돼지		여인
나태	은(는)	당나귀	위의	농민
탐욕		두더지		장사꾼
탐식		늑대		청년
음욕		염소		여편네

간이 본능을 억제함으로써 사회질서로 대체하고 싶어하는 유산이라고 했다. 노르베르트 엘리아스는 문명화 과정의 특징 중 하나가 자기 안의 모든 동물적 특징을 제거하려는 태도라고 보았다.[9] 스티븐슨의 말쑥한 도시 남자인 지킬 박사의 또 다른 얼굴 하이드 씨는 '동물', 좀 더 정확하게는 원숭이를 닮은 동물이다.[10] 이처럼 동물은 본의 아니게 악의 상징이 되었고 교회와 대중의 심판 대상이 되었다. 17세기까지 기병과 주교들은 동물을 축출하고 파문했다.[11] 만약 그럴만한 동물이 없었다면 도덕주의자들은 기꺼이 동물을 만들어내기라도 했을 것이다.

동물이기를 거부하는 인간

동물을 부도덕한 존재로 범주화하는 것은 적절치 않다. 특히 동물과 더불어 살아본 인간들의 의견은 전혀 다르다. '침팬지들의 어머니' 제인 구달Jane Goodal은 14년간 탄자니아 곰비 국립공원의 야생 침팬지 서식지에서 생활하며 영장류 연구에 한 획을 그었다. 제인 구달은 수컷 침팬지들이 그들의 친구나 이웃과 피비린내 나는 싸움을 벌이는 광경도 목격했다. 그녀는 묘한 씁쓸함을 담아 이렇게 말했다. "안타깝지만 그런 모습을 보자 침팬지들이 더욱 인간과 비슷하게 느껴졌다."[12] 그녀가 보기에 침팬지들이 늘 부도덕하게 구는 것은 아니었다. 도덕적 가치라는 면에서 인간이 확연히 우월할 것이라고 생각하기는 어렵다.

동물도 도덕주의자들이 요청할 만한 행동에 기꺼이 뛰어들 수 있다. 풍자 우화를 그리는 작가뿐만 아니라 보수적인 작가들 역시 동물을 의

인화하여 인간들에게 교훈을 준다. 도덕적 위엄이 한참 낮은 동물 패거리가 떠들거나 부르짖는 교훈은 독자들에게 위협감을 주지 않고, 작가 본인이 위험해질 일도 적다. 몽테스키외Montesquieu가 프랑스 사회를 풍자했듯이 이솝Ésope, 라퐁텐La Fontaine 등의 우화작가들은 비늘, 털가죽, 깃털로 위장하고 군주와 강자를 동물에 빗대어 꼬집었다. 마르셀 에메Marcel Aymé는 동물과 아이를 통하여 어른들에게 교훈을 주었고, 토마 페르장Thomas Fersen 같은 가수도 기상천외한 인간 군상을 동물에 빗대어 노래하지 않았는가. 동물은 사회에 대한 반성의 구실을 넘어서서 귀감이 되기도 한다. 대大플리니우스Plinius는 『박물지』에서 "부끄러움을 알기에 교접은 항상 은밀한 곳에서 하고 … 그나마도 2년에 닷새를 넘기지 않는다."라고 코끼리들을 찬양한다. 몽테뉴Montaigne는 인간은 '피상적이고 인위적인'[13] 것을 탐하지만 동물은 확실하게 손에 잡히는 행복만을 추구하므로 도덕적으로 인간보다 낫다고 했다. 동물이 오히려 인간의 귀감이 될 수도 있다는 것이다. 관상학의 창시자 요하나 카스파르 라바터Johann Caspar Lavater는 17세기에 벌써 인간의 덕을 동물에게 투사했다. 여우나 사자를 닮은 외모가 고결한 성품, 교활함, 섬세함을 암시한다고 생각했던 것이다.

그래도 동물은 여전히 어쩔 수 없는 경계, 루비콘 강 너머의 존재로 여겨졌다. 몇 가지(대개는 부수적인) 장점들을 부각시킨다고 해서 인간과 인간 아닌 것의 경계가 흐려지는 것은 아니다. 특정한 차별화의 영역들을 넘어서면[14] 동물과 인간을 구분 짓는 고르디우스의 매듭은 결국 '자연결정론'이다. 인간이 동물계를 넘어서는 존재라고 주장하는 이유 중 하나는, 우리가 흰개미, 들쥐, 고라니 따위와 똑같은 자연법칙의 지배를 받는다고 생각하면 너무 비루하고 보잘것없는 기분이 들기 때문이다.

파리 우에스트 낭테르 대학의 피에르 드콩시Pierre Deconchy는 절묘한 실험을 통하여 우리가 인간과 동물의 차이를 자연법칙에 대한 복종 여부에 둔다는 것을 보여주었다.[15] 실험참가자들은 먼저 어떤 동물의 행동을 기술하는 짧은 글을 읽었다. 그 글은 방울소리숲때까치라고 하는 새의 울음을 동물행동학적으로 분석한 것이었다.

"수컷의 울음과 암컷의 울음은 가락, 음색, 음조가 확연히 다르다. 사실 원래 수컷은 암컷처럼 울 수 없고 암컷도 수컷의 울음을 흉내 낼 수 없다. 그렇지만 어떤 이유로 암컷이나 수컷이 떠나거나 죽으면 남은 놈이 오랫동안 울음을 울지 않다가 어느 시점부터 수컷의 울음과 암컷의 울음을 번갈아 운다."

실험참가자들은 어떻게 이런 사실을 알아냈는지 그 과정에 대해서도 들었다. 어떤 이들은 자연 상태에서의 관찰을 통해 알아낸 사실이라고 들었고, 다른 이들은 한 쌍의 새에서 어느 한쪽이 없어지면 어떤 결과가 나타나는지 분석하기 위해 의도적으로 실험을 연출했다고 들었다. 그 후 실험참가자들에게 사람에게서도 이 새들과 비슷한 양상이 나타날 수 있겠느냐고 물었다. 새들의 행동방식이 자연 상태에서 결정된 것이라고 생각하는 참가자일수록 '인간은 다르다'는 식으로 답했다. 인간과 동물의 차이가 생물학적 요인이나 그 밖의 이유로 결정된 것이라고 생각할수록 인간과 동물의 유사성을 심리적으로 편안하게 받아들일 수 있다.

인간과 동물이라는 경계는 또 다른 역할도 한다. 한 사람의 1년 평균

육류 소비량은 50~70킬로그램에 달한다.[16] 우리가 가축을 좀 더 배려하고 육식 욕구를 참을 수 있을까? 영국과 오스트레일리아 연구자들이 쇠고기 육포와 캐슈너트의 맛 평가에 응해달라고 했다. 그런 다음에(맛 평가와 전혀 무관한 것처럼 보이는 설문조사를 통해) 물고기, 캥거루, 소 등의 동물들에 대한 도덕적 의무 의식을 알아보았다. 그 결과, 쇠고기 육포를 맛있게 먹었던 응답자일수록 소에게 도덕성이나 나름의 정신 상태가 있다는 것을 인정하지 않으려는 경향을 보였다.[17]

인간의 동물성

"사회는 개인에게 자연의 위협에 대한 방어의 필요성을 끊임없이 주지시킨다. 동물이 인간에게 위협적이라는 생각을 말이다. … 하지만 이 힘겨운 억압을 완성시키는 것은 예술, 과학, 문학이다."[18] 세르주 모스코비치Serge Moscovici는 『자연에 반하는 사회』에서 인간과 동물을 구분 지으려는 끊임없는 노력을 이렇게 기술했다. "이 노력은 인간의 자유 의지라는 개념을 유지시키고 인간성의 유한성에 대한 절망을 어느 정도 감내할 만한 것으로 만든다는 점에서 엄청난 심리적 기능을 한다. 요컨대 '인간/동물'이라는 구분이 언젠가 죽을 수밖에 없다는 인간 조건에 대한 불안을 조절하는 역할을 하는 것이다."

콜로라도 대학의 제이미 골드버그Jamie Goldberg는 이 구분이 죽음에 대한 두려움과 연계되어 있음을 보여주는 실험을 구상했다.[19] 학생들에게 두 편의 에세이 중 한 편을 무작위로 제시하고 다른 대학 재학생이 쓴 글이라면서 각자 평가해보라고 했다. 그중 한 편은 "인간과 동물의 경계는 흔히 생각하는 것만큼 대단하지 않다. … 자유 의지와 고도로 복잡한 사유의 결과처럼 보이는 것도 사실은 생물학적 프로그래밍과 단순한 학습 경험의 소산일 뿐이다."라는 논지를 담고 있었다. 다른 글은 "인간은 어떤 면에서 동물과 공통점을 지니고 있지만 분명히 유일무이한 존재다. … 허기를 채우고 쾌락을 좇아 행동하는 이기적 존재가 아니라 자신의 의지로 선택을 하고 스스로 운명을 만들어나간다."라는 문장을 포함하고 있었다. 학생들은 각자 자기에게 주어진 글을 읽고 난 후, 질문지에 답했다. 그런데 골드버그는 그 전에 먼저(에세이 평가와는 무관해 보이는 상황에서) 일부 학생들에게 자신의 죽음에 대한 생각과 감정을 글로 써보라고 했다. 그리고 다른 학생들에게는 다른 불쾌한 상황에 대한 생각과 감정을 글로 써보라고 했다.[20] 실험 결과, 학생들은 전반적으로 동물과 인간의 차이를 강조하는 글을 선호했다. 그리고 사전에 죽음이라는 문제를 환기한 학생들은 이 선호도를 더욱 뚜렷이 보여주었다.

증오의 우화집

레온 폴리아코프Leon Poliakof는 1951년에 유대인 박해의 역사를 분석한 『증오의 지침서』라는 걸출한 책을 내놓았다. 이 책은 소수와 이방인을 규탄하는 동물적 비유가 얼마나 보편적이고 일반적인지 보여준다는 점에서 '증오의 우화집'이라고 제목을 붙여도 좋을 것이다. 클로

드 레비스트로스Claude Lévi-Strauss는 '야만barbare'이라는 단어가 자기 문화와 다른 모든 것을 가리키는 고대 그리스어에서 나왔으며 어원상 인간의 분절언어와 대립되는 비분절어(새들의 노랫소리), 혼란을 환기시킨다고 했다.[21] 민족지학은 아주 오래전부터 서로 대립하는 집단들이 오만 가지 새의 이름을 욕으로 썼다는 데 주목했다. 인간의 자민족중심주의는 증오하고 천시하는 집단을 지칭하면서 원숭이, 개, 돼지, 쥐새끼, 기생충, 버러지 등등[22] 동물을 참으로 열심히도 들먹거렸다. 이방인을 동물 취급하는 태도 역시 언제 어디서나 찾아볼 수 있다. 몽테스키외는 당시에 에스파냐 식민지 토착민을 사람 취급하지 않는 태도가 어떤 기능을 하는지 꿰뚫어보았다. "그들을 사람으로 여길 수는 없다. 그들을 사람으로 여기는 순간부터 우리를 그리스도인이라고 할 수 없게 되기 때문이다."[23] 샤를 5세에게 올린 보고서에도 콘키스타도르들이 아메리카 원주민을 '개 다루듯' 했다고 나와 있다. "그들은 원주민을 두고 누가 단칼에 사람 머리를 벨 수 있는지 혹은 내장을 열어 보일 수 있는지 내기를 했다."[24]

자민족중심주의는 좀 더 미묘한 양상으로 나타나기도 한다. 다른 집단은 인간의 특수한 감정, 이를테면 수치심이나 행복감 같은 이차적 감정을 모르고 그저 두려움이나 쾌락 같은 원초적[25] 감정만 좇는다고 생각하는 식이다. 이 같은 '인간성 말살', '인간 이하 취급'이라고 부르는 현상이 유럽과 북미 여러 나라에서 연구된 바 있다. 이 현상에 따르면 자기가 속한 집단보다 위상이 낮은 집단 사람들은 자기만큼 이차적 감정, 미묘하고 숭고한 감정을 느끼지 못하는 것으로 여긴다. 또한 집단정체성이 강할수록(예를 들어 자국에 느끼는 자부심이 강할수록) 다른 집단 사람들을 비인간적으로 묘사하는 경향이 두드러진다.

인간 이하 취급은 다른 집단을 가혹하게 다루는 태도를 정당화하는 구실을 한다. 엠마누엘 카스타노Emanuele Castano와 로저 자이너 솔라 Roger Giner-Solla[26]는 최근 연구에서 미국인들에게 인디언 학살에 대한 책임을 물을 때 인디언들을 인간 이하로 취급하는 태도가 오히려 두드러진다고 했다. 이처럼 타인을 동물 취급함으로써 파괴적 행동을 사후에 정당화하기도 하지만 역으로 그러한 의식 구조가 먼저 자리 잡았기에 타인을 침해하는 행동이 나오기도 한다. 그 예를 살펴보자.

어떤 인간집단이 '동물화' 될 때

2004년 4월 28일, CBS 방송은 미군들이 아부그라이브 수용소에서 이라크인 포로를 학대하는 장면을 사진으로 내보냈다. 당시 수용소 책임자였던 여자는 쿠바 관타나모 집단수용소를 관장했던 제프리 밀러 소장이 이라크에 부임하여 포로들을 동물처럼 다뤄야 한다고 조언했다고 했다. "포로를 개 취급하는 게 제일 중요하다고 했어요. 어쩌다 포로들이 개 이상의 존재로 보이기 시작하면 그때부터 심문은 불가능하다고 했죠."[27] 누군가를 '개새끼'라고 부르는 것만으로도 그를 함부로 취급해도 괜찮을 것 같은 기분이 든다는 증거일까? 아니, 이건 단순하고 비극적인 일화일 뿐이다. 하지만 앨버트 반두라Albert Bandura가 스탠퍼드 대학에서 실시한 실험을 참조하면 이 현상을 좀 더 일반화할 수 있을 것 같다.[28]

실험참가자들은 집단의 의사결정에 대한 가짜 연구에서 감독관을 맡기로 했다. 그래서 세 명이 한 조가 되어 그들처럼 이 연구를 위해 선발된 집단들이 결정을 잘 내리는지 그렇지 못한지를 평가했다. 그들은 바로 옆방에서 집단구성원들이 주고받는 대화를 들었다. 의사결정 단계에서 잘못된 결정이 내려질 때마다(물론 다 짜고 한 일이다. 사실 옆방에는 아무도 없고 녹음기만 돌아가고 있었다.) 감독관들은 해당 집단 구성원 모두에게 1에서 10에 달하는 전기충격을 가하여 벌을 내렸다. 실험에 들어갈 준비를 하던 감독관(참가자)들은 연구조교와 실험자가 인터폰으로 주고받는 대화를 얼핏 들을 수 있었다.

연구조교는 이 실험을 위해 선발한 집단구성원들의 인성에 대해 이번 집단은 "이해심 많고 인간미 있는 사람들"로 구성됐다거나 반대로 "짐승 같은 사람들"로 구성됐다는 식의 언급을 미리 해두었다. 물론 집단구성원에 대해 아무 언급도 하지 않는 경우(중립적 조건)도 있었다.

실험 결과, 사전에 집단을 어떻게 규정하느냐에 따라서 감독관이 가하는 전기충격의 강도가 달라졌다. '짐승' 취급을 당한 집단에 가하는 전기충격은 점점 더 강해졌지만 괜찮은 '사람' 집단은 약한 충격만 받았고 중립적 조건에서는 전기충격의 강도도 중간이었다.

'그들'과 '우리'의 경계

집단심리의 생성과 같은 집단 내에서의 대립이 인간에게서만 나타나는 현상은 아니다.[29] 영장류도 같은 집단이나 가족 구성원끼리는 서로

돕지만 다른 집단에게는 훨씬 적대적인 태도를 보이곤 한다. 미국 과학아카데미 회원인 영장류 연구가 프란스 드 발Frantz de Waal은 침팬지에게도 사회적으로 구성되는 '우리/그들' 구분이 있으며 그래서 원래 알고 지냈던 개체들끼리도 어떤 부류와 어울리느냐, 어떤 구역에서 살아가느냐에 따라 서로 적이 될 수 있다고 했다. 프란스 드 발은 우리가 적을 사람 취급하지 않듯이 침팬지도 다른 집단에 속한 침팬지를 자기와 같은 침팬지로 여기지 않는다고 보았다. "수컷들은 다른 집단의 고립된 개체들을 향하여 일사불란하게 공격적 행동을 보인다. 그들은 적들을 쫓아가 땅바닥에 쓰러뜨려 제압하고 사납게 후려치거나 물어뜯는다. 공격을 당한 침팬지는 즉사하거나 죽지는 않을지언정 절대 빠져나가지 못한다."[30]

'우리'와 '그들'의 경계는 도덕규칙이 적용될 수 있는 선, 다시 말해 우리와 같은 집단구성원에게 기대할 수 있거나 바람직하다고 여기는 행동방식의 기준을 보여주는 듯하다. 역설적이고 놀랍게도, 이 규칙들은 그 집단 내에서는 대개 더욱 강화되지만 적대관계에 있는 집단에서는 더 이상 적용되지 않는 것들이다. 그래서 도덕의 경계에 관심이 많았던 프로이드는 "사랑으로 서로 결합하거나 더 많은 사람을 포용하려면 공격할 만한 외부인이 있어야만 한다."라고 했다.[31] 꼭 물질적 이해관계가 있어야만 삭막한 구분이 싹트는 것은 아니다.

기본적으로 별 차이가 없는 두 집단을 임의로 구분하더라도 집단구성원들이 '우리'와 '그들'을 구분해서 대한다는 점은 현장연구와 실험연구 양쪽 모두에서 드러났다. 브리스톨 대학의 헨리 타지펠Henry Tajfel은 이와 관련하여 여러 가지 실험을 했다. 영국의 초등학생들에게 점이 마구 찍힌 슬라이드들을 보여주며 점이 몇 개쯤 되는지 말하라고 하면서 "너는 점의 개수를 실제보다 많게(적게) 말하는 편이구나."라고 은근한 암시를 주었다. 그다음 단계에서는 점의 개수를 실제보다 많게 말하는 집단(혹은 적게 말하는 집단)에게 상을 줄 거라고 했다. 실험에 참가한 아이들은 한 명씩 부스 안에 들어왔는데도 '자기 편'에 좀 더 유리하게 점의 개수를 말했다.[32] 예술작품에 대한 거짓 선호 실험도 주목할 만하다. 실험참가자들을 칸딘스키를 좋아하는 집단과 클레를 좋아하는 집단으로 나누면(심지어 이 집단을 진짜 선호도와 관련 없이 무작위로 나누더라도) 그러한 선호는 더욱 강해진다.

또 우리는 같은 집단이라고 생각되는 사람은 좀 더 기꺼이 돕는 경향이 있다. 2005년 태풍 카트리나가 뉴올리언스를 강타했을 때 백인은 흑인 피해자보다는 같은 백인 피해자의 인터뷰를 보며 정부의 무능을 더욱 강도 높게 비판하고 성금도 많이 냈다.[33]

사회적 분류 효과에 대한 실험연구는 소속 집단에 대한 개인의 선호를 보여주었다. 물론, 모든 사회적 분류가 필연적으로 다른 집단을 소홀히 하거나 적대시하게 한다고 말할 수는 없다. 그러나 만약 다른 집단이 나의 소속 집단을 도발한다면 혹은 집단과 집단이 재화를 둘러싸고 갈등한다면, 구별의 논리는 적대감이나 복수심의 발화점이 될 확률이 높다.[34] 그래서 어떤 테러의 주범을 알게 됐다면 그 주범이 속해 있는 집단에 안 좋은 편견이 생긴다. 실험연구의 틀 안에서 공격적 행동을 가하게 해보니 백인은 흑인에게,[35] 영어를 쓰는 캐나다인은 프랑스어를 쓰는 캐나다인에게,[36] 이성애자는 동성애자에게,[37] 비유대인은 유대인에게 좀 더 적대적인 모습을 보였다.[38]

종의 도덕적 분류

요즘은 출판사가 학술적인 철학서를 잘 내려 하지 않는다. 그러나 케임브리지 대학 출판부는 『실천윤리학』이라는 본격 철학서를 12만 부나 팔았다. 현재 프린스턴 대학에 재직 중인 이 책의 저자 피터 싱어 Peter Singer는 동물해방운동의 선구자가 되었다. 이 저명한 철학자는 인간과 동물의 경계가 과학보다는 신학에 근거를 두고 있을 뿐 아니라 동물학대를 정당화하기 때문에 비윤리적이라고 말했다. 피터 싱어는 '종 차별주의'가 다른 종에게 피해를 주면서까지 자기 종 구성원들의 이해관계를 더 중시한다는 점에서 성차별이나 인종차별과 다를 바 없다고 했다.[39] 그는 이 책에서 "원숭이, 개, 고양이, 생쥐와 들쥐까지도 심각한 뇌손상을 입고 병원이나 요양기관에서 목숨만 부지하는 인간보다 훨씬 똑똑하고 자신에게 일어나는 일을 의식할 줄 알며 고통에 대해서도 민감하다. 인간에게 인간 아닌 동물은 지니지 못하는 어떤 도덕적 특성이 있는 것 같지는 않다."[40]라고 썼다. 데카르트, 칸트, 토마스 아퀴나스[41]가 동물은 이성을 지니지 못했으므로 도덕규칙을 적용할 수도 없다고 주장했던 것과 달리 싱어는 제레미 벤담의 밀을 재고한다. "문제는 '동물이 이성적 추론을 할 수 있는가? 혹은 동물이 말을 할 수 있는가?'가 아니라 '동물도 고통을 느낄 수 있는가?'이다."[42] 따라서 싱어는 형이상학적이지 않은 기준, 즉 (인간의 존엄이 아니라) 고통이라는 기준의 도입을 옹호하고 어떤 도덕규칙들은 동물계에도 적용되어야 한다고 강력하게 주장한다. 벤담 이후로 인류는 어떤 길을 걸어왔는가! 르네 데카르트는 동물을 죽이는 것은 시계를 망가뜨리는 것과 비슷하다고 했다. 그로부터 3세기가 지난 1976년 7월 10일, 프랑스 법은 동물도 고통을 느끼는 존재임을 인정하고 동물학대를 위법 행위로 규정했다.[43]

현재 '빅 에이프 프로젝트Big Ape Project'의 투사들은 오랑우탄, 고릴라, 보노보, 침팬지 등도 권익을 존중받아야 한다고 주장한다. 프랑스 드 발은 호모 사피엔스가 인간과 영장류를 구분하는 기준이 성聖과 속俗의 문화적 표상과 관련 있다는 흥미로운 가설을 제기한다. 인간과 비슷한 동물이 없는 지역에서 발전한 종교일수록 인간을 우러르고 떠받드는 경향이 있다. 반면에 크고 작은 원숭이들이 인간과 접하는 인도, 중국, 일본에서는 사람과 다른 동물들 사이의 경계가 한결 흐릿하다. 그래서 인도 신화에서 하누만 같은 원숭이 신도 등장하는 것이다. 또 브라만교의 한 갈래인 자이나교에서는 모든 생명에 대한 극도의 존중을 볼 수 있다. 자이나교도들은 생각 없이 날벌레를 삼키는 일조차 삼가기 위해 항상 입을 헝겊으로 가려야 한다.[44]

인간이 도덕의 범위를 확장하는 이유

1970년대 말 제임스 러브록James Lovelock[45] 같은 인물들을 중심으로 미국에 확산된 생태주의운동도 같은 맥락에서 자연, 나무, 산 등의 '법적 권리'를 인정해야 한다고 주장한다. 이처럼 경계를 없애려는 움직임이 마냥 평탄할 리는 없었다. 그럼에도 생명 존중의 원칙을 좀 더 광범위하게 적용하자는 주장은 확산되었다. 또 "동물은 이제 인간과 같은 자격으로 도덕적 관심사의 권역에 들어왔다."⁴⁶고 보는 이들도 있다.

아메리카 원주민에게 영혼이 있느냐 없느냐를 논하던 저 유명한 바야돌리드 논쟁(1550)에서부터 적군 포로의 인권을 규정한 제네바 협정(1949)에 이르기까지, 도덕규칙의 공식적인 적용 범위가 점진적으로 확장되었음은 분명하다. 그러한 규칙이 양심적으로 적용되었다고 보기는 어렵다. 하지만 이러한 변화가 문명의 표시임에는 분명하다. 백악관 법무자문이 이라크에 파견된 미군에게 "미 국방부의 통제 하에 있는 알카에다와 탈레반의 일원들은 1949년 제네바 협정⁴⁷에서 명시된 전쟁포로로서의 권리를 갖지 못하고 있다."라고 지적할 수도 있는 세상이 온 것이다.

지금도 인간은 특정 상황에서 같은 인간을 존중하지 않고 동물 대하듯 할 수 있다. 19세기 말에 독일, 미국, 프랑스에서는 인간동물원이나 인종 쇼가 관객을 불러 모았다. 이국적인 동물들 사이에는 원시부족들('보르네오 미개인', '아스텍 어린이', '아프리카 부시맨', '에스키모', '오스트레일리아 식인종')⁴⁸이 함께 전시되었다. 1931년에 프랑스는 이러한 쇼를 막장까지 밀어붙였다. 파리 불로뉴 숲 동물원에 뉴칼레도니아 원주민들을 가둬 놓고 유료관람을 실시한 것이다. 프랑스의 축구스타 크리스티앙 카랑뵈Christian Karembeu의 증조부도 우리에 갇혀 구경거리로 전락한 원주민 중 하나였다.

인간이 자신의 특별함을 역사적으로 어떻게 구성해왔는지 기술하려면 아직도 할 말이 많다. 지금까지 우리는 동물과 구분되려는 인간의 노력을 통해, 다른 집단을 희생시키면서까지 스스로에게 가치를 부여하려는 인간의 모습을 살펴보았다. 개인은 동물이라는 범주를 사용함으로써 다른 사람이나 집단을 배제하는 가치를 독차지한다. 특히 다른 사람들을 깎아내리는 것을 자신의 자존감을 북돋우는 수단으로 이용하기도 한다. 이제 도덕적 사고의 구성과 기능에 사회집단이 어떤 위치를 차지하는지 알아보자.

4
사회적인 사람은 도덕적인 사람인가

빅토르 드 라베롱 Victor de l'Aveyron,
〈늑대아이〉

연구자들이 전 세계 수십 명의 '야생의 아이들'을 살펴본 결과, 아이들은 부분적으로 사회에 적응하는 듯 보였으나 사회적 관습이나 깊이 있는 자기의식은 결코 습득하지 못했다. 어릴 때 부모나 또래와 상호 작용을 나누는 것은 인성발달의 필수 요소다.

우체국이 때로는 숭배의 장소가 되기도 한다. 우표수집가들 얘기가 아니다. 일본인이 많이 사는 동네로 이사 갔을 때 일이다. 우체국에서 소포를 찾으려고 대기하던 중에 문득 그 건물에서 1960년대에 짐 존스 교단이 활동했다는 사실이 기억났다.

카리스마 넘치는 교주 존스는 인디애나에서 공부하던 중에 자신만의 종교 분파를 만들었고 나중에 샌프란시스코에서 구호활동과 빈민 아동구제사업을 펼침으로써 교세를 확장했다. 1974년에 존스와 신도들은 베네수엘라 인근 가이아나로 집단 이주했다. 이들은 지역 인사들의 지지를 받아 매우 폐쇄적이고 교조적인 공동체인 '존스타운'을 설립했다. 그런데 존스타운을 이탈한 일부 신도들이 이 교단의 내부 비리를 고발해서 1978년 11월에 감사가 이루어졌다. 감사관이 교단을 떠나고 싶어하는 네 명의 신도를 데리고 존스타운을 빠져나올 궁리를 하던 중 존스타운에 피의 바람이 불었다. 존스가 오래전부터 계획했던 것으로 보이는 집단 자살을 명했던 것이다. 아기, 어린이, 어른의 시체가 한데 나뒹굴었는데, 914명의 자살자 가운데 어린이가 200명이 넘었다. 일부는 존스의 하수인들에게 살해당한 듯 보였지만 대부분은 스스로 목숨을 끊었다.[1] 이 비극과 그 밖의 여러 사건[2]들은 인간의 부화뇌동하는 특성이 얼마나 극단적인 결과까지 낳을 수 있는지 보여준다.

사회성이 가져오는 이점

타인과 긴밀한 관계를 맺고 유지하려는 인간의 성향은 소속감에 대한 갈망으로 설명된다.[3] 소속감은 가까운 이들과의 안정적인 관계들로 구체화되고 이러한 관계들은 여러 차원에서 이롭게 작용한다. 에밀 뒤르켐Emile Durkheim이 『자살론』에서 주장했던 바는 반세기 동안 꾸준히 확증되었다. 타인과의 의미 있는 관계를 누리는 개인들은 평균수명보다 오래 살고 신체적으로나 정신적으로나 훨씬 더 건강하다.[4] 가까운 사람들에게서 정신적 위안을 얻지 못하는 사람은 교류가 활발한 사람에 비해 심장질환이 생길 확률이 두 배나 더 높다.[5] 또한 알제리의 라마단처럼 집단적 만남과 대인접촉이 잦은 상황에서는 자살률이 반으로 떨어진다.[6] 정신과 의사 보리스 시뢸니크Boris Cyrulnik는 강제수용소에서도 공산주의자나 여호와의 증인은 종교나 이념의 소속이 없는

사람보다 공포심을 더 잘 견디고 고통에 의미를 부여할 줄 안다는 놀라운 사실을 지적했다.[7]

 최근 정신건강 관련 연구에서 사회적 결속력이 면역력을 강화하고 수명을 연장시키며 수술 후 회복에도 도움이 된다고 발표했다.[8] 역학 연구에 따르면 흡연은 사망률을 1.6배 높이지만 사회적 고립은 사망률을 2배나 높인다. 뇌혈관계 질환자 665명을 대상으로 한 연구에서도 혼자 사는 환자는 사회적 관계를 활발하게 유지하는 환자에 비해 5년 내 재발률이 2배나 높은 것으로 나타났다.[9] 1만 6000명 이상의 노인들을 조사해보니 병도 아무나 걸리는 게 아니었다.[10] 부부가 함께 사는 노인은 혼자 사는 노인에 비해 암, 우울증, 폐렴, 독감, 간이나 폐질환에 걸리는 확률이 훨씬 낮았다.[11]

 타인의 존재가 가져다주는 이로운 효과는 고통과도 무관하지 않다. 극단적인 더위나 추위를 참아야 하는 실험연구 상황에서 여성들은 배우자의 손을 잡거나 배우자의 사진을 보면 한결 인내심을 발휘했다.[12] 고통을 느낄 때 누군가가 있으면 그 사람과 고통을 나눈다는 의식이 생기는 걸까? 신경촬영을 해보면 바늘에 손을 찔리는 장면을 보는 사람은 마치 감각운동의 전염이라도 일어나는 양 손 근육이 위축되었다.[13]

 다른 사람의 존재는 고통을 견디는 데에만 긍정적 효과를 미치는 게 아니라 지극히 일상적인 상황에서의 두려움에도 유효하다. 실험참가자들에게 높은 언덕에서 걸어 내려오라는 과제를 주었다. 그런 다음 경사로의 위험도를 평가하라고 했더니 친구와 함께 내려온 참가자는 혼자 내려온 참가자에 비해 위험도를 평균 15퍼센트나 낮게 평가했다.[14] 타인의 존재가 미치는 심리적 영향은 다음 실험에서도 확인되었다. 심리학 실험에 참가할 학생들을 두 집단으로 나누었다. 그러고 나서 한 집단에는 그들이 기분 좋은 느낌의 전기 자극을 받게 될 것이라고 말했고, 다른 집단에는 불쾌하고 통증이 수반되는 전기 자극을 받게 될 것이라고 말했다. 학생들은 혼자 기다리거나 다른 학생들과 함께 대기하거나 둘 중 하나를 선택할 수 있었다. 그 결과, 고통스러운 실험에 참가하게 될 거라고 예상하는 학생일수록 다른 학생들과 함께 대기하려는 경향을 보였다.[15] 이 외에 중요한 대의를 위해 고통받고 있다고 생각할 때에는 고통을 덜 느낀다는 연구 결과도 있다.[16]

우리가 법을 어기지 않는 이유

도덕규범은 개인에게 반드시 필요한 사회성에서 도출된 무형의 결과물이다. 그렇다고 해서 도덕규범이 반드시 철저하게 지켜지는 것은 아니다. 사람들이 왜 법을 어기는지 설명하기 위해 연구자들은 각기 자신이 선호하는 가설을 내놓았으며, 어떤 범죄학자들은 범죄자에게 어떤 결함이 있는가를 설명하는 대신에 "우리는 왜 법을 어기지 않는가?"라며 온당한 의문을 제기하였다. 15세에서 21세 사이의 청소년들에게 그들이 만약 죄를 짓고 체포당한다면 가장 마음에 쓰이는 일은 무엇이겠느냐고 물었다. 법적 처벌이 가장 두렵다고 답한 청소년은 10명 중 1명에 지나지 않았다. 반면에 55퍼센트나 되는 청소년이 가족이나 이성친구의 반응이 가장 두려운 일이라고 답했다.[17] 이 지표는 법적 처벌이 개인에게 범죄를 만류하는 효과가 그리 크지 않음을 보여준다.

그 밖의 증거들도 있다. 예를 들어 한 연구에서는 세금신고일 한 달 전에 무작위로 전화를 걸어 세금을 허위 신고할 경우 받게 되는 처벌을 강조하거나 시민으로서 반드시 세금을 내야 할 이유를 설명했다. 도덕성을 자극받은 집단의 세금신고액은 평균적으로 다소 늘어났지만, 처벌을 강조하는 전화를 받은 집단은 아무 전화도 받지 못한 집단과 세금신고액의 차이가 전혀 없었다.[18]

'사회의 이익을 위해 개인의 자원을 기꺼이 단념할 수 있는가'라는 주제의 기본 토대는 이미 한 세기 전에 에밀 뒤르켐이 『도덕교육론』에서 분석한 바 있다. 뒤르켐이 살아 있다면 공익 재단에 기부를 할 때 뇌의 복측선조체(쾌락을 느낄 때 활성화되는 영역)가 활성화된다는 최근의 연구 결과[19]에 놀라지 않을 것이다. 흔히들 과세통지를 '괴롭게' 여기지만 납세를 사회적 편입과 집단에 대한 참여의 표지로 여긴다면 그렇게 생각하지 않을 것이다. 하지만 어느 정당이 감히 세금을 찬양하고 나서겠는가.

사회집단과의 심리적 유대는 구체적 처벌에 대한 두려움보다 중요하다. 그러한 유대는 법을 존중하게 하는 가장 중요한 토대다. 캘리포니아 대학의 사회학자 트래비스 허쉬Travis Hirschi가 발진시킨 범죄 이론은 여러모로 확증된 바가 있다. 그의 저서인 『범죄의 원인Causes of Delinquency』은 단순한 가설에서 출발해 여러 가지 주장과 데이터를 제시한다. 그는 개인이 법과 사회의 지시를 준수하는 이유는 '사회통제'가 그런 것들을 위반하지 못하도록 심리적으로 방해하기 때문이라고 주장한다. 사회통제는 순응의 압박을 통해 이루어지기도 하지만 가까운 이들과의 정서적 애착을 통해 이루어지기도 한다. 자기가 좋아하는 사람들을 실망시키고 싶어하는 사람은 없다. 범죄자가 결혼식을 올리고 나면 범죄위험도가 낮아지는 이유가 바로 여기에 있다.(물론 통계적으로 범죄자는 그렇지 않은 사람에 비해 결혼식을 올리는 비율이 낮다.) 이러한 사실은 개인추적연구 결과에 의해 드러났다.[20]

사회적 평판의 힘

인간은 사소한 실수로 평판을 그르치기 쉽다. 타인의 과실은 좀체 잊히지 않기 때문이다. 인간은 사회적 동물인지라 정해진 규칙에 따라 사회 활동을 하지 않는 이들을 특히 눈여겨본다. 그래야만 그들을 피하거나 벌을 줄 수 있으니까. 사람들을 소개하고 나중에 그 사람들의 얼굴을 알아보게 하는 실험을 했다. 소개 단계에서 부정행위를 한 적이 있는 사람이라는 언질을 주면 실험참가자들은 그 얼굴을 훨씬 더 잘 기억했다.[21]

일단 손상된 평판은 되돌리기가 어렵다. 타인들은 우리의 도덕적 평판을 유지시킬 뿐만 아니라 이따금 좀 더 악화시키기도 한다. 한 연구에서 실험참가자들에게 음식 값을 내지 않고 식당에서 나가버린 프랭크라는 인물을 묘사해 보였다. 그런 다음 참가자의 3분의 1에게는 프랭크가 정직하지 못한 인물이라고 말했고, 다른 3분의 1에게는 원래는 정직한 사람인데 깜박 잊고 그런 거라고 했고, 마지막 3분의 1에게는 아무런 부연설명도 하지 않았다. 일주일 후, 참가자들을 다시 불러 놓고 프랭크 이야기를 최대한 생각나는 대로 재구성해보라고 했다. 그 결과, 프랭크가 원래 정직하지 못한 사람이라는 평판을 접한 참가자들은 그가 지불하지 않은 음식 값을 실제보다 높게 말하는 경향이 있었다.[22] 사람들의 평판은 사회적 교류에서 만들어진다. 작은 집단 내에서 그 자리에 없는 사람이 거론되면 그 사람에 대한 평판은 두 번째로 나오는 발언으로 결정된다고 한다. 다시 말해 처음에 그 사람에 대한 안 좋은 얘기가 나왔는데 누가 그 얘기에 맞장구를 친다면 집단 전체는 그 사람을 나쁘게 볼 것이다. 반면에 두 번째로 말하는 사람이 그에 대해 긍정적인 이야기를 하면 맨 처음 얘기를 꺼낸 사람의 부정적인 언급은 상당 부분 힘을 잃어버린다.[23]

언어가 도덕적 평판에 미치는 영향

13세기에 호엔슈타우펜 왕조의 프리드리히 2세는 자기 집안의 아기 둘을 데려다 성 안에 격리시키고 유모들에게 아기들 앞에서 절대로 말을 해서는 안 된다고 엄명을 내렸다. 그는 아기들이 인간의 언어를 배우지 않으면 어떤 언어를 쓰게 되는지 알고 싶었던 것이다.[24] 그런데 아기들은 말을 할 나이가 되기 전에 죽었기 때문에 언어의 기원에 대한 지식에는 전혀 보탬이 되지 않았다. 최초의 인간에 대해서 알고자 하는 바람은 14세기에 늑대아이가 발견됨으로써 다소 빛을 보았다. 17세기에는 곰아이와 양아이가 발견되었고, 19세기 초에는 이타르 Itard 박사가 꼼꼼하게 기술한 빅토르 드 라베롱 Victor de l'Aveyron의 사례가 있었다.[25]

연구자들이 전 세계 수십 명의 '야생의 아이들'을 살펴본 결과, 아이들은 부분적으로 사회에 적응하는 듯 보였으나 사회적 관습이나 깊이 있는 자기의식은 결코 습득하지 못했다.[26] 어릴 때 부모나 또래와 상호작용을 나누는 것은 인성발달의 필수 요소다.

인간이 군집생활을 하는 다른 포유류보다 월등한 이유는 집단 내 상호 작용이 공조를 이루기 때문인데, 여기에는 언어의 사용이 필요 조건이다. 서식스 대학의 로빈 던바Robin Dunbar는 언어의 일차적 기능이 집단 내 다른 구성원들과의 정보 교환이라고 보았다. 언어는 타인에게 정보를 전하는 수단으로서 인간집단에서 출현했을 것이며 사회의 구성에 도움을 주었을 것이다. 인간의 인지능력은 뇌 상부의 껍질(신피질) 영역에서 나오는데, 신피질의 크기는 인지능력이 얼마나 큰 집단에서 발휘되느냐와 상관이 있다. 영장류의 신피질 크기는 그들이 형성하는 집단의 규모에 비례한다. 집단구성원이 많으면 많을수록 (사회적 교류에 직접 관여하는)신피질이 발달하는 것이다. 그래서 명주원숭이의 뇌는 마카크원숭이의 뇌보다 작고, 침팬지의 뇌는 마카크원숭이의 뇌보다 더 크다. 영장류를 관찰한 결과, 우리는 집단구성원끼리 사회적 접촉을 갖는 시간도 뇌의 크기와 관련이 있다는 것을 알게 되었다. 우리는 언어에 힘입어 정보를 더 널리 공유할 수 있고 집단을 더 크게 확대할 수 있다. 언어가 있기에 인간의 군집은 제국의 규모에까지 이를 수 있었던 것이다.

어느 사회에서나 서로에 대한 평가나 쑥덕공론이 사회적 교류에 지대한 영향을 미친다. 씨족 공동체나 마을 공동체에 속한 사람들만 사회적 평판에 휘둘리는 것이 아니다. 현대 사회에서 험담과 평판이 사라졌다거나 별 힘을 발휘하지 못한다고 생각한다면 단단히 착각하고 있는 셈이다. 기원전 5000~3000년 전부터 인간집단은 대개 1000명에서 1만 명 상당의 구성원으로 이루어졌다. 기원전 3000~1000년부터 일부 집단은 1만 명에서 10만 명 규모에 이르렀고, 그 후에는 100만 명 규모도 훌쩍 넘어버렸다.[27] 물론 현대 사회에서 인간 활동의 구조는 사회생활의 탈공간화와 그로 인한 실질적 변화(이제 우리는 이웃과 환담을 나누기보다는 자기 마음에 맞는 친구와 인터넷으로 채팅하기를 더 좋아한다.)를 겪었다.[28] 그러나 개인이 자기 자신에 대해서, 다른 사람들에 대해 얘기를 나누는 데 할애하는 시간은 아직도 상당하다. 인간들의 교류에서 60퍼센트는 그 자리에 없는 사람에 대해 이야기하고 그 사람을 평가하는 일이 차지한다고 한다. 사이버 시대에도 사회적 평판은 여전히 시사성 있는 개념이다.[29]

왕따의 고통

따라서 사회적 평판을 결코 가벼이 여겨서는 안 된다. 때로는 그러한 평판 때문에 자기가 중요하게 생각하는 집단에 들어갈 수 없게 되기도 한다. 어떤 집단에서 배척당한다는 것은 각별히 괴로운 감정을 불러일으키는 사회적 실패다. 오스트레일리아 맥쿼리 대학의 키플링 윌리엄스Kipling Williams는 토론게시판이나 온라인게임에서 왕따를 당하는 네티즌들이 자존감에 상당한 상처를 입으며, 심지어 살기 싫다는 생각을 하게 된다고 했다. 게다가 그러한 거부의 경험은 전두대상피질의 활동에 변화를 가한다.(전두대상피질은 주로 신체적 고통을 느낄 때 활성화되는 영역이다.)

인간의 온기를 거부당한 사람들은 정말로 체온이 떨어진다. 토론토 대학의 두 연구자는 사람이 사회적 배척을 경험한 직후에는 자기가 있는 방 안의 온도를 실제보다 낮게 느끼고 따뜻한 음료나 음식을 선호한다는 것을 보여주었다.[30] (반면에 사람들은 실내 온도가 17도일 때보다는 23도일 때 서로를 더 가깝게 느꼈다!)[31] 하지만 이게 다가 아니다. 사회적 거부를 경험한 직후에 아이큐검사를 받은 사람들은 지능지수가 상당히 떨어지는 결과를 보여주었다. 또 사회적 거부를 경험한 사람일수록 술이나 음식에 탐닉하는 경향이 있고, 남에게 너그럽지 못하고, 다른 사람들과 잘 어울리지 못하고, 속임수를 쓰기 좋아했다.[32] 실제로 왕따 피해자는 자신을 배척한 사람들에게 적의를 느끼고, 복수하는 상황을 곧잘 상상하며, 기회가 되면 실제로 공격을 감행한다. 듀크 대학의 마크 리어리Mark Leary는 1995년에서 2001년 사이에 발생한 교내 총기사건들을 연구했는데, 대부분의 가해자들이 다른 학생들에게 반복적으로 배척을 당한 경험이 있다는 것을 알아냈다.[33]

사람들과의 관계에서나 사회에서 고질적으로 배척당하는 느낌은 극단적 폭력의 위험요인 중 하나다. 또한 폭력조직에 가담하거나, 경제적으로 열악한 형편에 놓이거나, 약물에 의존할 가능성도 커진다.[34] 우리는 거부를 당한 자신을 벌하기 위해 기꺼이 손해를 감수한다. 또래 집단에서 부정적 평가를 받은 사람들은 타인에게 불쾌한 자극을 가하는 실험이라는 설명을 들으면 실제로는 자기 자신에게 자극이 오는데도 기꺼이 실험을 계속 진행했다.[35]

배척이 이따금 긍정적 결과를 가져온다는 점을 짚고 넘어가지 않는다면 이러한 설명은 완전하다고 할 수 없을 것이다. 거부당한 사람은 자기가 배척받은 이유를 생각해본다. 그는 사회에 다시 편입되려고 노력하므로 타인들에게 좀 더 주의 깊고 수용적인 태도를 취하게 마련이다. 일례로 배척의 경험을 떠올린 사람은 친해지고 싶다는 뜻을 담은 표정, 즉 미소를 좀 더 민감하게 알아차리는 것으로 밝혀졌다. 이들은 진짜 미소―의식적으로 사용하기 어려운 안륜근(눈둘레근)을 동원한 미소―와 억지 미소를 유독 잘 구분했으며 그중 진실한 미소, 일명 '뒤센 미소Duchenne Smile'를 짓는 사람들과 소통하기를 좋아했다.[36] 어떤 연구에서는 거부를 경험한 지 얼마 안 됐는데 친구를 사귈 기회가 생긴 사람은 상대의 비언어적 행동방식을 모방하려는 성향이 강해진다고 한다.[37] 또 다른 연구에서는 사회적 거부를 경험했던 사람이 그 국면을 벗어나면 개인적 작업보다 집단 작업에 좀 더 힘을 쏟는다는 것을 보여주었다. 게다가 그는 다른 참여자들에게 좀 더 호감을 느끼고 관대하게 대하게 된다고 한다.[38]

'다수'가 깡패다!

우리가 도덕규범을 준수하는 이유는 집단에 소속되고 싶어하기 때문이다. 우리는 종종 집단의 입장이 객관적으로 문제될 만한데도 따돌림을 피하기 위해 그 입장에 묻어가곤 한다. 솔로몬 애시Solomon Asch는 서로 아무 관계가 없는 사람들을 모아놓고 A, B, C라는 세 개의 선 가운데 어떤 것이 〈보기〉의 선과 길이가 같은지 물어보았다.(애시가 개척한 이러한

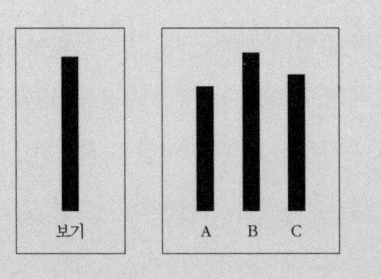

당신이 속한 집단의 다른 사람들은 모두 C가 정답이라고 말한다. 당신은 어떻게 하겠는가?

연구는 훗날 스탠리 밀그램의 『권위에 대한 복종』 연구에 영감을 준다.)

실험참가자는 자기가 말할 차례가 오기 전까지 다른 사람들(실험공모자들)의 대답을 듣게 된다. 착각할 여지가 없는 간단한 문제인데도 꽤 많은 참가자들이 집단과 반대되는 의견을 내놓지 않기 위해 오답을 택했다. 74퍼센트의 참가자가 최소한 한 번은 오답을 말했다. 애시는 공모자의 숫자도 영향을 준다는 것을 보여주었다. 아무것도 모르는 참가자보다 먼저 일부러 오답을 말한 사람이 한 명일 때에는 오답률이 3.6퍼센트에 불과했으나 두 명일 때에는 13.6퍼센트, 세 명일 때에는 31.8퍼센트, 일곱 명일 때에는 37퍼센트까지 증가했다. 애시는 실험을 끝낸 후 참가자에게 왜 틀린 줄 알면서 오답을 말했는지 물어보았다. 그들은 하나같이 자기가 아는 바와 집단의 대답이 다른 것을 보고 스스로를 의심하고 불확실한 기분에 사로잡혔다고 말했다. 그러한 불편함은 다른 사람들에게 인정받지 못한다는 두려움, 불안, 고독감과 다르지 않다. 따라서 '다수'는 두 가지 유형의 압력을 행사한다. 하나는 개인이 갖지 못한 타당한 정보를 다수가 갖고 있다는 압력이고, 다른 하나는 다수의 입장에 대적함으로써 거부당하거나 웃음거리가 될지 모른다는 두려움의 압력이다.

사회의 영향력 효과는 특히 정치적 의견 영역에서 풍부하게 나타난다. 스티븐 페인Steven Fein 연구 팀은 대학생들을 30명씩 묶어서 조지 부시와 빌 클린턴의 대선토론을 보여주고 두 후보를 평가하게 했다. 첫 번째 실험 상황에서 10명의 학생(실험공모자)은 부시에게 박수를 치고 클린턴에게는 야유를 했다. 두 번째 실험 상황에서는 반대로 클린턴 쪽으로 분위기를 몰아갔다. 세 번째 상황에서는 박수나 야유가 일절 없었다. 실험 결과는 참가자들이 박수를 받는 후보에게 호감을 갖는다는 것을 보여주었다.[39]

만장일치를 거스르는 죄

배척은 집단과 분위기를 맞추지 못하는 사람에게는 구체적인 위협이다. 모난 돌이 정 맞는다는 속담이 괜히 있는 게 아니다. 8명이 한 조가 되어 조니 로코라는 가벼운 죄를 저지른 젊은이에 대해 얘기를 나누었다.(이 중 5명은 진짜 실험참가자이고 3명은 실험을 돕는 공모자다.) 대다수가 조니 로코에 대한 동정론을 펼치는 가운데 공모자 한 명은 그래도 처벌을 해야 한다는 입장을 펼쳤고, 다른 한 명은 같은 입장을 펼치다가 집단의 다수 입장으로 기울어졌으며, 마지막 한 명은 다수의 입장을 그대로 따랐다. 토론이 끝난 후, 조의 규모를 축소해서 다시 한 번 토론을 할 예정이니 2차 토론에서 빠질 사람을 투표로 정하자고 했다.

그 결과, 몇 번을 투표해도 일부러 반론을 펼친 그 공모자가 다음 토론에서 빠질 사람으로 낙점되었다.[40]

이러한 연구들은 대개 서로 안면이 없는 사람들을 대상으로 할 뿐 아니라 공통적인 사연이나 유사성이 없는 구성원들을 한 조로 묶는다. 그런데 실험참가자들에게 그들이 어떤 공통점을 가지고 있음을 암시하면 영향력 효과는 대개 강화된다. 솔로몬 애시의 실험과 비슷한 선상에 있는 한 연구에서 집단을 심리학 전공생들만으로 구성했더니 집단의 의견에 동조하는 비율이 58퍼센트나 되었다. 하지만 심리학도와 역사학도를 섞어놓은 집단에서는 그 비율이 8퍼센트로 떨어졌다.[41] 집단과의 동일시가 강력할수록 그 집단의 규범은 영향력이 있고 거기서 벗어나는 자들은 용서받기 어렵다.

애시의 연구는 17개 국가에서 133번이나 재연되었는데 그 결과들을 종합해보면, 개인의 정체성이 타자와 연결되어 발달하는, 소위 집단주의 문화권에서는 집단에 순응하는 비율이 개인주의 사회에서보다 더 높았다. 서유럽과 북미가 25퍼센트 수준을 보인 반면에 아프리카, 오세아니아, 아시아, 남미는 평균 37퍼센트를 나타냈다.[42] 물론 개인적 요인도 개입한다. 자존감이 높은 사람은 집단의 영향력을 덜 받지만,[43] 권위적 성격의 소유자는 그런 영향력에 더 많이 휘둘린다.[44]

'검은 양'을 찾아라!

사회라는 집단이 잘 돌아가려면 그 집단의 신참자들이 규범을 잘 준수하게 하는 것, 다시 말해 위반을 억제하고 일탈자들을 가려내는 것이 중요하다.[45] 개인이 집단의 규칙에 순응하면 그 사람은 그 집단 안에서 다른 집단에 속한 사람보다는 대개 좋은 평가를 받는다. 반면에 개인이 감히 중요한 규칙을 위반하면 그 사람은 다른 집단에 속한 사람보다도 더 혹독한 평가를 당한다. 이러한 현상을 '검은 양 효과black sheep effect'[46]라고 한다. 어떤 사람에 대한 묘사를 접할 때 우리는 지나치게 신중을 기하는 탓에 전반적으로 부정적인 특성에 더 깊은 인상을 받는다. 그렇지만 우리 자신이 다른 사람 얘기를 할 때는 뭔가 상반되는 정보가 없는 한 가급적 좋게 말하려는 경향이 있으므로,[47] 알아서 걸러 듣는 셈이라고 할 수 있겠다.[48]

우리는 타인의 긍정적 행동보다 부정적 행동을 더 잘 기억한다.[49] 어느 실험에서 스크린에 어떤 인물을 묘사하는 형용사들을 연달아 띄워 보니 긍정적인 형용사('성실한', '친절한' 등)보다 부정적인 형용사('사악한', '적대적인' 등)에 참가자들의 시선이 더 오래 머물렀다고 한다.[50] 인물을 묘사하며 사진을 보여주는 실험에서도 사기를 친 사람의 인상착의는 그렇지 않은 사람의 인상착의보다 더 잘 기억했다.[51] 이렇게 사기를 친 사람은 기억에 잘 남지만 우리에게 거짓말하는 사람을 간파하기란 쉽지 않다. 거짓말 탐지에 대한 연구들은(비록 오류 위험이 높긴 하지만) 우리가 거짓말을 할 때에 몇 가지 미묘한 신체 변화가 일어난다는 것을 알아냈다. 거짓말을 하는 사람은 동공이 커지고, 눈을 자꾸 깜박거리고, 자꾸 자기 신체 부위를 만지고, 대체로 짧고 부정적이며 일반적인 답변을 한다.[52]

'게임'을 정정당당하게 하지 않은 사람을 벌하고 싶어하는 사회적 동기는 매우 강력하다. 우리는 정직한 사람을 찾겠다는 생각보다 사기꾼을 피해야 한다는 생각이 훨씬 크지만 실제로는 나쁜 사람을 벌주기보다는 선행의 보상을 더 선호한다.[53] 그래도 때로는 일탈에 맞서기 위해 집단규범에 집착함으로써 상당한 벌을 내린다. 그러한 규범 중에서도 가장 보편적인 것이 정의justice다. 실험경제학 분야의 연구들은 우리가 정의를 위반한 사람을 벌하기 위해 자기 돈을 잃는 것도 불사할 수 있다는 것을 보여주었다.[54] 또한 사기꾼에게 전기충격을 가하는 장면을 보는 사람의 뇌에서는 쾌락과 개인적 만족감에 해당하는 영역이 활성화된다고 한다.[55] 장 피아제는 이미 같은 현상을 아이들의 얼굴에서 발견했다. 아이들은 규칙을 어긴 아이가 벌을 받는 모습을 보면서 "앙심 어린 기쁨"을 드러냈다. 또 전기충격을 받는 사기꾼을 지켜보는 남자와 여자는 정서적 반응이 각기 달랐다. 여자의 경우에는 절망감을 느낄 때 활성화되는 뇌 영역이 관여했지만, 남자는 고통스러워하는 사기꾼에게 별 동정심을 느끼지 않는 것으로 나타났다. (하지만 그 사람이 진짜 사기꾼이 아닌데 부당하게 전기충격을 받고 있다고 하면 남자의 뇌에서도 여자의 뇌에서와 동일한 영역이 활성화되었다.)[56]

감정의 등가교환

정의는 남이 나에게 해주기를 바라는 대로 나도 남에게 해주어야 한다는 상호성의 일반 원칙에 근거한 규범이다.[57] 이 원칙은 확고한 힘을 지니고 있으며 전혀 모르는 사람들 사이에도 적용될 수 있다. 미국 유타 주에 위치한 어느 대학의 연구자가 시카고 주민들에게 578통의 크리스마스카드를 보냈다. 전혀 모르는 사람이 보낸 카드인데도 답장이 117통이나 왔다.[58] 또 다른 연구에서는 어느 자선단체가 자기네 단체에 기부를 할 수 있을 법한 사람들에게 작은 선물을 보냈다. 그러자 그중 17퍼센트가 기부회원으로 가입했다. 좀 더 값나가는 선물을 보냈을 때에는 이 비율이 75퍼센트까지 높아졌다.[59]

이쪽에서 이렇게 해줄 테니 그쪽은 이렇게 해달라는 식으로 어떤 요구를 제시하면 성사될 확률은 크게 높아진다.[60] 상호성이라는 교환방식은 인간만의 전유물이 아니다.(동물계에서 관찰되는 수많은 상호 작용들이 이를 증명해준다.) 비인간 영장류들에게도 일방적이고 불공정한 관계를 싫어하는 경향은 관찰된다. 어느 영장류학자가 아메리카원숭이들에게 표를 나눠주고 오이 조각을 줄 때마다 그 표를 하나씩 가져가는 실험을 했다. 이렇게 해서 '표=오이 조각'이라는 거래의 규칙이 수립된 후에 한 원숭이에게 표와 오이 조각을 교환해주고 그 바로 옆 우리의 원숭이에게는 표와 포도알을 교환해주었다.(원숭이는 오이보다 포도를 훨씬 더 좋아한다.) 이 광경을 지켜본 첫 번째 원숭이는 눈에 띄게 성질을 내며 자기가 받은 오이 조각을 우리 밖으로 내동댕이쳤다. 자기가 좋아하는 포도알이 그냥 주어졌을 때와는—다른 원숭이는 오이가 아니라 포도알로 표를 교환받는다는 것을 모르는 상태에서—자못 다른 반응이었다.[61]

침팬지들이 수컷들의 공헌도와 암컷들의 필요에 따라 나름대로 공정한 분배원칙을 적용한다는 연구 결과도 있다. 먹잇감을 잡는 데 별로 공헌하지 못한 수컷은 사냥이 끝난 후에 서열이나 연령에 상관없이 작은 고기 조각을 받았다. 그 반면에 암컷은 사냥에 참여하든 참여하

지 않든 비교적 많은 몫을 받았다.⁶²

인간도 불공평한 대우를 받으면 아메리카원숭이처럼 심기가 상한다. 하지만 인간이 원숭이와 다른 점은, 똑같은 일을 하고 다른 사람보다 높은 보상을 받을 때에도 불편한 감정을 끈질기게 느낀다는 것이다.⁶³ 우리가 기대한 것 이상을 얻으면 죄책감이 생길 수 있다.⁶⁴ 자신이 준 것보다 받은 것이 너무 많다고 느끼는 것도 우울증 징후 중 하나다.⁶⁵ 한 연구는 일에 대한 보수를 지나치게 많이 받는 사람도 지나치게 적게 받는 사람처럼 스트레스지수가 높다는 것을 생리학적 지표들을 통하여 입증해 보였다.⁶⁶

위계질서에 순응하는 안락함

어떤 구성원은 다른 사람들보다 높은 위치를 차지하고 중요한 인물로 인정받는다. 이런 사람은 실제보다 키가 커 보이기까지 한다.⁶⁷ (실제로 키가 큰 사람이 높은 위치를 차지하는 경향이 있다는 조사 결과와는 별개의 얘기다.)⁶⁸ 신체적 기준을 바탕으로 지배관계를 파악하는 태도는 매우 일찍부터 나타난다. 생후 8~13개월의 아기들에게 키 큰 사람과 키 작은 사람이 서로 반대방향으로 걸어오다가 중간에서 마주쳐 서로 길을 막아서고 잠시 후 한 사람이 비켜나며 길을 양보하는 영상을 보여주었다. 연구자들은 이 아기들이 시선을 고정한 시간을 측정했다.(이 시기 아이들이 자기가 본 것에 놀랄수록 눈을 떼지 못하고 오래 바라본다는 원리를 이용한 것이다.) 그 결과, 10~13개월의 아기들은 키 큰 사람이 키 작은 사람에게 길을 양보하는 것을 더 놀랍게 여겼다.(생후 8개월 된 아기는 그렇지 않았다.) 이 아이들은 그러한 상황을 보고 평균 20초간 시선을 떼지 못했지만 반대로 키 작은 사람이 길을 양보하는 상황을 볼 때에는 12초만 시선을 고정했다.[69]

도덕규칙은 높은 위치에 있는 사람들에게 유리하게 적용된다. 거의 4000년 전의 바빌론 도덕규범집들조차도 귀족들은 특별대우를 받았음을 보여준다. 귀족이 손실을 입으면 "눈에는 눈, 이에는 이"라는 탈리오 법칙lex talionis이 적용되지만 하층계급민이 손실을 입으면 벌금형을 요구하는 데 그쳤다.[70] 이러한 특별대우는 사람들의 자발적인 반응에조차 존재한다. 우리는 사회적으로 높은 위치에 있는 사람들에게 더 기꺼이 도움을 주고 그런 사람들 앞에서 자신의 정직함을 증명해 보이려 한다. 신호가 바뀌었는데도 꾸물대는 앞 차가 그저 그런 자동차라면 마구 경적을 울리지만 그 차가 높은 지위를 나타내는 고급 브랜드 차라면 경적 울리기를 자제한다.[71]

레너드 빅먼Leonard Bickman은 뉴욕 중앙역과 케네디 공항에서 실험을 해 보았다. 고급스러운 옷을 차려 입은 사람이 공중전화 부스에 동전을 두고 나갔다가 잠시 후 다른 사람이 전화를 걸 때 다가가 말을 걸었다.

"죄송합니다만 제가 조금 전에 여기다가 동전을 놓고 간 것 같아요. 혹시 동전 못 보셨나요?"

이 사람이 동전을 돌려받는 확률은 77퍼센트에 달했지만 허름한 옷차림을 한 사람이 같은 부탁을 했을 때에는 그 확률이 38퍼센트에 그쳤다.[72]

성금을 모으는 사람도 높은 지위를 나타내는 옷차림을 할 때에 더 많은 돈을 모을 수 있었다.[73] 심지어 좋은 옷을 입고 새치기하는 사람은 허름한 옷을 입고 새치기하는 사람에 비해 반발을 덜 산다.[74] 그런 사람은 상점에서 도둑질을 하다 들켜도 감시원에게 징계나 고발을 당하는 확률이 낮다.[75] 높은 지위에 있는 사람이 교통규칙을 위반하면 그런 행위를 따라하는 사람들이 생긴다. 예를 들어 어떤 사람이 무단횡단을 했다고 치자. 그 사람이 높은 지위에 있는 사람처럼 보이면 두 명 중 한 명꼴로 그를 따라 무단횡단을 한다. 평범한 사람이 무단횡단을 하면 여섯 명 중 한 명꼴로 그를 따라 하는 사람이 나온다. 초라해 보이는 사람이 무단횡단을 하면 그를 따라 하는 사람은 열 명에 한 명 정도다.[76]

위반자가 집단 내에서 높은 위치에 있다면 집단이 나서서 그의 위반을 은폐하기도 한다. 중학교 역사수업 시간에 다음과 같은 실험을 해 보았다. 선생님이 잠시 호출을 받고 나간 사이에 한 학생이 선생님 책상에 가서 돈을 꺼낸 다음에 "이야, 이것 봐! 어때?"라고 외치고는 제자리로 돌아온다. 이 실험은 두 학급에서 실시되었다. 한 학급에서는 돈을 훔친 학생(실험의 공모자)이 반에서 인기가 높고 우위에 있는 학생이었고, 다른 학급에서는 급우들에게 별 볼일 없어 보이는 학생이었다. 나중에 반 학생들은 한두 명씩 불려가 누가 돈을 훔쳤느냐는 질문을 받았다. 한 명씩 불려간 학생들은 결과적으로 모두 도둑의 이름을 발설했다. 하지만 둘씩 짝을 지어 불려갔을 때에는 반에서 인기가 높고 우위에 있는 학생의 이름이 결코 발설되지 않았다.[77]

지금까지 강조한 바와 같이, 우리는 높은 지위에 있는 사람들을 더 봐주는 경향이 있다. 그들은 이따금 용인될 수 없는 자유를 스스로에게 허락한다. 실험환경에서 높은 지위에 있는 사람들에게 파트너와의 협업 과제를 주고 관찰한 결과, 이들은 상대의 말을 중간에 끊거나 대놓고 수작을 걸며 부적절한 접촉을 시도하는 경향이 높은 것으로 드러났다. 이들은 상대의 말을 주의 깊게 경청하지 않으며 적대적이거나 모욕감을 느끼게 하는 태도를 취했다. 게다가 타인의 욕구와 태도를 정확하게 파악하는 능력도 권력과는 공존하기 어려운 것으로 밝혀졌다. 힘깨나 쓴다는 사람들에게 이마에 E자를 써보라고 요구하는 절묘한 실험이 있었다. 이들이 이 문자를 보는 사람을 고려하지 않고 자기 시각에서 쓰는 빈도는 보통 사람들에 비해 세 배나 높았다.[78] 하지만 권력은 타인에 대한 책임감과 매우 밀접하게 연관되어 있기 때문에 건설적인 행동방식을 낳을 수 있다는 연구 결과들도 있다.[79]

죄의식과 수치심의 구분

독립적인 정신의 소유자들은 어떤 집단에서 오랫동안 진리로 통하던 것을 반박하다가 낙심하곤 한다. 1859년에 찰스 다윈은 오랫동안 발표를 미뤄왔던 『종의 기원』을 드디어 세상에 내놓았다. 비글 호의 항해자는 출간을 목전에 두고 문득 부끄러움을 느끼기라도 한 것처럼 "살인을 고백하는 심정"이라고 했다.[80] 다윈은 에덴동산의 신화를 파괴했고 특별한 괴로움, 즉 죄의식이라는 내면의 사회적 처벌에 시달렸다. 그는 인간의 기원에 대한 지배적 사상에 치명타를 가했다.

오늘날의 연구는 죄의식과 수치심을 분명하게 구분한다. 부끄러움은 사람들 앞에서 더욱 가중되지만 죄의식은 직접적인 사회 환경에 민감한 감정이 아니다.[81] 죄의식은 종종 회복을 추구하는 태도, 즉 피해자에게 보상을 하거나 다른 사람에게 도움을 주려는 행동과 연계된다.[82] 실험의 공모자가 박물관에서 경비원 행세를 하며 전시작품에 손을 대는 관람객에게 그러다 예술작품을 손상시키면 어떡할 거냐고 꾸중을 했다. 그 후 주의를 받은 관람객이 다른 전시실로 이동하면 두 번째 공모자가 볼펜이나 동전 따위가 든 가방을 그 사람 앞에 떨어뜨린다. 이들은 아무 주의도 받지 않은 일반 관람객에 비해 훨씬 더 적극적으로 물건을 주워주고 도움을 주려는 태도를 보였다.[83]

죄의식을 자극받은 사람은 돈을 타인과 나누는 상황에서 타인에게 더 많은 돈을 내어준다는 연구도 있다.[84] 주목할 점은 수치심은 죄의식과 달리 자기중심적인 감정과 타인에 대한 적의를 불러일으킨다는 사실이다. 어떤 실험은 참가자들을 두 집단으로 나누고 한쪽은 죄의식과 관련된 일화를, 다른 쪽은 수치와 관련된 일화를 떠올리게 했다. 첫 번째 집단은 타인의 문제에 더 관심을 보인 반면에 두 번째 집단은 자기 문제에 집중하느라 남들은 안중에 없는 듯했다.[85]

우리는 이따금 남을 대신하여 수치를 느끼기도 한다. 나와 결부된 집단의 구성원이 문제를 일으키면 나까지 오점이 있는 것 같은 기분이 든다. 이것이 '너 때문에 창피해!' 효과다.[86] 이 때문에 우리는 더러 집단의 다른 구성원과 결별하기도 한다.[87] 1963년 케네디 대통령이 암살당했을 때에 암살이 일어난 도시의 주민들이 불편한 감정을 겪었던 것처럼,[88] 자신과 피상적으로만 관련이 있는 속성을 이유로 수치심을 느낄 수도 있다. 프랑스의 경우에는 비시Vichy 주민들이 그들의 도시가

1940년에서 1944년까지의 친독 정부 소재지였다는 이유로 수치심을 느끼기도 했다.[89]

어떤 종류의 위반은 수치심과 죄의식을 동시에 불러일으킨다. 한 연구에서 신실한 가톨릭신자 여성들에게 어떤 꿈을 묘사한 글을 읽게 했다. 이 글에는 다분히 성적인 대목들이 포함되어 있었다. 이 여성들은 성을 노골적으로 묘사한 대목을 읽으면서 죄의식을 느꼈을 것으로 가정되었다. 그 후 이 여성들은 화면에서 다섯 번 번쩍하고 사라지는 이미지를 보았다. 어떤 여성들에게는 하얀 배경화면을, 어떤 여성들에게는 남자의 얼굴이나 교황 요한 바오로 2세의 얼굴을 보여주었다. 이 화면은 실험참가자들이 무엇을 보고 있는지 의식적으로 알 수 없을 만큼 금세 지나갔다. 그 후 참가자들은 자신의 도덕성과 불안도를 평가했다. 교황 요한 바오로 2세의 얼굴에 노출되었던 여성들은 자기가 무슨 이미지를 봤는지 알지 못했는데도 배경화면이나 남자의 얼굴에 노출되었던 여성들에 비해 자신의 도덕성에는 낮은 점수를, 불안도에는 높은 점수를 매겼다.[90]

죄의식이 오히려 안도감을 낳는다

죄의식은 긴장, 불안, 동요를 수반하는 불쾌한 정서적 경험이다.[91] 그러나 죄의식의 존재 자체가 부적절하게 표현되지만 않는다면[92] 심리적으로나 정신적으로 건강하다는 표시일 수 있다. 죄의식을 느끼지 못하는 사이코패스가 도덕적 귀감이 될 수는 없지 않은가.[93] 죄의식은 일반적으로 대인관계의 틀 속에서 발생한다. 누군가를 상처 입혔을 때, 자신의 의무를 다하지 못했을 때 죄의식은 출현한다. 죄의식은 세 가지 기제에 의해 관계를 더욱 단단하게 만드는 데 기여한다.[94] 첫째, 죄의식은 우리의 행동방식을 예측하고 이끈다.[95] 스스로 찜찜한 마음을 느끼고 싶지 않아서 우리는 파트너를 속이지 않으려 노력하게 되고 친구에게 전화를 걸어 생일축하 인사를 건네게 된다. 둘째, 우리는 죄의식을 느끼고 있다는 것을 타인에게 보여줌으로써 우리가 그 사람과의 관계를 중요시하고 있으며 그 사람이 겪은 일이 유감스럽다는 뜻을 전한다. 이로써 사회적 관계는 더욱 강화되고, 이는 사회적 관계를 원만하게 푸는 행위, 다시 말해 보상이나 사과와 연계된다.[96] 마지막으로, 죄의식은 타인의 행동방식에 영향을 끼치는 데 이용되기도 한다. 상대의 행동이 부적절하다고 생각할 때 그의 죄의식을 자극하면 나에 대한 그의 행동은 달라질 것이다.

타인뿐만 아니라 동물이나 자연에도 죄의식을 품을 수 있다. 지구를 파괴하는 인간의 생활방식을 환기하고 환경에 대한 죄의식을 자극하자 실험참가자들은 생활습관을 고치거나 공해세 부담을 감수하겠다는 의지를 좀 더 확고하게 보여주었다.[97]

사회적 관계에서 죄의식을 느끼는 능력은 우리 몸에서 화상을 입을 때 고통을 느끼는 능력과 비슷한 역할을 한다. 요컨대 죄의식은 소중한 신호다. 의식 구조의 역사를 연구하는 이들이 보여주었듯이, 죄의식의 발달이나 중요성은 사회적 배경에 따라 변한다. 역사학자 장 들뤼모Jean Delumeau[98]는 서양에서 중세 그리스도교가 죄의식을 강박적으로 자극했다고 말한다. 오늘날 죄의식은 타인에 대한 공감을 자극하는 사회화의 틀 안에서 발달한다. 다정다감한 부모 밑에서 자란 아이들은 다른 사람에게 상처를 주었을 때 죄의식을 민감하게 느낀다.[99] (반면에 부모의 교육방식이 부정적이거나 매우 엄격하다면 아이는 죄의식보다 수치심을 더 크게 느낀다.)[100]

다윈은 자기 자신을 심리적으로 비난했다. 그러한 비난은 무엇으로도 정당화되지 않으며 주위 사람들에게는 완전히 비합리적으로 보일 수도 있다. 그러나 죄의식을 느끼는 것이 마땅한가는 입증되고 말고의 문제가 아니다. "자신이 건강하다고 느낀다고 해서 그의 건강이 입증되는 것은 아니다."[101] 심각한 병을 앓는 아이를 둔 아버지도,[102] 전쟁이나 자연재해의 생존자도 죄의식을 느낄 수 있다.[103] 전문가들은 예를 들어 성폭행 피해자가 정신적 외상을 남기는 그 상황을 통제하고 싶어서 자기 자신을 비난하고 자책할 수도 있다고 설명한다.[104]

당혹감은 사회적 편입의 표식이다

"98명의 젊은 범죄자들 중에서 44퍼센트는 얼굴을 붉히는 기색조차 없었다. … 내가 조사한 122명의 여성들도 81퍼센트는 전혀 낯빛이 변하지 않았다."

— 체사레 롬브로소, 『범죄인론』[105]

체사레 롬브로소의 이론은 두개골의 모양과 일탈행위를 연관시킨 것으로 유명하며 상당 부분은 과학적으로 전혀 타당하지 않다. 그러나 롬브로소에게도 이러한 결론이 반드시 나쁘지만은 않을 것이다. 그는 과학 연구를 위해 자신의 뇌를 사후 기증했는데, 그의 이론을 적용하자면 1308그램의 그 뇌는 '백치'의 전형적인 특징들을 고스란히 지니고 있었으니까! 그러나 안면홍조와 도덕성이 모종의 관계가 있다는 그의 생각이 전혀 근거가 없는 것은 아니다. 실제로 모든 문화권에서 얼굴을 붉히는 현상은 당혹감의 표시로 해석된다. 실례가 되거나 언짢은 일을 당하더라도 상대가 얼굴을 붉히면 대개 훨씬 너그럽게 대할 수 있다.

당혹감은 수치심이나 죄의식과는 다른 감정이다. 당혹감은 주로 관습적 규칙(예의범절, 에티켓)을 위반할 때 발생한다. 한창 회의가 진행 중인데 배에서 꼬르륵 소리가 남들에게 다 들릴 정도로 크게 났다고 상상해보라. 혹은 궁정에서 신년회를 거행하던 중에 뒤늦게 바지 앞섶이 열려 있음을 깨달았던 덴마크의 헨릭 왕자가 어떤 기분이었을지 상상해보라.[106] 당혹감은 우리의 사회적 이미지가 어긋날 때 비롯되며 일시적으로 자존감을 떨어뜨린다. 당혹감은 시선을 피한다든가, 말을 더듬는다든가, '맹한' 미소를 짓는다든가, 자꾸 자기 얼굴을 만지고 얼굴을 붉힌다든가 하는 모습으로 드러난다. 다른 사람들과 함께 있을 때에는 당혹감이 죄의식이나 수치심보다 더 괴롭다.

서로 다른 세 가지 도덕적 감정[107]		
감정	위반 유형	행동 경향
수치	바람이나 이상	시선을 피함
죄의식	타인과 관련된 도덕규범	잘못을 바로잡고자 함
당혹감	사회적 관습	사과

당혹감도 여타의 도덕적 감정들이 그렇듯 사회적 편입의 표식이다. 교수들은 질문에 곧바로 대답을 못하고 당황해하는 학생을 덜 공격적으로 본다.[108] 당혹감을 드러낼 수 있는 능력은 그 사람이 어떤 사회적 규범을 어겼는지 의식하고 있음을, 타인의 시선을 신경 쓴다는 것을 보여준다.[109] 자기가 방금 저지른 일에 당황해하는 사람들은 대개 그 일을 목격한 사람에게 양해를 구하거나 사과를 한다. 당혹감은 주위 사람들을 진정시키고 처벌을 완화하는 역할을 할 때가 많다. 그래서 아이가 뭔가 잘못을 하고 당황해하면 부모도 심한 벌을 내리지 않는다.[110] 옆 사람의 바지에 와인을 쏟거나 새치기를 한 사람이 얼굴이 빨개지면 좀 더 호감과 신뢰를 얻을 수 있다는 연구 결과도 당혹감의 진정 효과를 보여준다고 하겠다.[111] 그렇지만 어떤 상황에서는 얼굴이 붉어지는 것이 죄의식의 표시로 해석되어 더욱 가혹한 판단을 끌어내기도 한다.[112]

당혹감을 드러낸다는 것은 사회규범을 어겼다는 의식이 있음을 의미한다. 이제 이 규범이 어떻게 습득되고 어떤 형태로 개인들을 만나게 되는지 살펴보겠다.

5
정의를 무엇으로 실현할 것인가
⚖

미켈란젤로 Michelangelo Buonarroti,
〈최후의 심판〉 중 일부

사형은 가장 오랜 역사를 지닌 형벌이다. 고대와 중세 때는 사형이 주된 형벌이었다. 그러나 18세기 서구 계몽주의사상이 '인간의 존엄성'을 일깨워주면서 사형은 점차 줄어들기 시작하였다.

> 우리의 선고는 심하지 않았다.
> 죄수의 몸에는 쇠스랑으로 그가 위반한 명령을 새겨 넣었다.
> — 프란츠 카프카 Franz Kafka, 『유형지에서』[1]

 모든 도덕적 사회화는 한 문화의 구성원들에게 그 문화를 구조화하는 규범과 가치를 전달하고, 그것들이 수용되고 내면화될 수 있도록 이끌어야 한다. 사회화의 수혜자가 이 규범의 내용을 수용하고 타인에게도 적극적으로 주입시키고자 할 때에 사회화는 비로소 그 목적을 달성한 것이다. 사회 체계는 도덕규범을 지속적으로 각인시키고 개인을 통해 구현하기 위해서 수많은 감시와 처벌의 장치들을 마련한다. 『유형지에서』가 시사하듯, 그 장치들은 법이 신체에까지 깊숙이 파고들게끔 이바지할 것이다. 프로이트, 피아제, 스키너는 인간의 본성을 이해하는 방식에서 화해할 수 없는 차이를 보여주었지만 최소한 한 가지 의견은 일치했다. 그것은 아동의 기본적인 도덕규범관이 사랑받고 싶다는 욕망이나 처벌에 대한 두려움에서 비롯된다는 것이다. 하지만 사회적 규범의 내면화를 지배하는 심리적 기제들은 행동주의의 관점에서 가장 체계적으로 연구되었다. 행동주의에 따르면 행동은 그 행동을 하는 사람에게 나타나는 결과에 의해 '통제'된다. 그래서 모든 행동은 환경의 영향에 따라 개인을 형성할 수 있는 가능성에 관여한다. 최근에는 뇌세포가 학습에 반응하고 그 결과에 따라 연결회로가 변하는 양상이 관찰되었다.[2] 행동주의 이론이 입증한 원리대로 환경을 올바르게 조직할 수만 있다면 도덕적 존재를 양성할 수 있을까? 이 장에서는 처벌과 보상이 도덕규범의 습득에 미치는 영향력을 살펴보고자 한다.

당근과 채찍

새로운 행동방식을 학습할 때의 핵심 원칙, 다시 말해 심리학 전문가들이 말하는 '조작적 조건화operant conditioning'의 핵심은 새로운 행동방식이 보상을 받으면 더욱 확고해지고 처벌을 받으면 쇠퇴한다는 것이다. 학습은 개인의 행동을 긍정적으로나 부정적으로 강화함으로써 이루어진다. 이타적 행동이 긍정적 결과를 불러오면 개인은 비슷한 상황에서 이타적 행동을 또 할 것이다. 비슷한 상황의 반복 속에서 행동은 또다시 좋은 보상을 받을 것이고, 주체는 결국 자신이 그런 행동을 했기 때문에 상황을 성공적으로 마무리할 수 있었다는 확신을 가짐으로써 그러한 행동방식을 공고하게 유지할 것이다. 긍정적 강화는 물질적 성공뿐만 아니라 칭찬, 축하 같은 사회적 보상으로도 가능하다.

반대로 어떤 행동이 결실도 없을 뿐 아니라 지탄과 처벌을 받는다면 그 행동은 억제될 가능성이 높다. 강화 효과는 점진적으로 축적되지만 때로는 즉각적으로 나타나기도 한다.[3] 한 연구자가 사람이 많이 다니는 거리에서 행인들에게 다가가 어떤 유명한 가게를 찾는다고 했다. 행인들은 대개 기꺼이 가게의 위치를 가르쳐주었다. 연구자는 긍정적 혹은 부정적 강화가 다음번 기회에 미치는 효과를 알아보기 위하여 어떤 사람에게는 "고맙습니다. 큰 도움이 되었어요."라고 말했고, 어떤 사람에게는 무례하게 상대의 말을 끊고 "뭔 소리를 하는지 모르겠네요. 됐어요. 다른 사람에게 물어볼게요."라고 대꾸했다. 몇 분 후, 이 행인들은 낯선 이에게 도움을 줄 수 있는 또 다른 상황에 부딪쳤다. 어떤 사람(실험공모자)이 그들 바로 앞에서 가방을 떨어뜨린 것이다. 긍정적 강화가 이루어진 행인들은 93퍼센트가 가방이나 물건을 주워주었지만 부정적 강화가 이루어진 행인들은 40퍼센트만 낯선 이에게 도움을 주었다.(어떤 강화도 이루어지지 않은 경우에 도움을 준 비율은 85퍼센트였다.)[4]

무엇으로 행동을 강화할 것인가

강화의 성격 또한 이론적 관점에서나 실천적 차원에서 상당히 중요하다. 실험실에서의 연구는 대부분 최소한의 물질적 보상(소액의 돈이나 사탕, 과자 따위)을 활용하여 이타적 행동이 증대되는 결과를 보여준다. 하지만 보상이 사라지면 이러한 행동의 빈도는 줄어든다. 반면에 사회적 성격의 강화(칭찬, 격려)는 그러한 행동방식의 습득을 좀 더 안정화한다.

물질적 보상의 난점은 그 자체가 구체적인 외적 동기가 되어버린다는 것이다. 한 연구에서 동전이나 말로 하는 칭찬을 이용하여 아이들의 이타적 행동을 단기적으로 강화했다. 그러고 나서 며칠 후에 아이들을 다시 불러서 왜 그런 행동을 했는지 물어보았다. 동전을 받은 아이들은 돈 때문에 그랬다고 대답했고, 칭찬을 받은 아이들은 남들이 잘되기를 바라서 그랬다는 식으로 대답했다. 이 같은 동기의 대체는 도덕적 자아의 형성에 지대한 영향을 미친다.

<u>스스로</u> 이타적인 사람이라고 생각하면 실제로 이러한 자기지각에 부합하는 행동을 할 확률이 높다. 7~11세 아이를 둔 엄마들이 자녀의 이타심을 계발하기 위해 병원에 입원한 아이들과 만들기를 하면서 함께 노는 활동을 하게 했다. 이때 아이들의 일부는 이러한 봉사활동의 보상으로 작은 장난감을 받았고 나머지는 아무것도 받지 않았다.[5] 다시 병원에 봉사활동을 갈 기회가 생겼을 때에 장난감을 받았던 아이들은 44퍼센트가 참여 의지를 보인 반면에 아무것도 받지 않은 아이들은 100퍼센트가 또 가고 싶다고 했다.

이 역설적 효과는 강화가 초래할 수 있는 '내재적 동기'로 설명된다. 아이는 물질적 보상이 따르는 행동은 자신의 진정한 자아를 나타내는 행동으로 생각하지 않는 것이다. 보상은 이른바 '외재적 동기'를 자극한다. 다시 말해 보상이 일차적 목표가 된 행동은 그 보상이 사라지면 함께 사라진다. 반대로 아무런 보상 없이 이타적 행동을 한 아이들은 그 행동이 진정으로 자기에게서 우러났다고 생각하기 때문에 또다시 이타적 행동의 기회가 주어졌을 때 마치 자기 인격을 반영하는 행동을 하듯 자연스럽게 할 수 있다.[6] 따라서 핵심은 자기 자신을 이타적인 사

람으로 생각하느냐 그렇지 않은가에 있다.

아이가 어떤 지시를 준수할 때에도 비슷한 기제가 작용한다. 아이에게 지시를 내리면서 협박을 가하면 다음번에는 그러한 협박이 사라지는 것만으로도 위반행위를 하기에 충분한 조건이 된다. 7~9세의 아동들을 놀이방으로 데려가서 특정 장난감은 가지고 놀면 안 된다고 당부했다. 물론 이 장난감은 아이들이 매우 흥미를 가질 만한 것(로봇 장난감)이었다. 아이들의 일부는 그 장난감을 가지고 놀면 크게 혼날 것이라는 협박을 받았고 나머지는 그런 협박을 받지 않았다. 그 후 아이들을 관찰한 결과, 단기적으로는 지시 유형에 상관없이 모두 지시를 잘 따르는 양상을 보였지만 장기적으로는 서로 다른 결과를 보였다. 몇 주 후 비슷한 상황에서 두 집단 모두에게 협박을 가하지 않았더니 이전에 협박과 함께 지시를 받았던 집단은 69퍼센트가 금지된 로봇을 가지고 놀았지만, 협박에 노출되지 않았던 집단은 29퍼센트만 그 로봇에 손을 댔다.[7] 가벼운 협박을 받고 지시를 따른 아이들은 엄중한 협박을 받고 지시를 따른 아이들에 비해 스스로를 좀 더 정직하게 여긴다는 연구 결과도 있다.[8]

이러한 연구들을 감안하건대, 행위 동기를 전가하는 시세는 도덕직 행동방식을 유지시키는 결정적 요소다. 행동의 외적 동기가 만들어지면 그때부터 그 행동은 아이들이 스스로 생각하고 행동할 때만큼 안정적으로 습득되기가 어렵다. 아이들에 대한 규정도 이와 비슷하게 자기 정체성을 각인시키는 것으로 보인다.

넌 참 착한 아이야!

한 연구에서, 8~9세의 아동들에게 게임을 해서 칩을 따면 그 칩을 장난감으로 교환할 수 있게 했다.[9] 그 후 아이들에게 장난감이 없는 가난한 아이들을 위해 칩을 조금 나누어주자고 권했다. 아이들이 칩의 일부를 내놓을 때마다 "넌 남을 생각할 줄 아는 착한 아이로구나."라고 하거나 "그건 남을 생각하는 좋은 행동이야."라고 그 행위 자체를 규정하는 말을 했다. 얼마 후, 이 아이들에게 이타적인 행동을 할 기회가 다시 한 번 주어졌다. 그 결과는 실험연구자의 가설대로, 이타적이라는 규정은 이타적인 행동을 끌어내는 효과가 있는 것으로 밝혀졌다.

또 다른 연구들은 이처럼 단순한 실험조작이 항상 같은 결과를 끌어내지는 않음을 보여주었다. 이를테면 자기 행동과 자기 자신을 뚜렷이 연결시켜 생각하지 못하는 더 어린 연령의 아이들이나 이미 어느 정도 자아상이 안정화된 청소년들은 일시적인 실험으로 뚜렷한 결과를 나타내지 않았다. 그렇지만 이러한 규정이 반복되면 만 8세 이상, 심지어 더 나이가 많은 사람의 자아도 분명히 영향을 받는다. 한 연구에서 성인들을 대상으로 방문조사를 하는 척하면서 그중 (무작위로 선정된) 일부에게 "다른 사람들에게 관심을 써주시는 분이군요."라는 식의 규정적인 언급을 했다. 며칠 후, 방문조사를 받았던 사람들은 적십자단 자원봉사를 권유하는 편지를 받았다. 권유에 응한 사람들 중에서 '타인에게 관심을 기울이는 사람'이라는 규정에 노출됐던 사람은 그렇지 않은 사람보다 상당히 많았다.[10] 이처럼 간단한 규정만으로 봉사에 대한 참여를 이끌어낼 수 있다면 반복적 규정은 사람들의 행동방식이나 자이상에 지속적 영향을 미칠 법도 하다. 실제로 한 연구자는 아이들에게 "깔끔한 아이로구나!"라고 계속 말하는 것만으로 아이들의 청결과 위생관념을 향상시킬 수 있었다.[11]

나는 이 글을 쓰면서 문득 지난번에 동료들과 저녁을 먹었던 일이 생각난다. 조종manipulation과 영향력 연구의 권위자인 한 동료가 그 자리에 여덟 살짜리 아들을 데려왔다. 그가 식전에 아들에게 "자, 넌 손 씻기를 좋아하는 아이잖니?"라고 말하는 모습을 보면서 나는 규정짓기 수법이 윤리적인 영역에만 통하는 것은 아니라는 것을 확신할 수 있었다.

채찍은 부메랑이 된다

도덕적 정체성을 부여하는 것은 도덕적 교화의 중요한 근본이다. 이 말은 처벌과 보상이 장기적으로 효과가 없을 뿐만 아니라 오히려 기대와 반대되는 결과를 나타낼 수도 있음을 뜻한다. 아이가 결코 자발적으로 하지 않는 행동(예를 들어 정원에서 낙엽을 빗자루로 쓸어서 치우는 행동을 생각해보자.)을 하면 일정한 보상을 주겠다고 제안해보라. 아이는 당장 빗자루를 들고 나서겠지만 다음해 가을에도 아이가 낙엽을 쓸게 하려면 다시 보상을 내걸어야 할 것이다. 그 이유는 애초에 남을 돕고자 하는 아이의 마음을 자극하지 않고 금전적 대가라는 동기를 부여했기 때문이다. 또 아이가 이미 대가를 바라지 않고 그런 일을 하려는 마음을 먹었다면 괜히 보상이라는 외적 동기를 내걸어서 아이의 내적 동기를 짓밟은 셈이다. 이처럼 외적 동기로 인해 내적 동기가 소멸되는 현상은 이미 실험으로 입증된 바 있다.[12] 아이들이 원래 좋아하던 활동에 보상을 주었는데, 그 후 보상을 중단했더니 그 활동에 대한 아이들의 자발적 선호도가 크게 떨어졌다.(그러나 아무런 보상을 받지 않은 아이들은 계속해서 그 활동을 선호했다.) 비슷한 유형의 타 연구에서는 아이들에게 색깔이 바뀌는 신기한 사인펜을 나눠주고 자유롭게 그림을 그리게 했다. 그중 일부 아이들에게는 그림을 완성하면 예쁜 리본과 황금별 스티커로 장식된 상장을 주겠다고 했다. 열흘 후, 아이들을 다시 관찰했다. 상장을 받으려고 그림을 그렸던 아이들은 그렇지 않은 아이들에 비해 '신기한 사인펜'으로 자주 그림을 그리지 않았고 처음에 비해 흥미가 많이 떨어져 있었다.[13]

최근에 뮌헨 대학 연구진이 동기 부여의 신경생물학적 측면을 실험을 통해 고찰했다. 두 집단의 실험참가자들은 속으로 5초를 헤아려서 초시계를 눌러야 했다. 한쪽 집단은 5초에 최대한 근접할 때마다 소정의 상금을 주고 다른 쪽 집단에게는 주지 않았다. 두 집단의 뇌를 관찰한 결과, 상금을 받는 쪽보다 상금 없이 실험 자체에 몰입하는 쪽에서 놀이의 즐거움과 관련된 뇌 영역(복측선조체와 전전두피질)이 활성화되는 현상을 더 많이 볼 수 있었다. 그 후에 실험참가자들에게 자유시간이 주어졌는데, 상금 없이 실험에 임한 집단은 다른 집단에 비해 이 시간에도 계속 초시계를 가지고 연습을 하는 사람이 훨씬 많았다.[14]

보상은 진정한 동기 부여가 아니다

아이들이 매일 스스로 이를 닦고 이불을 개게 할 방법을 찾고 있거나, 성인이 제한속도를 준수하고 성가신 건강검진을 착실하게 받게 하려는 사람은 실험실에서의 연구 결과만으로 만족할 수 없을 것이다. 어쨌든 연구자들도 대개 실험참가자들에게 소정의 보상을 하지 않는가.

보상 효과는 정말로 제한적인가? 함의하는 바가 적지 않은 이 문제로 잠시 돌아가자. 인간행동을 연구하는 사람들이 실험참가자들에게 후한 보상을 내리면 어떻게 될까? 듀크 대학의 댄 애리얼리Dan Ariely는 실험참가자들에게 솜씨, 논리력, 기억력을 요하는 과제들을 내주고 그 보상으로 한 집단에는 평균적인 하루치 급여를, 두 번째 집단에는 2주분 급여를, 세 번째 집단에는 5개월분 급여를 지불했다.(이처럼 파격적인 보상을 제공할 수 있었던 것은 이 연구가 인도에서 이루어졌기 때문이다.) 그 결과, 가장 높은 보상은 가장 좋은 성과를 이끌어내기는커녕 가장 낮은 점수를 얻었다. 그 원인은 아마도 높은 보상이 스트레스를 가중시키기 때문으로 보인다.[15] 높은 보상이 뛰어난 성과로 연결되는 경우는 극도로 단순한 작업, 이를테면 버튼 두 개만 누르면 되는 정도의 쉬운 일이 과제로 주어졌을 때밖에 없다. 조금이라도 사고력과 창조성이 개입되는 일은 보상과 성과가 반비례했다.

보상이 좋은 결과를 약속하지 못하며 인간의 행동방식을 지속적으로 변화시키지도 못한다고 입증하는 증거는 수없이 많다. 미국의 10여 개 기업 직장인들을 대상으로 외근을 할 때마다 안전벨트를 매면 소정의 보상을 지급했다. 6년 동안 100만 건이 넘는 사례를 관찰한 결과, 보상에 기반한 안전벨트 장려운동은 비효율적일 뿐만 아니라 오히려 안전벨트 착용률을 떨어뜨리는 것으로 나타났다! 문학 창작에 대한 또 다른 연구에서는 집필에 들어가기 전 작가지망생들에게 그들의 작품이 성공을 거두면 누리게 될 금전적 보상이나 명성을 상상해보라고 했다. 그 후 창작물의 내용을 분석한 결과, 보상을 상상했던 사람의 작품은 그렇지 않은 사람의 작품에 비해 대체로 창의성이 떨어졌고 자신의 예전 작품에 비해서도 독창성이 감소했다.

동기 부여 연구의 세계적 권위자 에드워드 데시Edward Deci는 독립적으로 실시된 130종의 연구를 종합해 아주 단순한 결론을 내렸다. 사탕과자에서 소액의 돈에 이르기까지 온갖 물질적 보상은 진정한 동기 부여를 망친다고 말이다.[16] 도덕적 행동을 포함해 일부 행동방식을 고양하기 위해 보상을 활용하는 것은 오히려 행동 그 자체에 느끼는 매력과 즐거움을 떨어뜨린다. 당근 속에 채찍이 있다고 할까!

구체적 보상이 동기 부여를 망치는 효과는 대단히 보편적이다. 보상의 전형적인 구체화(돈)에 노출되는 것만으로도 인간관계에 상당한 영향이 나타날 정도다. 실험참가자에게 컴퓨터 모니터 화면을 보고 나서 다른 사람들이 모여 있는 곳에 앉으라고 했다. 화면에서 돈의 이미지를 본 사람은 그렇지 않은 사람에 비해 다른 사람들 옆에 가서 앉지 않고 멀찍이 떨어져 앉으려는 경향이 있었다.[17] 또 어떤 연구에서는 실험참가자들을 돈을 연상시키는 이미지나 단어에 노출시켰더니 타인을 돕는 자발성이 떨어졌다.(다른 사람이 연필꽂이를 떨어뜨렸을 때 돈을 연상한 집단은 그렇지 않은 집단에 비해 그 사람이 혼자 연필을 줍게 내버려두는 비율이 높았다.)[18]

어떤 모델에 대한 인간의 적응이 기본적으로 물질적 동기에 좌우된다는 생각이 경제학에서는 오랫동안 지배적이었다. 그러나 일반적인 심리학 실험에서 '호모 에코노미쿠스homo economicus' 모델이 차지하는 비중이 그리 높지 않다고 생각하면 경제학과 학생과 교수 들이 다른 학과 학생과 교수 들에 비해 좀 더 이기적으로 보이는 이유를 알 것도 같다.[19]

가정교육에 따른 아이의 도덕성

보상과 처벌이 즉각적인 복종을 끌어내는 데 도움이 되지만 도덕교육을 위한 방법으로 추천하기는 어렵다는 것은 가정 내에서 보상과 처벌이 어떻게 작용하는가를 관찰하면 더욱 분명해진다. 가족 내 상호 작용 중에는 부모가 자녀에게 어떤 행동을 이끌어 내거나("~ 좀 해주겠니?") 억제하기 위해("동생 귀 잡아당기지 마라.") 하는 말이 굉장히 많다. 뉴욕 대학 교수 마틴 호프먼Martin Hoffman이 살펴본 결과, 2~10세 사이의 자녀를 둔 부모가 아이와 나누는 말의 70퍼센트는 자녀에게 영향력을 행사하려는 '개입'이라고 한다. 일곱 살 아이는 하루 종일 6분에서 9분 간격으로 부모에게 간섭을 당한다. 이때 부모의 개입에는 전형적인 세 가지 기법이 (대개의 경우 서로 결합된 형태로)동원된다. 그중 첫 번째 기법은 '힘의 행사'다. 협박이나 완력의 사용, 장난감, TV, 컴퓨터 따위의 압수 등을 동원하는 강제적 개입방식이라고 하겠다.[20] 두 번째 방법은 '애정의 철회'로서 조금 다른 영역에 개입한다. 이 방법은 어른이 만족을 느끼거나 불쾌함을 피하기 위해 아이를 어른의 규범에 복종시키고 아이가 여기서 벗어나는 행동을 하면 아이를 무시하거나 대화를 거부하는 것이다. 세 번째 기법인 '유추'는 아이의 행동이 타인에게 어떤 결과를 미치는지를 아이가 성장함에 따라 점진적으로 각인시키는 것이다.

 호프먼은 도덕원칙의 내면화 수준과 죄의식을 느낄 수 있는 능력을 평가한 결과 '힘의 행사'는 도덕교육에 오히려 해로운 영향을 미치고 '애정의 철회'는 별 효과가 없다고 보았다. 그렇지만 귀납적 추론, 즉 유추는 부모님을 닮고 싶다는 욕망, 도덕규범의 내면화, 공감능력의 활성화에 기여하는 것으로 나타났다. 이 결과를 어떻게 설명해야 할까? 먼저, 유추는 아이의 관심을 '자기 행동이 타인에게 직접적으로 미치는 결과'로 집중시킨다. 게다가 부모가 설명을 제공하기 때문에 부모의 개입이 아이에게 강압적으로 느껴지지 않는다. 그 때문에 아이는 자신의 자유가 위협당하는 상황에서도 '거부반응reactance'이 덜하다. 부모가 아이에게 고함을 지르거나 체벌을 가하거나 애정을 철회하거나 하지 않고, 아이의 행동이 타인에게 미치는 결과를 함께 추론해본다면 부모는 훨씬 일관성 있고 본받을 만한 모범을 아이에게 제시할 수 있다. 둘째, 유추는 다른 기법들에 비해 아이에게 불안감을 덜 준다. 호프먼은 유추가 도덕규범을 처리하고 저장하는 과정, 즉 내면화하는 과정에 이롭다고 보았다. 셋째, 유추의 주목할 만한 결과 중 하나는 아이에게 공감능력을 길러준다는 것이다. 실제로 아이는 바람직하지 못한 행동이 피해자에게 신체적으로나 심리적으로 어떤 결과를 미칠지 상상함으로써 자신이 그 고통에 책임이 있다는 것을 깨닫고 다른 사람의 입장을 헤아리거나 죄의식을 갖게 된다. 실제로 아이가 피해자에게 주의를 기울일 수 있도록 하면("봐라, 네가 퍼즐을 망가뜨려서 저렇게 울잖아.") 이타적인 행동을 자극할 수 있고 장기적으로는 공감능력을 계발하는 데 도움이 된다고 한다. 그뿐 아니라 토론과 의견교환을 권장하는 부모 밑에서 자란 청소년은 권위적인 부모 밑에서 자란 청소년에 비해 복잡한 추론도 빠르게 수행할 수 있다.

도덕성을 떨어뜨리는 처벌

처벌이 유용한 경우도 분명히 존재한다. 하지만 처벌의 효과를 일반화하기는 매우 어렵다. 처벌은 즉각적으로, 불가피하게 이루어질수록 효과가 좋으며, 사회적으로 예측 가능한 방식이어야만 효과가 있다.(개인은 자신이 어떤 규칙을 위반했을 때 어떤 처벌을 받게 될지 알 수 있어야 한다. 나아가 일단 위반을 하면 처벌을 피할 수 없는 것으로 여겨야 한다.) 또한 처벌은 사회규범들이 최소한 기본적인 부분을 공유하고 있어야만 정당화된다. 프랑스에 과속감시레이더가 대량 도입된 후 교통사고가 획기적으로 감소했다. 그 이유는 일단 프랑스인들이 교통사고를 줄이자는 취지에 동의하고 있었고, 속도제한구간에서 위반이 있을 때마다 바로바로 정확히게 처벌이 떨어졌기 때문이다. 프랑스 정부는 감시레이더 도입 이후로 대형 교통사고 위험이 70퍼센트나 줄었다고 보고 있다.[21]

처벌이 정당성을 인정받지 못하거나 권위의 개입과 충돌을 일으켜 좋지 않은 결과를 초래하는 경우도 있다. 어느 조사에서 경찰에게 부당한 대우를 받은 적이 있는 사람들은 그 후에 실제로 법에 대해 방만한 태도를 갖게 된다는 결과가 나왔다.[22]

처벌이 효과를 발휘하는 또 다른 조건은 처벌이 적용되기까지 소요되는 시간이다. 동물의 학습에 관한 실험들은 강화가 몇 초만 늦게 이루어져도 효력이 없음을 보여준다. 쥐가 실수를 할 때마다 바로 처벌을 가하면 몇 가지 답을 무리 없이 익힌다. 그런데 처벌이 5초 후에 이루어지면 쥐의 학습능력이 현저히 더뎌지고, 처벌이 10초 후에 이루어지면 학습이 아예 불가능하다.[23] 물론 인간은 동물과 달리 시간에 대한 나름의 의식이 있으므로 지연이 그렇게까지 결정적이진 않지만[24] 그래도 중요한 요소임에는 틀림없다. 죄를 저지른 지 몇 달 후에 처벌이 이루어지면 그것이 부당하거나 부적절하다는 느낌이 가중된다. 그래서 집행유예는 형벌의 효력을 떨어뜨리거나 역효과를 낳기도 한다.

사실, 형벌 자체가 전반적으로 범죄를 억제하는 효과는 그리 크지 않다. 그렇다면 사형제도는 어떨까? 흉악한 범죄를 억제하기 위해 사형제를 유지해야 한다는 주장[25]은 근거가 있을까? 여러 국가의 살인범죄율을 사형제 폐지 전과 후로 나누어 비교하고 미국에서 사형제도가 남아 있는 주와 사형제도가 폐지된 주의 살인범죄율도 비교한 결과, 사형제도는 살인범죄를 억제하는 효과가 전혀 없는 것으로 밝혀졌다.[26] 어떤 연구들은 여기서 한 걸음 더 나아가 사형제도가 오히려 살인범죄를 증가시킨다고 주장하고 있다. 사형제도가 초래하는 '야수화 brutalization'를 강조하는 이 주장은 비록 논박의 여지는 있으나 오늘날 여러 연구의 지지를 받고 있다.[27]

체벌 또한 극단적이지는 않지만 자주 논쟁의 대상이 되는 주제다. 볼기 때리기 같은 체벌은 아이들의 즉각적 복종을 끌어낼 뿐 별다른 효과가 없다는 연구 결과도 있다. 그 밖의 효과들은 대개 유해하기만

하다. 텍사스 대학의 엘리자베스 거쇼프Elizabeth Gershoff는 1938년에서 2000년 사이에 있었던 연구 88건의 메타 분석을 통해 체벌이 공격성, 범죄성, 배우자나 자녀에 대한 학대행위를 증대시키며 자기 자신이 폭력의 피해자가 될 확률도 높인다고 했다. 나아가 체벌은 정신건강에도 여러 가지 유해한 결과(우울증, 알코올중독, 자살성향 등)를 미친다.

사태를 악화시키는 처벌

사회적 차원에서 물질적 처벌은 역효과를 일으킬 수 있다. 예를 들어보자. 어린이집 보육교사가 가장 짜증스러워하고 부모와 자주 갈등을 빚는 문제는 부모가 아이를 늦게 데리러 오는 것이다. 보육교사는 보호자가 아이를 데려갈 때까지 마냥 기다릴 수밖에 없기 때문이다. 이스라엘의 대도시인 하이파에서 6개 어린이집 원장들이 특단의 조치를 취하기로 작정하고 부모가 아이를 늦게 데리러 올 때마다 소정의 벌금을 물게 했다. 부모들은 좀 더 일찍 아이를 데리러 가게 됐을까? 아니다. 오히려 부모들이 늦게 오는 빈도가 2배까지 늘어났다! 부모들은 이제 돈만 지불하면 늦게 데리러 가도 되는 '권리'를 얻은 것이다. 그들은 이제 보육교사들의 퇴근을 위해 일찍 아이를 데리러 가야 한다는 의무감을 느끼지 않았으며 돈을 주고 시간을 더 살 수 있는 것처럼 여겼다. 2주 후에 원장들이 벌금제를 폐지했지만 일단 자리 잡은 부모들의 지각 풍토는 사라지지 않았다.

이번에는 좀 더 심각한 위반과 관련하여 처벌이 예상치 못한 효과를 불러온 경우를 보자. 미국의 범죄학자가 미니애폴리스 경찰과 협력하여 처벌이 가정폭력 재발에 미치는 효과를 연구했다. 가정폭력으로 고발을 당한 이들은 최대 24시간 구류 처벌을 받기도 하고 훈방 조치만으로 풀려나기도 했다. 6개월 후, 처벌을 받은 이들은 처벌을 받지 않은 이들에 비해 재범률이 절반으로 떨어졌다. 그 뒤 5개 대도시에서 동일한 실험을 더 진행했다. 하지만 이번에 나온 결과는 일관성이 없었다. 어떤 도시에서는 처벌을 받은 이들이 처벌을 받지 않은 이들보다 더 높은 재범률을 보였던 것이다. 결국 연구자는 이러한 결과들을 가정폭력범에 대한 다른 자료들에 비추어 분석하고 처벌이 모두에게 동일한 효과를 낳지는 않는다는 결론을 내렸다. 단, 처벌을 받은 사람 중 고정 직업이 있는 사람은 재범률이 낮았지만 실업자는 재범률이 높았다.[28] 따라서 처벌의 효력은 개인과 사회의 유대에 따라 다르다. 어떤 사람은 처벌을 통해 법의 품으로 돌아오지만, 어떤 사람은 처벌에서 부당함과 구속감을 느끼고 더 과격한 일탈을 저지르기도 한다.

정의의 실현

도덕규범의 적용에 있어서 사회적 편입이 차지하는 중요성은 사회학자 에밀 뒤르켐에게 매우 중요한 주제였다. 최근 들어 이러한 접근법은 멜버른 대학의 정치학자 존 브래스웨이트John Braithwaite의 '회복적 정의restorative justice' 개념을 계기로 새롭게 적용되고 있다. 브래스웨이트는 직관적으로 법에 대한 존중은 처벌에 대한 두려움이 아니라 사회적 편입에서 비롯된다고 믿었다.²⁹ 그가 보기에 일반적인 형법 체계는 범죄를 '실추의 의식'으로 처벌하기 때문에 잘못을 악화시키는 효과가 더 컸다.

일반적으로는 처벌이 엄중할수록 잠재적 범죄자가 처벌에 대한 두려움 때문에 행동을 자제할 것이라고 생각한다. 하지만 회복적 정의는 반대로 가해자가 피해자에게 감정을 이입할수록 재범률이 낮아질 것이라고 제안한다. 회복의 과정에는 일반적으로 범죄자, 피해자, 집단이 포함되며 폭력 피해를 입은 사람들이 다시 일어나게끔 도와주고 지지할 것을 강조한다. 또 범죄자가 피해자 앞에서 상대의 회복과 복원 필요성을 인정함으로써 자기 행동에 대한 책임을 지게끔 인도한다. 가해자와 피해자도 대체로 고전적 형법의 관점보다 이러한 관점을 선호하는 편이다. 최근에 청소년폭력 가해자와 피해자 사이의 중재활동에 대한 19건의 연구를 종합한 결과에 따르면, 이러한 과정은 과거의 일반적인 청소년범죄 처리 절차에 비해 재범률을 26퍼센트나 낮춰주었고 재범의 죄질도 훨씬 가벼워졌다고 한다.³⁰

처벌에서 겨우 건질 만한 것

처벌이 규범에 대한 복종을 끌어내기에 용이하다는 점에는 반박의 여지가 없다. 특히 처벌이 즉각적이고 불가피한 성격을 띤다면 그러한 효과는 더욱 강력해진다. 그러나 인간을 도덕적으로 교화한다는 것은 도덕규범이 자발적인 위력을 지니게 해야 한다는 뜻이다. 바로 여기에 보상과 처벌의 한계가 있다. 보상과 처벌은 지엽적인 효과가 있을 뿐, 도덕규범의 학습에 진정으로 이바지하지 못한다. 보상과 처벌이 야기하는 억제나 고양 효과는 대개 보상과 처벌이 사라지면 함께 사라지기 때문에 때때로 부작용을 일으킨다.

인간의 도덕적 행동이 처벌에 대한 두려움이나 구체적 보상에 대한 기대에 크게 좌우된다는 생각은 자못 의심스럽다. 반면에 위반의 사회적, 관계적 결과는 확실히 인간 활동에 영향을 미친다. 인간이라는 동물은 긍정적인 관계를 추구하고 소외를 두려워한다는 근본적 특징이 있기 때문에 도덕규범을 존중하는 법을 배운다. 물론 처벌도 개인이 속한 사회의 합의를 반영한다는 점에서 중요하지만, 개인이 자신이 어느 법을 어기면 어떠어떠한 처벌을 받게 된다는 예측 때문에 위반을 자제하거나 반대로 감행하는 것은 아니다.

개인의 행동이 타인에게 어떤 결과를 미치는가를 강조하는 부모의 훈육 방식은 타인에 대한 존중과 관련된 도덕규범을 아동이 내면화하게끔 이끌기에 적합하다. 이러한 훈육방식은 감정이입 과정을 북돋아 준다. 게다가 규범을 존중하거나 여러 가지 활동을 수행하게 하는 원동력은 구체적 보상에 대한 기대보다는 주로 성취 그 자체에서 온다. 만약 처벌이 집단에 대한 소속을 강화한다면 도덕적 교화 과정에 지속적으로 중요한 역할을 할 수도 있다. 하지만 그러한 조건이 아니라면 처벌의 효과는 피상적이고 일시적일 것이다. 한편, 사회적 동물의 도덕적 교화에는 처벌만큼 고통스럽지 않으면서도 더 주효한 역할을 하는 다른 수단들도 있다. '모방'과 '사회적 학습'이라는 이 수단들이 어떻게 관여하는지 이제부터 살펴보자.

6
파괴적 모방과 이타적 모방

렘브란트Rembrandt Harmenszoon van Rijn,
〈십계 판을 든 모세〉

도덕규범은 일반적으로 '배우는' 것, 즉 사회집단 내에서 전달되는 것이다. 사회집단은 곧잘 이러한 규범을 성문화하거나 법전으로 형식화한다.

훔볼트 대학의 사무엘 올리너Samuel Oliner와 펄 올리너Pearl Oliner는 위험을 무릅쓰고 제3제국의 대학살에서 유대인들을 구한 219명의 독일인들을 조사했다. 두 사람은 이들을 사회학적으로 비슷한 조건에 있지만 유대인에게 호의적이지 않은 118명의 표본과 비교해보았다. 유대인을 구해준 사람의 39퍼센트는 자신의 부모가 국경을 초월한 윤리와 관련된 단체에 가입한 적이 있다고 응답했다. 유대인을 구하지 않은 사람들의 집단에서 같은 응답을 내놓은 비율은 15퍼센트에 불과했다. 특히 이 집단의 10퍼센트는 부모와 대화하면서 유대인에 대한 부정적 편견을 접한 적이 있다고 했지만, 유대인을 도와준 사람들의 집단에서 부모에게 그런 말을 들어봤다는 사람은 3퍼센트밖에 없었다.[1]

비슷한 차원의 연구가 흑인시민권운동 투사들을 대상으로 이루어졌다. 이 투사들 또한 부모의 영향을 상당 부분 받은 것으로 밝혀졌다.[2] 꼭 이렇게 각별한 도덕적 행동이 아니더라도 본보기의 역할은 지대하다. 그래서 부모가 어떤 대의를 위해 돈과 시간을 투자한다면(부모가 정기적으로 헌혈을 한다면) 그 자녀도 장차 그렇게 할 확률이 높다.[3]

부모, 또래, 귀감이 되는 인물이 담당하는 사회화 기능은 인문학적 앎이 아니라 사회집단의 실천적 앎에 속한다. 16세기에 어느 익명의 저자가 『그리스도를 본받아The Imitation of Christ』라는 종교적 성격의 책을 내놓았다.(프랑스에서 400년 동안 60번이나 번역, 출간될 만큼 널리 읽혔으며 피에르 코르네유도 이 책을 직접 번역한 바 있다.)[4] 신도들의 도덕적, 영적 계발에 지고의 본보기가 제시되자 신앙적 교화는 대단한 진전을 거두었다.

도덕규범은 일반적으로 '배우는' 것, 즉 사회집단 내에서 전달되는 것이다. 사회집단은 곧잘 이러한 규범을 성문화하거나 법전으로 형식화한다. 그래서 우리는 여러 문명에 뚜렷한 흔적을 남긴 도덕규범들을 알아볼 수 있다. 『길가메시 서사시Epic of Gilgamesh』(기원전 3000년), 『함무라비 법전Code of Hammurabi』(기원전 1728년), 「십계명Ten Commandments」(기원전 1300년), 『마하바라타Mahabharrata』(기원전 1000년), 「아소카 왕의 법칙문Edicts of Ashoka」(기원전 250년)을 보라. 가장 오래된 자료는 기원전 3000년경의 수메르 문명으로 거슬러 올라간다. 그 밖의 법전들(기원전 2000년경 이집트, 기원전 1000년경 중국, 기원전 450년경 로마 등)도 다양한 시공간 속에서의 도덕규범들을 보여준다.

일탈행위의 모방

도덕규범을 구현하는 본보기는 그것을 바라보는 사람들에게 여러 유형의 영향력을 미친다. 첫 번째 유형의 영향력은 관찰자가 자신의 행동을 조정하여 새로운 행동방식을 습득하는 과정과 관련된다. 예를 들어 어떤 아이가 어른이 무거운 물건을 들고 낑낑대는 사람에게 문을 열어주는 광경을 보았다면 이 아이는 장차 비슷한 상황에서 그 어른과 같은 행동을 하게 될 것이다.

반사회적 행동도 동일한 원리에 따라 습득된다. 이미 수백 건의 연구들이 한 개인의 범죄지수와, 그와 가장 친한 친구들의 범죄지수는 함께 간다는 것을 보여주었다. 이러한 결과는 단순히 '초록은 동색'이라는 싸잡아 묶기로 환원해서 다룰 수 없다. 간단한 예로 필기시험에서 부정행위를 저지른 아이 옆에 앉았던 아이는 그다음 시험에서 자기도 부정행위를 저지를 확률이 높다. 이건 거짓말을 잘하거나 부정행위를 저지르는 아이는 자기와 비슷한 친구들을 사귈 확률이 높다는 사실과 별개의 문제다.[5] 이러한 결과는 이미 오래전, 1920년대에 한 연구팀이 11000명 이상의 초등학생을 대상으로 시험에서의 부정행위에 대해 조사하고 확인한 것이다. 조사 결과, 정직이라는 규범은 학급별로 매우 큰 차이를 보였으며 어떤 반 학생들은 다른 반 학생들보다 유독 부정행위가 많았다.[6]

본보기는 이미 습득한 행동방식을 더 억제할 수도 있고 강화할 수도 있다. 이것이 본보기가 미치는 두 번째 유형의 영향력이다. 본보기가 되는 사람이 규범을 위반하고 벌을 받는 모습을 지켜보면 위반은 한층 더 억제된다. 하지만 본보기가 위반을 하고도 늘 아무렇지 않다면(예를 들어 누군가가 마트에서 향수를 슬쩍하고도 유유히 빠져나갔다면) 위반은 억제되지 않는다. 2008년 『사이언스』지에 저 유명한 '깨진 유리창 가설'[7] 검증 연구 자료가 실렸다. 이 가설은 깨진 유리창 하나를 방치하면 그 지점을 중심으로 범죄가 확산되기 시작한다는, 요컨대 사소한 무질서를 방치하면 큰 문제로 이어질 가능성이 높다는 생각을 담고 있다.[8] 연구팀은 '낙서 금지'라는 표시가 뚜렷이 보이는 거리에 세워놓은 자전거들에 광고 전단을 꽂아두었다. '낙서 금지'라는 표시에도 불구하고 낙서가 많은 거리에서는 자전거 사용자들의 69퍼센트가 광고전단을 땅바닥에 함부로 버렸다. 그러나 낙서가 없는 깨끗한 거리에 광고전단을 버린 사람은 33퍼센트에 불과했다. 또 다른 연구에서는 길 한복판에 '바리케이드에 자전거를 세워두지 마시오.'라는 푯말을 세우고 행인들에게 200미터를 돌아가게 했다. 그런데 바리케이드에 일부러 자전거 4대를 세워두자 자전거를 한 대만 세워두었을 때보다 이 지시를 어기는 비율이 세 배나 증가했다.

좋은 본보기를 모방할 때

본보기가 미치는 영향력 중 마지막 유형은 이미 습득한 행동을 강화하여 주어진 상황에 대응하는 것이다. 두 명의 연구자가 이타적 본보기의 존재 여부가 미치는 영향을 실험했다. 한 젊은 여자가 펑크 난 타이어 때문에 갓길에서 어쩔 줄 몰라 하고 있다. 연구를 수행하는 동안,

이 여자 앞을 지나간 운전자는 4000명이 넘었다. 그중 절반의 운전자는 이 곤경에 빠진 여자를 보기 전에 이타적 모델에 노출되었다. 이 여자 말고 다른 여성 운전자가 어느 남성 운전자의 도움을 받아 타이어를 교체하는 광경을 이미 보고 왔던 것이다. 실험 결과, 이타적 본보기에 노출되었던 운전자들은 그렇지 않은 운전자들에 비해 곤경에 처한 여성 운전자를 돕는 비율이 50퍼센트나 더 많았다.[9]

다른 연구에서는 학생들에게 헌혈을 부탁해보았다. 직접 권유를 받고 헌혈을 하겠다고 답한 비율은 25퍼센트 정도였으나 헌혈 장소에는 아무도 나타나지 않았다. 하지만 다른 학생이 헌혈을 하겠다고 기꺼이 나서는 모습을 보았을 때에는(물론 이 다른 학생은 실험공모자였다) 자신도 헌혈을 하겠다고 답하는 비율이 67퍼센트에 달했고 실제로 헌혈 장소까지 온 학생들도 33퍼센트나 되었다.

실험참가자들에게 이타적 행동을 하는 타인의 모습을 비디오로 보여주고 그 영향을 살펴본 연구도 있었다. 참가자들은 너그러운 행위를 바라보는 것만으로도 고양감을 느끼고 더 기꺼이 아무 보상도 따르지 않는 연구에 도움을 주었다. 게다가 이들은 정서적 고양감을 느끼지 않은 참가자 집단에 비해 힘든 일에 더 많은 시간을 쏟았다.[10] 본보기가 불러일으키는 고양감은 때때로 획기적인 효과를 나타낸다. 엄마가 감동적인 도덕적 본보기를 접하면 자기 아기에게도 더 다정한 태도를 보인다는 연구 결과가 있다. 더욱이 이 엄마들은 젖도 더 많이 나왔다. 정서적 고양감이 옥시토신(정서적 유대감을 증대하는 효과가 있는 것으로 알려진 호르몬—옮긴이 주) 분비를 자극하기 때문에 유즙이 더 풍부하게 나올 수 있었던 것이다.[11]

동물도 모방을 한다

본보기를 통하여 행동방식을 새로이 습득하거나 조정하는 것은 일반적인 모방 과정의 일환이다. 그런데 이 모방 과정이 인간에게만 있는 것은 아니다. 가장 널리 알려진 문화 전파의 예는 아마도 1920년대 사우스햄튼의 박새일 것이다.[12] 이 새들은 각 가정 앞에 배달된 우유병의 덮개 부분을 부리로 콕콕 뚫어서 우유를 먹곤 했다. 그런데 이러한 현상이 점점 더 널리 퍼져 박새들이 우유를 훔쳐 먹지 않던 지역까지 확산되었다. 이것은 점점 더 많은 박새들이 모방을 통해 우유병의 덮개에 구멍을 내는 법을 습득했다는 뜻이다.

동물행동학 분야에서 유명한 또 하나의 예는 일본 코시마 섬의 원숭이들이다. 큐슈 동해안에서 멀리 떨어진 이 섬에 살던 원숭이들은 어느 암컷원숭이가 고구마를 바닷물에 씻어 먹자 그 행동을 모방하기 시작했다. 어린 원숭이들과 암컷들이 먼저 이 행위를 모방했고 나중에는 수컷들도 고구마를 바닷물에 씻어 먹게 되었다.(가장 나이 많은 원숭이들은 끝까지 이 행위를 모방하지 않았다.)[13]

유럽의 캠핑과 북미의 캠핑이 어떻게 다른지 생각해보았던 사람이라면 재미있어 할 만한 또 다른 예가 있다. 북미에서는 캠핑을 가면 자동차 밖에 음식을 보관하기 위해 커다란 금속 캐비닛을 이용한다. 차에 음식을 두면 곰이 냄새를 맡고 나타나 통조림 따듯 차를 열어버리기 때문이다. 프란스 드 발의 연구에 따르면, 곰들은 자동차 문을 열고 음식을 가져가는 기술을 서로 전수한다. 다른 곰들을 보고 차의 지붕으로 올라가 쿵쿵 뛰어 문짝이 떨어져 나가게 하는 요령을 배우는 것

이다.[14]

동물의 모방은 좀 더 미묘한 형태로 이루어질 수도 있다. 루이스빌 대학의 리 듀거킨Lee Dugatkin은 무지개송사리 연구를 통해 그 예를 보여주었다. 격리된 암컷송사리 A는 바로 옆 수조에서 다른 암컷송사리 B가 두 명의 수컷에게 구애를 받는 과정을 보았다.[15] B가 두 수컷 중 한쪽을 택했을 때에 A를 그 수조로 옮겼다. A는 B에게 선택받은 그 수컷에게로 곧장 향했다.[16] 이러한 욕망의 모방, 즉 개체가 자신의 욕망을 '욕망 모델'에게로 맞추는 현상은 르네 지라르René Girard의 '욕망의 삼각형Desir triangulaire'으로 잘 알려졌고, 최근에는 인디애나 대학의 스카일러 플레이스Skyler Place 덕분에 새롭게 조명되었다. 플레이스 교수는 젊은이들에게 '스피드 데이팅'에 참여한 후 자신이 만났던 파트너에 대한 호감도를 측정해달라고 했다. 실험참가자들은 이 과제를 수행한 후에 그 파트너가 다른 사람과 만나는 현장을 비디오로 보았다. 이를 통해 참가자들은 파트너가 자기 아닌 다른 사람에게 매력적으로 비쳤는지, 그냥 그런 편이었는지를 파악할 수 있었다. 그 후, 플레이스 교수는 실험참가자들에게 파트너에 대한 호감도를 다시 한 번 측정해 달라고 요청했다. 그 결과, 비디오 속의 동성이 파트너를 매력적으로 보았던 경우에는 참가자의 호감도도 높아졌음을 확인할 수 있었다.[17] 욕망의 모방 현상은 사물에 대해서도 작용한다. 다른 사람이 어떤 물건을 눈여겨보면 우리도 그것에 더 높은 가치를 부여하게 된다.[18]

서로를 모방하는 인간과 원숭이

동물의 세계에서는 혐오감 또한 똑같은 모방의 법칙을 따른다. 수잔 미네카Susan Mineka[19]는 연구를 통하여 혐오 모방을 보여주었다. 자연 상태의 원숭이들은 뱀이라면 치를 떨 정도로 무서워한다. 그러나 수잔 미네카가 아주 어린 새끼일 때부터 실험실에서 키운 원숭이들은 이러한 뱀 공포증이 전혀 없었다. 뱀을 무서워하는 원숭이들과 뱀을 무서워하지 않는 원숭이들을 한데 모아둔 상태에서 뱀을 풀어놓았다. 실험실에서 자란 원숭이들은 자연에서 자란 원숭이들이 뱀을 무서워하는 모습을 보자 그때부터 뱀을 피하게 되었고, 이렇게 모방된 뱀 공포증은 몇 달 동안이나 지속되었다. 인간도 마찬가지이다. 생후 12개월 된 아기들에게 어떤 여자가 이런저런 사물(노란색 호스, 파란색 공, 빨간색 테입 등)을 무서워하는 동영상을 보여주었다. 그러자 아기들도 그 사물을 가지고 놀려 하지 않게 되었다.

 모방을 통한 학습은 원숭이들에게서 자주 볼 수 있는 현상이다.[20] 프란스 드 발은 원숭이들의 사회적 학습이 순응주의의 결과라고 보았다. 그에 따르면 그러한 학습은 어떤 기술을 습득함으로써 먹이를 더 쉽게 얻을 수 있다든가 하는 구체적 이점들보다는 집단에 받아들여지고 싶다는 욕망에 더 바탕을 둔다. 원숭이들이 인간 흉내 내기를 꺼려하지 않는다고나 할까. 붉은털원숭이가 이탈리아 연구자를 흉내 내어 입을 과장되게 벌렸다 오므렸다 하는 동영상은 인터넷에서도 쉽게 찾아볼 수 있다. 그리고 인간도 원숭이를 모방한다. 1930년대에 세간을 떠들썩하게 했던 실험이 있다. 미국의 윈슬롭Winthrop과 루엘라 켈로그

Luella Kellog 부부가 구아라는 이름의 침팬지 암컷 새끼와 자신들의 아이 도널드를 함께 키우기로 결심한 것이다. 그들은 침팬지가 일반적으로 사용할 수 없는 능력이 이 새로운 환경에서 계발되기를 기대했다. 처음에는 아무 문제가 없는 듯 보였지만 어느 날 아침 도널드가 침팬지 새끼처럼 으르렁 소리를 내기 시작했다. 부부는 이 시점에서 실험을 중단하고 구아를 동물원으로 돌려보냈다. 도널드가 부모의 분절언어보다 자기 놀이친구의 울음소리를 흉내 내기 좋아했다는 점은 모방 기제에 대한 많은 것을 시사한다. 모방은 자신과 다른 세대보다는 또래 사이에서 더욱 활발하게 이루어지는 것이다.[21]

단순 모방에서 선택적 모방으로

모방은 자연계에도 흔하다. 이를테면 동물과 식물 사이의 모방도 있고 (카멜레온을 생각해보라!) 물고기, 새, 포유류에게서도 쉽게 관찰된다. 라블레Rabelais가 묘사한 파뉘르주의 양떼(파뉘르주는 양 한 마리를 바다에 빠뜨림으로써 양떼 전체를 몰살시킬 수 있었다. 그는 양들의 부화뇌동하는 성질을 이용하여 양떼의 주인에게 복수를 한 것이다.—옮긴이 주)는 그 전형적인 예다. 모방은 인간의 선천적 경향의 하나다. 인간의 경우 눈을 깜박인다든가,[22] 입을 벌린다든가[23] 하는 표정의 모방은 거의 자동적으로 이루어진다. 모방 기제는 사회적 결속과 연대를 진작시킬 수 있다. 갓난아기도 자기 앞에서 누가 혀를 날름 내밀면 그 동작을 따라 하려고 한다. 생후 10주 된 아기는 화난 표정이나 기분 좋은 표정을 흉내 낼 수 있다.[24] 하지만 아동발

달심리학자 르네 자조René Zazzo가 이런 주장을 내놓았을 때만 해도 많은 이들이 의혹을 표했다. 르네 자조는 생후 4주 된 아기가 자기가 나타나기만 해도 혀를 낼름 내미는 모습을 보고 이제 혀 내밀기 실험을 중단해야겠다고 작정할 수밖에 없었는데 말이다!

영화관에서 관객들의 반응을 그들 모르게 녹화한다면 모방 현상을 분명히 확인할 수 있을 것이다. 배우가 슬픈 표정 혹은 기쁜 표정을 지으면 관객들은 무의식적으로 그 표정을 따라 한다.[25] 또한 감정의 동시화 현상도 관찰할 수 있다. 관객들은 어떤 장면에서 자신이 느끼는 감정을 인정받으려는 것처럼 얼핏 다른 사람들의 감정을 살핀다.[26] 누군가가 헐레벌떡 뛰어가는 장면을 바라보는 것만으로도 우리의 심장박동은 빨라지고,[27] 건장한 팔뚝을 본 우리의 이두박근은 저절로 수축한다![28]

대부분의 사람은 상대의 슬픔, 기쁨, 당혹감, 반감, 눈 깜박임, 속삭임 등을 흉내 내는 데 5분의 1초밖에 걸리지 않는다. 표정을 전문으로 연구하는 이들은 이러한 무의식적 동시화 현상의 증거를 수도 없이 댈 수 있다. 나도 같은 학과의 동료 교수와 진행 중인 연구를 두고 나누었던 애기가 생각난다. 그녀는 목소리가 잘 안 나와서 그러는 것이니 나까지 조그맣게 말할 필요가 없다고 한마디 했다. 나도 모르게 그녀처럼 소곤소곤 속삭이고 있었던 것이다! 표정을 해독하는 능력에 문제가 생기면—지나친 과음이나[29] 테스토스테론 투약 때문에—[30] 공격적 상호 작용이 증가하는 것을 볼 수 있다.[31]

모방은 사회의 윤활제

모방 기제에 대한 과학적 탐구는 파르마 대학 연구자들의 '거울 뉴런 mirror neuron' 발견과 더불어 새로운 전기를 맞았다. 거울 뉴런은 개인이 어떤 행동을 관찰하든 실제로 행하든 비슷하게 활성화된다. 이 결정적 현상은 원숭이들에게서 처음 발견되었고 그 후 인간을 대상으로 연구되었다. 인간의 거울 뉴런은 원숭이의 거울 뉴런보다 그 수가 훨씬 많다.[32] 그래서 타인의 혐오스러워하는 표정을 보면 우리 뇌에서도 불쾌한 냄새를 맡았을 때에 관여하는 바로 그 영역(뇌섬엽)이 활성화된다.[33]

표정의 자동 모방은 모방된 표정이 가진 감정을 불러오기 쉽다. 19세기 말에 윌리엄 제임스William James는 그저 어떤 활동을 보고, 생각하고, 상상하기만 해도 그 활동을 실현할 가능성이 높아진다는 '관념 운동성의 원리'를 주창했다. 그래서 우리는 아이에게 숟가락으로 먹을 것을 떠먹이면서 아이가 입을 벌리면 우리도 따라서 입을 벌리곤 한다.[34] 마찬가지로 성난 표정을 바라보는 사람은 자신도 비슷한 감정을 느끼게 된다.[35] 인위적으로 표정을 막아버리면 표정의 피드백 현상을 좀 더 잘 이해할 수 있다. 예를 들어 보톡스 주사를 눈썹 부위에 놓아서 분노의 표정에 이용되는 근육을 마비시키면[36] 분노에 관여하는 뇌 영역에서 실제로 그 영향이 나타난다.[37]

우리 눈에 보이는 것을 모방하는 경향은 좀 더 복잡한 학습에서도 근본 조건에 해당한다. 모방은 대개 자동적이지만 그렇게까지 무차별적이지는 않다. 그래서 우리는 어떤 사람을 마주하면 자기도 모르게 그 사람의 말투, 동작, 표정, 자세를 따라 하곤 한다.³⁸ 우리가 상대를 좋게 생각할수록 이러한 모방은 두드러진다.³⁹ 게다가 비언어적 동시화는 애착의 표식이다. 실험실에서 각각 몇 분간 동영상을 찍어 비교한 결과, 엄마와 아이가 무의식적으로 같은 동작을 하는 빈도는 엄마 아닌 다른 여성과 아이가 그러한 동작을 하는 빈도보다 월등하게 높았다.⁴⁰ 심지어 어떤 연구는 오랫동안 함께 산 부부가 서로를 모방하는 동작을 할 뿐만 아니라 외모까지 닮는다는 것을 보여주었다.⁴¹ 특히 금슬이 좋다는 부부일수록 그들의 외모가 비슷했다. 그러니 결혼을 하기 전에 상대를 똑똑히 봐둘 필요가 있겠다!

  모방 과정은 순환적이라고 한다. 그래서 남에게 잘 보이는 방법 중 하나는 그 사람을 따라 하는 것이다. 실험에 참여한 사람들을 두 집단으로 나누어 한쪽은 타인의 비언어적 표현(다리를 꼰다든가, 얼굴을 만진다든가 하는 동작이나 표정)을 흉내 내라고 하고 다른 쪽은 흉내 내지 말라고 했다. 그 후 이 참가자들과 만났던 사람들에게 그들의 호감도를 물어보았더니, 응답자들은 자신의 신체언어를 모방했던 참가자들에게 훨씬 후한 평가를 내렸다.⁴² 같은 논리로 식당 종업원이 손님의 주문을 한 마디 한 마디 따라 하면 팁을 받을 확률이 훨씬 높아진다고 한다.⁴³ 실험참가자들에게 서로의 동작을 따라 하라고 지시했을 때에도 이들의 협동심과 상호신뢰감이 더욱 두터워지는 결과를 얻을 수 있었다.⁴⁴ 그뿐 아니다. '스피드 데이팅'에서 상대 남성의 말투나 동작을 살짝 따라 한 여성은 자신의 호감도를 높일 수 있었다.⁴⁵

  누군가가 나를 모방하면 자신이 좀 더 타인들과 연결되어 있는 기분이 든다.⁴⁶ 이러한 수법으로 정치적 의사결정에까지 영향력을 행사할 수도 있다. 레이든 대학의 마리엘 스텔Marielle Stel과 피에케 하링크 Fieke Harinck는 타인에게 모방을 당한 사람은 정치적 설문조사에서 좌파 입장에 가까운 대답을 내놓는 확률이 높아진다는 것을 보여주었다.[47] 이들은 또한 모방의 대상이 된 사람이 자기를 모방한 사람을 평가할 때에는 친사회적 성향을 보이기 쉽다고 했다.[48]

무의식적 모방은 그 대상이 되는 인물의 특성에 영향을 받는다. 모든 유사성의 지표는 아무리 피상적인 것일지라도—생일이 우연히 같다든가, 이름이 비슷하다든가, 지문이 비슷하게 생겼다든가[49]—모방을 강화한다. 그러나 모방은 모방하는 사람의 특성에도 영향을 받는다. 예를 들어 사회적 인상을 중요하게 생각하는 사람(심리학적 검사에서 '자기감시' 성향이 뚜렷하게 나타나는 사람)일수록 자신보다 우위에 있는 사람을 무의식적으로 모방하기 쉽다고 한다.[50] 콘텍스트 그 자체도 모방 행동을 조정한다. 실험참가자들을 모아놓은 자리에서 '친구'나 '함께' 같은 단어들을 구사하여 사회적 소속감을 간접적으로 활성화하는 것만으로도 처음 보는 상대에 대한 모방을 자극할 수 있었다.[51]

본보기를 통한 대리 학습

어떤 상황에서 본보기가 도덕적 행동을 하고 칭찬을 받거나 좋은 결과를 얻는다면 이를 지켜본 사람은 비록 자신이 그런 결과를 얻은 것이 아닐지라도 비슷한 상황에서 그 본보기와 비슷한 행동을 할 가능성이 높다. 이것이 '대리학습'이다. 한 연구에서 실험공모자가 땅에 떨어진

지갑을 주워서 주인을 찾아주는 상황을 연출했다. 실험공모자는 기꺼이 주인을 찾아주는 모습과 마지못해 주인에게 지갑을 돌려주는 모습을 연출했다. 이 상황을 지켜본 행인들이 얼마 지나지 않아 같은 상황에 처했을 때, 주인을 기꺼이 찾아주는 본보기를 보았던 행인들이 훨씬 더 적극적으로 주인을 찾아주려고 노력하는 모습을 보였다.

개인은 관찰을 통해 새로운 행동방식을 습득하고 이 관찰에 근거하여 인지적 추리를 펼친다. 이로써 다른 상황들에 대해서 행동을 일반화할 수 있고, 나아가 도덕 영역에 속하는 다른 행동들까지도 가닥을 잡는다. 예를 들어 무기를 써서 위협하는 본보기를 관찰한 사람은 신체적 공격성이 증대하기도 하지만 이타적 행동이 감소하기도 한다. 오하이오 대학의 브래드 부시먼Brad Bushman은 폭력적인 영화를 본 관객 집단과 그렇지 않은 영화를 본 관객 집단이 목발을 떨어뜨린 부상자를 도와주는 모습을 관찰했다. 폭력 영화를 본 사람들은 부상자를 도우러 나서기까지 훨씬 더 많은 시간을 지체했다. 영화를 보기 전에는 관찰되지 않았던 현상이었다.[52]

일반화의 또 다른 형태는 이타적 행동을 다룬 이문화간 연구에서도 나타난다. 케냐, 멕시코, 필리핀, 미국, 일본, 인도 6개국에서 연구자들은 3~11세 아동들이 자유롭게 노는 모습을 관찰하면서 동일한 기준에 따라 이타적 행동을 평가했다. 케냐, 멕시코, 필리핀 아이들이 가장 이타적이고 미국 아이들이 가장 이타성이 떨어지는 것으로 나타났다. 일본과 인도 아이들은 중간 수준이었다. 연구자들은 이 6개 집단의 차이점을 관찰하고 가족이 함께 어떤 일을 하거나 가족을 돕는 문화에서 자라는 아이들은 그러한 학습이 다른 상황들에 대해서도 일반

화되기 때문에 이타성이 발달한다는 결론을 내렸다.[53]

관찰을 통한 모방의 단계

관찰을 통한 학습은 네 단계로 나뉠 수 있다. 첫째, 본보기에 충분한 주의를 기울여야 한다. 인간도 비인간 영장류와 마찬가지로 높은 위치에 있는 모델을 더 많이 모방하고 매력이나 카리스마처럼 뚜렷하게 드러나는 특성에 좀 더 민감하다. 둘째, 정보 입력 단계는 관찰한 행동을 인지적으로 표상하는 단계다. 어떤 일화를 의미의 연쇄망을 통하여 항구적으로 기억에 저장하면 나중에 상황에 따라 이 정보를 빨리 끄집어 낼 수 있다. 셋째, 관찰한 행동의 재현 단계는 개인의 자질과 스스로 평가하는 능력에 맞추어 조건화된다.(내가 타이어를 교체할 수 있을까? 내가 소화기를 사용할 수 있을까?) 마지막 단계에서는 동기 부여 과정이 개입한다.

어떠한 행동을 한다는 것은 그로써 기대되는 직접적 결과, 본보기가 그 행동을 통해 얻어낸 결과, 그리고 관찰자 자신의 판단에 따라 좌우될 것이다. 관찰자는 그 행동의 적절성과 자신이 개인적으로 이미 습득한 행동규범에 비추어 심리적인 자기제재를 가한다. 죄의식과 같은 부정적 예감도 행동을 실행에 옮기기 전에 평가하는 단계에서 개입한다.[54] 가끔은 부도덕한 행동을 생각했다는 것만으로도 죄의식을 느낄 수 있다.[55]

모방의 동기를 부여하는 또 다른 요인은 모델의 정체성이다. 모델이 관찰자와 같은 집단에 속해 있다면 모방은 더욱 활성화된다. 한 학생

(실험 공모자)이 보란 듯이 속임수를 써서 어떤 과제를 지나치게 빨리 끝내고는 그가 한 일에 과분할 정도로 많은 보상을 챙겨서 방에서 나갔다. 그런데 관찰자들은 이 바람잡이가 자신과 같은 학교 학생이라고 생각했을 때에는 이러한 속임수를 기꺼이 모방한 반면, 바람잡이가 타교생이라고 생각했을 때에는 그러한 모방 경향이 두드러지지 않았다.[56]

'자기강화'는 습득의 자율성을 보여주는 중요한 조절 메커니즘이다. 이 메커니즘은 개인이 높이 평가하는 행위를 수행하고 스스로에게 부여하는 심리적 보상을 가리킨다. 어느 한 연구에서 아이들은 나인핀스(초창기 볼링 게임)를 하는 어른을 지켜보았다. 어떤 아이들은 어른이 10점에서 30점으로 넘어가면서 상으로 사탕을 받는 모습을 보았다. 또 다른 아이들은 이 어른이 20점에서 30점으로 넘어갈 때 상으로 사탕을 받는 모습을 보았다. 그 후, 이 아이들에게 나인핀스를 직접 할 기회를 주었더니, 아이들은 자신이 관찰한 어른의 보상 체계를 자기에게도 적용했다.[57] 하지만 모델을 접하지 않은 아이들은 임의로 보상을 취했다. 특히 모델이 과제 초반에 수립한 기준에 따라 스스로에게 보상을 적용하는 경우에는 그 영향력이 더욱 컸다. 그 밖의 연구들도 이러한 결과를 재확인해주었고 심지어 이러한 자기보상 체계가 몇 주 동안이나 지속되다가 다른 게임들에게까지 일반화되기도 한다는 것을 밝혔다.[58] 따라서 자기강화 메커니즘은 어떤 보상 체계를 내면화한다고 볼 수 있겠다.

모방은 행동규범의 강력한 습득 기제다. 이러한 습득은 아이들의 기질에 따라 다양하게 이루어진다. 어떤 아이는 자기 주위 사람들을 주도면밀하게 모방하기 좋아하는 반면, 그러한 본보기에 다소 무딘 아이도 있다. 미네소타 대학의 연구자 데이비드 포먼David Forman은 엄마들에게 장난감을 정리하거나 물을 한 잔 가져다주는 간단한 일을 기꺼이 해 보이고 나서 아이도 똑같이 그 일을 따라 하게끔 유도하라고 했다. 아이들의 태도를 관찰하니 엄마를 유독 잘 따라하는 아이들이 있었다. 2년 후에 다시 그 아이들을 대상으로 실험한 결과, 엄마를 잘 따라 했던 아이들은 그렇지 않았던 아이들에 비해서 탁자 위의 장난감을 만지지 말라든가 어떤 상자를 열지 말라든가 하는 지시를 잘 지켰다. 또 이 아이들은 손을 대자마자 장난감이 망가진다든가 하는 (의도된) 상황에 처했을 때 자책하고 미안해하는 모습을 더 많이 보여주었다.[59]

폭력을 확산하는 파괴적 모방

사회 환경이 폭력의 무대가 되어버리면 폭력적 행동은 전염병처럼 퍼져나간다. 범죄학 자료 중에서 또래집단이 범죄 확산에 미치는 효과만큼 신뢰도가 높은 자료는 없다. 각기 독립적인 131건의 연구를 종합하여 인구학적, 가족적, 개인적 변수들을 살펴본 결과, (전체 70만 명을 대상으로 하는) 성인 범죄의 가장 믿을 만한 통계지표는 범죄행위에 가담하거나, 범죄를 계획한 바 있거나, 반사회적 태도를 보이거나, 소년범죄 전적이 있는 친구들이 있는가에 달렸다. 폭력에 대한 환경의 역할을 다룬 한 연구는 남아프리카 공화국의 다양한 도시에 거주하는 80명의 아이들을 30초씩 1500회 이상 관찰했다. 관찰된 행동과 아이들이 거주하는 도시 관련 정보를 맞춰본 결과, 폭력 범죄가 빈번한 도시에 사는 아이일수록 타인과의 상호 작용이 공격적이었다.[60] 110개 국가의 1900년에서 1970년까지의 통시적 자료를 분석한 또 다른 연구팀은 전쟁을 겪은 나라는 폭력에 문화적으로 동화되어 범죄율이 높아진다는 결론을 내놓기도 했다.[61]

부정적 행동의 모방만 고려할 수는 없을 것이다. 행동 모방 원칙은 건설적 행동에도 확실히 적용된다. 한 사람의 협력 행동이 전혀 교류가 없었던 다른 사람들에게로 확산되는 양상은 실험을 통해 쉽게 볼 수 있다. 그러나 이타성도 가끔은 폭력 못지않게 맹목적이다.[62] 하버드 대학의 니콜라스 크리스테이키스Nicholas Christakis와 샌디에고 대학의 제임스 파울러James Fowler는 우리가 속한 사회적 네트워크가 직접적으로나 간접적으로나 영향을 미친다고 보았다. 예를 들어 내 친구의 친구는 나와 전혀 모르는 사이일지라도 선거에서부터 식이장애에 이르기까지 여러 가지 영역에서 나에게 영향을 미칠 수 있다.[63]

미디어가 확산시키는 모방의 역기능

실존하는 모델만이 영향력을 가지는 것은 아니다. 마땅한 순리, 이를테면 남성의 본분과 여성의 본분 따위를 가르쳐주는 이야기 속의 등장인물도 하나의 모델이 될 수 있다. 연구자들은 초등학생 권장도서 120권을 철저하게 분석하고 아동문학 장르에 뚜렷이 나타나는 전형이 있음을 밝혀냈다. 아동물의 여성 등장인물은 모성의 역할을 구현하는 경우가 많고(40퍼센트) 직업을 가지고 있는 경우는 적었다. 그녀들은 직업이 있더라도 사회적으로 크게 인정받는 직업이 아니거나 몇 가지 전형적인 직업 범주에서 벗어나지 못했다.[64] 반면에 남성 등장인물은 주로 집 밖, 특히 공공장소에 있는 모습으로 나타난다. 남성은 활동적이고 용기가 필요한 역할을 맡고, 여성보다 훨씬 다양하고 높이 평가받는 직업에 종사했다. 비슷한 전형들은 장난감 광고에서도 볼 수 있다. 사내아이들에게는 활동, 경쟁, 파괴, 권력을 환기시키는 메시지가 주어지지만, 여자아이들의 장난감 광고는 전혀 그렇지 않다.[65]

이런 모델들은 만화 속의 등장인물일 수도 있고 아예 인간이 아닌 캐릭터일 수도 있다. 특히, 모델이 인간과 비슷하고 사실적일수록 모방 가능성은 늘어난다.[66] TV의 영향력에 대한 연구에서 5~11세 아동 30여 명에게 20분간 폭력적인 영화를 보여주었다. 그 후 과외활동 시간에 아이들의 모습을 비디오로 몰래 찍어서 신체적, 언어적 폭력성을 관찰했다. 연구자들은 아이들의 거칠고 공격적인 언행이 폭력적인 영화를 보지 않은 아이들에 비해 7배나 많이 나타났다고 발표했다.[67] 이 외에도 14~21세 사이에 폭력적인 영화를 자주 본 사람은 아이큐, 사회 계층, 부모의 교육태도, 연구 초기에 평가된 공격 성향과 상관없이 성인이 되어서 공격적 행동을 많이 하게 된다는 결과가 여러 연구를 통해 확인되었다.[68] 수백 건의 연구를 종합하여 10만 명 이상의 대상을 살펴본 결과도 마찬가지다.[69] 특히 비디오게임은 영상물보다 그 영향력이 더 강한 것으로 나타났다.[70]

영상물의 작용을 폭력성에만 한정할 수는 없다. 이타적 행동을 다룬 영화나 협동을 강조하는 방송에 자주 노출된 사람도 상당한 영향을 받기는 마찬가지이다. 5000명 이상의 아동을 대상으로 하는 34건의 연구를 종합한 결과도 이타적 방송과 이타 행위의 상관관계를 보여주었다.[71] 모든 종류의 학습이 그렇듯 본보기의 존재는 그 실존 여부와 관계없이 행동방식의 습득에 영향을 미친다.

조건화와 학습의 관계

조건화는 수많은 도덕적 기호를 결정한다. 실험을 수단으로 인간의 도덕적 기호를 개발하는 것이 윤리적으로 마땅한가는 의문의 여지가 있으나 어쨌든 개인의 취향에 속하는 기호가 대단히 일찍 조건화된다는 사실은 입증할 수 있다. 소위 '평가적 조건화'에 대한 연구들은 누구라도 베이지색 볼펜보다 파란색 볼펜을 더 좋아하게 만들 수 있다는 것을 보여준다. 어떤 볼펜을 손에 쥐었을 때 기분 좋은 배경음악이 흘러나왔다면 그 볼펜은 유쾌한 기분과 연결된다.[72] 별 의미 없는 편지를 읽더라도 그 순간 얼음장 같은 찬물에 손을 담그고 있다면 그 편지는 불쾌한 기분과 연결된다.[73] 같은 맥락에서 어떤 사람의 이름에 불쾌한 연상 작용을 개입시킴으로써 전혀 모르는 이들이 그 사람을 함부로 대하게 유도할 수도 있다. 반면에 자기 어머니와 똑같은 이름을 가진 사람은 함부로 대하기가 어렵다.[74]

그런데 이러한 평가적 조건화는 뿌리 깊게 각인되지 않은 대상에 한해서만 가능하다. 뱀을 무서워하지 않는 원숭이들에게 뱀 공포증을 전염시키기는 쉽지만 원숭이들에게 꽃에 대한 두려움을 주입시킬 수는 없다. 집단 간의 관계도 마찬가지다. 백인이 흑인을 무서워하게 하거나 흑인이 백인을 무서워하게 하기는 비교적 쉽다. 하지만 흑인 혹은 백인이 자기와 같은 집단에 속하는 구성원을 무서워하게 만들기는 훨씬 어렵다.[75]

아이는 '백지상태'가 아니다

"나에게 건강하고 정상적인 아이 10여 명과 내가 구상한 특수한 양육 환경을 제공해보라. 그 아이들 중 아무나 골라잡아도 특별한 유형의 전문가로 키워낼 수 있다고 장담한다. 그 아이의 재능, 성향, 자질, 능력, 소명, 혈통이 어떠한가와 상관없이 의사, 변호사, 예술가, 거상, 심지어 걸인이나 도둑으로도 길러낼 수 있다." 1920년대에 존 왓슨John Watson은 조건화를 통해서 어린아이가 인형을 무서워하게 하는 데 성공했다고 주장했다. 하지만 그의 주장은 방법론적으로 의심스러운 것으로 밝혀졌다. 존 가르시아의 연구로 특정 반응을 어떤 자극으로든 끌어낼 수 있다는 소위 '동등잠재력' 가설은 파기되었고, 행동주의의 아버지가 남긴 저 유명한 말을 오늘날까지 진지하게 믿는 사람은 아무도 없다.

사실 행동주의가 승승장구하던 시대에도 '인간의 뇌는 태어날 때 다 똑같지만 무엇을 보고 듣느냐에 따라서, 가정에서 어떤 습관을 통제당하거나 격려함으로써 차이가 난다'고 믿는 사람은 없었다. 존 로크John Locke가 『인간오성론』에서 주장했던 극단적 입장, '백지상태'는 대부분의 행동주의자들도 동의하지 않았다. 그들은 아이가 태어날 때 이미 어떤 반응들을 지니며 조건화가 가능한 부분도 있지만 그렇지 않은 부분도 있다는 것을 알고 있었다. 인간은 둘째 치고, 실험실의 동물들만 봐도 알 수 있다. 도덕규범을 학습하는 능력은 개인의 인성과 심리에 뿌리 내린 근본적 특성들에 의해 조정된다.[76] 아이는 뭐든지 빨아들이는 압지도, 무슨 모양으로든 빚을 수 있는 반죽도 아니다. 아이의 도덕적 기질은 매우 일찍 발현되기도 하며, 부모의 사회화적 행동방식이나 그 효력에 대해서도 주체적인 힘을 지닌다.

그렇기 때문에 사회화는 쌍방향의 역동적인 방식으로 구상되어야 한다. 어른의 주도는 물론 중요하다. 'X 아기 패러다임'이라는 방법론을 사용한 연구는 이 점을 입증해준다. 어른들에게 (자기 자식이 아닌) 아기와 놀아주게 했다. 이때 그들이 아기의 성별을 의도적으로 잘못 알게 했다. 실험자는 여성성 혹은 남성성의 의미를 내포하는 장난감들을 비치해두고 어른들에게 장난감을 이용해서 아기들과 놀라고 권유했다. 이런 유형의 연구들은 어른들이 자기가 생각하는 아기의 성별에 따라서 장난감을 선택한다는 것을 보여주었다.[77]

하지만 이런 연구들이 항상 일치하는 결과들을 얻지는 못했다. 아이들이 사회화적 영향을 무기력하게 무조건 수용하기만 하는 것은 아니기 때문이다. 아이들이 살아온 이력, 경험, 성격도 상호 작용에 상당한 영향을 미친다. 일례로 남자아이가 공격적인 행동을 했을 때 엄마가 부정적인 반응을 보이자 그 아이의 공격성은 도리어 심해졌다.[78]

또한 어른과 아이의 교류를 통해서 어른도 자기 행동을 수정한다. 연구자들은 어린 여자아이들을 두 집단으로 나누어 한 집단에게는 어른과 예의 바르고 사교적인 태도로 대화하는 법을 가르치고 다른 집단에게는 어른과 대화를 회피하거나 눈을 마주치지 말라고 가르쳤다. 그다음 단계에서 어른들은 이 아이들과 대화를 나누었다.(물론 이들은 아이가 사전에 어떤 교육을 받았는지 전혀 모르는 상태였다.) 사교성을 미리 교육받은 아이와 대화를 나눈 어른들은 아이의 말을 좀 더 잘 들어주고, 아이를 호의적으로 대하며, 필요할 때마다 적극적으로 도와주었다.[79] 귀납적 추론 방식이 어른에게는 효과적이지만 충동적 성향이 많은 아이들에게는 잘 통하지 않는다는 연구 결과들도 있다.

지금까지의 연구에 따르면, 생물학적 반응성 지표(이를테면 변연계 뇌 구조 편도체의 자극반응성)들은 보상과 처벌의 수용과 관계가 있다고 한다.[80] 실제로 아주 어릴 때 겁이 많고 민감했던 아이일수록 만 5세에 도덕적 의식을 더 강하게 표현한다.[81]

체벌의 정당화는 가능한가

이제 우리는 가족 내에서 일상적으로 이루어지는 대화가 결코 무시할 수 없는 사회적 근간에 해당한다는 것을 알고 있다. 직장에서 강한 통제력을 행사하는 가장은 자기 자식들에게도 체벌을 자주 가하는 경향이 있다.[82]

부모의 영향력을 떨어뜨리는 거시사회학적 변수들로는 장기실업, 사회적 배척이 있다. 한 연구에 따르면 부모의 경제적 환경과 범죄의 관계는 부모의 자질에 따라 중재된다고 한다. 체벌은 유해하지만 체벌이 부모의 무시나 정서적 거리감과 동일시되지 않는 문화권에서는 그렇게까지 나쁜 영향을 불러오지는 않는다.[83] 체벌이 나쁘긴 하지만 유럽과 그 외 지역 부모들의 일상적인 '버릇 잡기'도 심리적으로 유해한 효과를 미치기는 마찬가지다. 물론 체벌의 효과가 그 것을 어떻게 해석하느냐에 달렸다고 해서 체벌이 정당화될 수는 없다. 부모의 과격한 처벌의 유해성을 알리려는 노력은 정당하다. 폭력이 역사적으로 감소한 데에는 가정에서의 실태 변화도 한몫했을 것이다.[84] 그러나 이러한 주장을 검증할 만한 증거는 아직 충분하지 않다. 도덕적 모방 이론은 모델의 재현 현상을 다각도로 연구하였으나 아동과 성인의 도덕적 추론능력에 대해 충분히 탐구하지 않음으로써 딜레마에 빠지고 말았다.

7
도덕과 이성은 관습과 전통을 뛰어넘을 수 있는가

귀스타브 브리옹Gustave Brion,
〈장 발장〉

『레 미제라블』에서 도둑질이 정당화될 수 있는가라는 문제는 의미심장한 국면을 맞는다. 하버드 대학의 로렌스 콜버그 Lawrence Kohlberg는 이 이야기에서 영감을 얻어 여러 가지 도덕적 딜레마들을 생각해보았다. 누가 이 남자에게 돌을 던질 수 있는가?

> 내 양심은 천 개의 혀가 있고,
> 그 혀들이 제각기 나름대로 할 말이 있네.
> — 셰익스피어, 『리처드 3세』

당신이 이 책을 훔쳐서 보고 있지 않은 이유는 뭘까? 만약 당신이 정말로 이 책을 훔쳐 와서 읽고 있다면 이 예상치 못한 질문에 가슴이 철렁할 것이다.(극작가이자 소설가 장 주네의 말을 빌리자면 책 도둑만큼 세련되고 빼어난 독자도 없겠지만) 하지만 당신이 이 책을 사서 읽고 있는 중이라면 왜 훔치지 않고 돈을 냈는지 그 이유를 생각해보라.

서점 입구에서 걸릴 수도 있는데 고작 이런 책 한 권에 그런 위험을 무릅쓸 수 없다고 생각했는가? 어쩌면 당신은 1940년대에 장 주네 Jean Genet가 책을 훔친 죄목으로 8개월 징역을 살았다는 사실을 알고 있는지도 모른다. 하지만 이러한 전과는 주네가 사르트르의 격찬을 받는 데 걸림돌이 되지는 않았다. 심지어 사르트르는 『성^聖 주네』라는 책

7장 도덕과 이성은 관습과 전통을 뛰어넘을 수 있는가 **161**

까지 그에게 헌정했다. 당신이 좀 더 공고한 도덕적 추론을 거쳤다면 책을 훔치지 않은 이유는 법적, 사회적 처벌에 대한 두려움 말고 뭔가 다른 원칙들에 근거해 있을 것이다. 성년에 이른 인간은 대체로 이런 추론을 거치고 행동에 옮긴다.

장 발장의 딜레마

『레 미제라블』에서 '도둑질이 정당화될 수 있는가'라는 문제는 의미심장한 국면을 맞는다. 고아인 장 발장은 살기 위해 훔친 빵 한 조각 때문에 5년형을 선고받는다. 하버드 대학의 로렌스 콜버그는 이 이야기에서 영감을 얻어 여러 가지 도덕적 딜레마들을 생각해보았다. 그중에서도 가장 유명한 딜레마가 이것이다.

"어떤 여성이 특수한 종류의 암에 걸려 곧 죽게 생겼다. 의사들은 그녀의 병을 고칠 약이 있다고 했다. 그 약은 그녀와 같은 도시에 사는 한 약사가 최근에 개발한 것으로서, 제조비용도 만만치 않았지만 약사가 판매가격을 제조비용의 10배로 책정하는 바람에 가격이 무려 2000달러에 달했다. 남편 하인즈는 여기저기 아는 친구들을 찾아가 돈을 빌렸다. 그러나 빌린 돈을 다 합쳐도 1000달러밖에 되지 않았다. 하인즈는 약사에게 지금은 1000달러밖에 낼 수 없는데 아내가 죽어가고 있다고 사정했다. 그는 당장 그 약을 구해 가야만 했다. 그는 나중에 1000달러를 갚겠다고 약속했지만 약사는 매몰차게 거절했다. '이 약을 개발하느라 엄청난 투자를 했습니다. 이젠 나도 돈을 벌고 싶습니다.' 하인즈는 절망했다. 그는 결국 가게 진열창을 부수고 약을 훔쳤다."

이 이야기에는 다음과 같은 질문들이 따라온다. "하인즈는 꼭 그래야만 했을까?" "암에 걸려 죽어가는 사람이 아내가 아니라 친구였다면 하인즈는 어떻게 했을까?" "하인즈가 그 약을 모르는 사람에게 주려고 했다면?" 그 외에도 도덕적 추론을 파악할 수 있게 해주는 세세한 질문들이 안내된다. 콜버그와 그의 동료들은 이 같은 딜레마와 그 문화적 각색(암과 치료약을 기근과 쌀로 대체한다든가)을 자주 활용했다. 콜버그는 도덕적 딜레마에 처한 사람이 선택하게 되는 판단은 그 사람의 도덕적 추론을 통해 도출된 결과라고 생각했다.

이처럼 사회의 법과 개인의 신의가 충돌하는 경우에는 갈등이 생긴다. 이때 개인은 '인지불균형'을 경험하면서 자신의 판단 원칙들을 재구성하게 된다. 나이가 들면서 추상능력이 발전하기 때문에 도덕적 판단도 더욱 성숙해진다. 따라서 인간은 시간의 흐름에 따라 자기중심성을 차츰 벗어남으로써 도덕적 갈등 상황에서 공정한 관점을 취할 수 있다. 다음 단계로 나아가려면 심리적 자기중심성을 탈피하기 위한 지적능력도 필요하다. 개인의 도덕적 발전이 인지능력, 언어능력의 증강으로 환원될 수는 없지만, 개인이 선호하는 도덕적 추론과 지능지수 및 언어능력, 논리력 사이에는 실제로 상당한 관계가 있다.[1] 타인의 시각과 욕망을 이해할 수 있느냐는 도덕적 발전의 결정적인 전제조건이다. 여기에 타인에게 관심을 기울이고 타인의 의도를 추정하는 능력도 보조를 같이한다.

콜버그는 개인이 도덕적 문제를 성찰하기 위해 이에 필요한 추론 구조를 적극적으로 계발한다고 보았다. 개인은 타인과의 갈등, 집단 내에서의 경험을 통해 다양한 관점들을 파악하고 그것을 주어진 도덕적 문제를 해결하는 분석 체계로 발전시킨다. 다양한 집단에 속해 있거나, 리더 역할을 맡거나, 친구들과 대화를 많이 하는 아이일수록 콜버그가 고안한 객관적 측정 지표에서 뛰어난 도덕적 추론능력을 지닌 것으로 나타났다.[2] 아이는 순전히 개인적인 관점에서 벗어나 상호성과 같은 일반 원칙들에 근거하여 공정한 시각을 취하게 된다. 도덕적 추론이 가장 발전된 단계까지 이르면 '상상의 의자 차지하기'와 비슷해진다. 어떤 상황에서 해결책은 자기가 어떤 입장에 있는가를 무시하고 완전히 공평무사하게 그 상황의 모든 관계자들의 입장을 하나하나 상상할 때에야 비로소 떠오른다. 다시 말해 맨 마지막에 어떤 '의자'에 앉게 될 것인지는 모르는 것이다.[3]

콜버그의 도덕적 추론 모형

도덕적 추론은 대략 3개 층위(총 6단계)로 나뉜다.[4] 첫 번째 층위인 전前관습적 층위에는 1단계와 2단계가 포함된다. 1단계(5~6세)에서는 행동의 구체적 결과(처벌, 보상, 호감의 교환)만으로도 어떤 행동의 도덕적 성질을 결정할 수 있다. 아이는 일단 명령을 내리는 사람, 좋은 것과 나쁜 것을 정하는 사람에게 벌을 받지 않기 위해 규칙을 지키는 것이 우선이다. 따라서 이 시기의 아이에게는 처벌과 보상이 지배적인 비중을 차지한다. 하인즈의 딜레마를 다시 끌어들이자면, 1단계에서의 전형적인 반응은 도둑질을 하면 어떤 위험에 처하게 되는가 혹은 아내의 죽음으로 어떤 고통을 겪게 되는가를 환기하는 것이다. 2단계(6~8세)의 추론 방식은 이러한 시각을 확장한다. 이 단계에서 타인은 이기적이고 실용적인 유형의 사회적 교류 수단이다. 상호성은 주로 개인의 이익을 위한 도구적 차원에서 고려된다. "내가 이거 주면 넌 뭘 줄래?" 또는 "눈에는 눈, 이에는 이"라는 식이다. 행위는 벌을 받았다면 나쁜 것, 좋은 결과를 불러왔다면 좋은 것으로 이해된다. 예를 들어 하인즈의 아내가 남편에게 고마워하고 그를 더욱 사랑하게 되었다면 그의 도둑질은 정당화될 수 있다.

청소년기의 판단은 1, 2단계의 '전관습적' 도덕을 벗어나 3, 4단계의 '관습적' 도덕으로 나아간다. 이때 중요한 것은 관계, 동맹, 법에 대한 존중이다. 개인은 자신의 즉각적 이익을 포기하고 가족, 집단, 국가의 이익에 충실하게 내면화된 순응성을 드러낸다. 3단계(8~12세)에서는 타인의 기대에 대한 감수성이 두드러진다. 이 단계에서는 자기에게 중요한 사람, 자기를 위해주는 사람을 기쁘게 하거나 그들에 대한 애정을 보여줄 수 있는 행동이 곧 선한 행동이다. 예를 들어 하인즈가 약을 훔친다면 그의 가족들은 망신을 당할 것이고, 약을 훔치지 않는다면 좋은 남편에게 기대되는 행동을 하지 않은 셈이 될 것이다. 이처럼 가까운 사람, 특히 가족이나 친족의 일원이 도덕적 행동의 선호에 중요하게 작용한다.[5] 4단계(12세 이후)에서는 사회적 규칙과 권위에 대한 존중이 두드러진다. 사회 체제의 질서와 원활한 기능을 유지하기 위해 법을 따르고 의무를 준수하는 것이 중요해진다. 이러한 시각에서 하인즈는 남편의 의무를 다하기 위해 약을 훔쳤다고 볼 수도 있고(남편은 아

층위	수준	하인즈의 행동에 찬성	하인즈의 행동에 반대
전관습적 도덕 (5~8세)	1, 2단계: 처벌을 피하고 보상을 받는 데 중점을 두는 도덕	"그는 아내를 사랑하니까 약을 훔쳐야만 했어. 체포를 당하더라도 감옥에 그리 오래 있진 않을 테니까 나중에 나와서 아내를 만나면 돼."	"도둑질을 했으니까 감옥에 갈 거야. 감옥에 가면 아내를 위해 아무것도 할 수 없잖아."
관습적 도덕 (8~12세)	3, 4단계: 법과 질서를 준수함으로써 가까운 사람들과 좋은 관계를 유지하는 데 초점을 맞추는 도덕	"약을 훔치지 않으면 모두들 그를 나쁘게 생각할걸. 남편으로서 아내를 돌보는 것보다 중요한 게 어디 있겠어."	"약을 훔치면 모두들 도둑놈이라고 할걸. 훔치고 싶다고 해서 그때마다 도둑질을 할 순 없잖아. 그건 나쁜 일이야."
탈관습적 도덕 (13세 이후)	5, 6단계: 추상적 원칙들을 중심으로 성찰한 결과로서의 도덕	"경찰과의 문제가 있긴 하지만 적어도 정의로운 일을 했다고는 할 수 있지. 가끔이지만 부당한 법을 어겨야 할 때도 있어."	"도둑질을 하고도 자신의 존엄성을 잃지 않을 수 있을까? 이런 경우는 용인할 수 있다고 보는 사람들도 있겠지만 그는 평생 양심의 가책을 느끼며 살아야 할 거야."

내를 돌볼 책임이 있으므로), 반대로 법을 어겼으니(국민은 자기 나라의 법을 준수해야만 하므로) 나쁜 짓을 했다고 볼 수도 있다.

마지막으로 콜버그가 도덕적 자율과 근본적인 원칙들이 작용하는 수준으로 보았던 '탈관습적 도덕'(5, 6단계)이 있다. 5단계는 '사회계약'의 단계다. 개인의 권리를 보장받기 위해서는 사회의 다수가 인정하고 사회적으로 정교하게 수립한 규칙들을 스스로 공정하게 지켜야만 한다. 여기서 다양한 가치관에 대한 의식이 싹트고, 그렇기 때문에 합의에 도달하기까지 공통적으로 용인될 수 있는 절차가 필요하다. 그렇지만 삶이나 자유 같은 근본적 가치들이 다수의 의견에 흔들려서는 안 된다. 이 단계에서의 추론은 법이 인권을 보호한다는 것, 인권을 침해하는 법이 지켜져서는 안 된다는 것을 강조한다. 콜버그 모형은 이론상 6단계까지 있지만 이 마지막 단계는 검증되었다고 보기 어려우므로 여기서 다루지 않겠다.[6]

콜버그는 당시에 선풍적 인기를 끌었던 정신분석학과 행동주의적 접근과는 달리 도덕적 사유를 사회 환경의 영향을 내면화하는 과정으로만 볼 수는 없다고 했다. 그는 피아제를 계승하여 개인이 타인과의 상호 작용, 특히 친구들과의 관계를 통하여 적극적으로 자신의 도덕 체계를 형성해나간다고 보았다. 물론 가족도 중요한 역할을 한다. 도덕적 갈등 상황에서 ('힘의 행사'나 '애정의 철회' 수법을 쓰지 않고) '귀납적 추론'을 구사하는 부모 밑에서 자란 아이들은 실제로 좀 더 고차원적인 도덕적 추론을 할 수 있는 것으로 나타났다.[7] 부모의 도덕적 단계와 자녀가 선호하는 도덕적 단계가 분명히 관련이 있다는 점에서도 가족은 사회화 기능을 담당하고 있다고 하겠다.[8]

콜버그의 도덕적 추론 모형의 오류

모든 인간발달 이론은 반드시 그 보편성 여부에 대한 시험을 거쳐야 한다. 콜버그 모형은 이 점에서 까다로운 국면을 맞는다. 정의에 입각한 도덕적 추론의 인지 형식들이 보편적이라는 가설은, 인문학에 팽배한 '사회인류학적 상대주의'와 잘 어우러지지 않기 때문이다.

콜버그의 초기 연구는 '시카고 근교에 거주하는 10~16세 남아 84명'이라는 매우 한정된 표본을 대상으로 시작되었지만, 그 후 30년 동안 문자도 없는 원시부족에서부터 서구의 대도시에 이르기까지 세계 각지에서 여러 차례의 연구가 실시되었다. 그렇게 27개 문화권을 망라하는 45건의 연구 결과들을 종합하여 콜버그 모형이 범문화적으로 타당한지 살펴본 결과, 이 모형은 다른 문화권에서도 유효한 것으로 밝혀졌다.[9] 예를 들어 1단계는 모든 연구들의 86퍼센트에서, 2~4단계는 89퍼센트에서 유효함을 확인할 수 있었다. 게다가 연령에 따른 도덕적 추론의 변화를 분석한 연구 덕분에 또 다른 중요한 사실도 확인되었다. 85퍼센트의 연구에서 1단계에서 4단계로의 진전이 콜버그가 예측한 순서대로 나타났다. 그런데 5단계는 (서양과 동양을 막론해) 도시 사회의 91퍼센트에서 확인된 반면, 부족 사회에서는 결코 관찰되지 않았다.[10] 또한 중국이나 파푸아뉴기니에 사는 사람들은 평균적으로 콜버그 모형에서 낮은 수준을 나타냈다. 그래서 심리학자와 인류학자 들은 콜버그 모형이 도덕적 사유에 대한 서구적 관념에 물들어 있다고 보았다.

콜버그는 정의에 기반한 추론이 도덕적 사유의 중심에 있다고 보았기 때문에 여타의 추론 방식들은 잘 이해하지 못하고 주변적인 '잡음' 정도로 성급히 치부해버렸다. 예를 들어 정통 힌두교 신자는 앞에서 다룬 하인즈의 예에 대해서 이렇게 말했다. "카르마의 세계에서 도덕적, 물리적, 생물학적 사건들은 다 한데 이어져 있습니다. ⋯ 그러한 세계에서 '도둑질'이라는 악행은 영적 타락과 고통으로 이어집니다." 자, 이런 대답을 어떻게 정의 개념에서 출발하여 제대로 분석한단 말인가?[11] 효심, 체면, 그 밖에도 합리성의 좀 더 집단적인 형태를 고려하기 시작하면 콜버그 모형은 비슷한 문제들에 부딪힌다. 정의 원칙에 근거한 도덕은 도덕의식의 다양하고도 중요한 측면들을 보지 못하게 만든다.[12]

일상 속의 도덕적 판단

도덕적 추론의 또 다른 관건은 도덕적 추론과 일상의 구체적 상황에 대한 이해의 관계에 달려 있다. 도덕적 추론이 콘텍스트에 따라 더 복잡해지기도 하고 단순해지기도 한다는 것을 보여주는 연구들은 많다. 술을 마셨을 때에는 도덕적 추론이 단순해진다.[13] 집단의 리더가 단순한 추론 방식을 채택한다면 그 집단의 구성원들도 그럴 확률이 높다.[14] 콜버그 모형의 단계들과 개인의 행동방식을 연결지어 살펴본 결과, 개인의 도덕적 성찰은 특정한 경우에만 행동으로 나타난다는 것을 알 수 있었다.

매사추세츠 대학의 아우구스토 블래시Augusto Blasi는 이 까다로운 문제를 다룬 75건의 연구들을 살펴보고 그 결론을 분석했다. 일단, 도덕적 추론 수준과 범죄의 상관관계를 살펴보니 다른 단계들보다 2단계에서 특히 범죄율이 높았다.[15] 다음으로, 낮은 단계(전관습적 단계)에 속하는 사람들과 높은 단계(탈관습적 단계)에 속하는 사람들을 비교해보니 도덕적 단계가 낮을수록 이타적 행동도 덜 하는 것으로 나타났다. 게

다가 콜버그 모형에서 높은 단계에 있는 사람들은 유독 정직했다. 이들은 실험실에서 주어진 과제를 수행하는 동안 아무도 모르게 부정행위를 할 수 있는 기회가 주어져도 꿋꿋이 그 기회를 못 본 척했다. 하지만 이들이 사회적 압력과 순응에도 그렇게 꿋꿋했느냐 하면 그건 아니다. 예를 들어 스탠리 밀그램(그는 한때 하버드 대학에서 콜버그와 동료 관계였다.)의 실험 상황에서 권위에 대한 복종은 모든 사람에게서(즉, 도덕적 추론 단계와 무관하게) 나타났다. 따라서 도덕적 추론은 행동과 연결되어 있으나 이 연결이 우리의 생각만큼 직접적이지는 않다고 하겠다.[16]

관습적 규칙과 도덕적 규칙의 구분

콜버그 모형에서 아동이 타인과 사회의 관심사를 진정으로 내면화하는 단계는 어느 정도 철이 든 후(8세 전후)에야 시작된다. 개인이 사회적 관습과 타인의 인격 혹은 인권에 대한 존중을 구분하는 단계는 그보다 더 늦게 나타난다. 그런데 버클리 대학의 엘리엇 투리엘Elliot Turiel은 아동의 도덕적 사유에 조금 다른 방식으로 접근했다. 그의 연구는 아주 어린아이들도 사회적 규칙을 상당히 발전된 방식으로 이해할 수 있음을 보여주었다. 아이도 임의적인 사회적 관습에 속하는 규칙과 정의, 인권에 관련된 근본 규칙을 구분할 수 있었다. 어린이집에 다니는 아이들에게 전형적인 나쁜 행동(다른 아이를 때리거나 밀치기, 다른 아이에게 물을 뿌리기, 여럿이 쓰는 장난감을 독차지하기, 남의 간식을 빼앗아 먹기)과 어린이집 생활수칙에 대한 위반(장난감이나 자기 물건을 제자리에 놓지 않기, 어린이집 활동에 참여하지 않기 등)에 관련된 질문을 던져보았다. 두 살 반 정도의 아이들도 이 두 가지 유형의 규칙들이 서로 다르다는 것을 이해하고 있었다.[17] 4세 정도면 대부분의 아이들이 관습적 규칙("아이스크림을 손으로 먹으면 안 돼.")과 도덕규칙("다른 아이의 아이스크림을 빼앗아 먹으면 안 돼.")을 구분할 수 있다.

사회적 관습 및 관례와 도덕규칙 사이의 구분은 어떻게 발달하는 것일까? 사회적 관습은 아이가 성장하는 사회집단 내에서의 암묵적 지시들을 통해 알게 되지만 도덕규칙은 경험 그 자체, 특히 자기 행동이 타인에게 미치는 결과를 관찰함으로써 논리적으로 도출된다. 피해자를 확인하거나 자기가 직접 피해를 당해보면 도덕과 관련된 규칙들을 형성하는 데 좋은 자극이 된다. 아이는 다른 아이를 밀치는 행위가 피해자와 다른 관찰자들에게 미치는 효과를 자각함으로써 그런 짓을 하면 안 된다는 것을 배운다.[18]

도덕적 성찰에 동원되는 규칙들의 성격을 좀 더 정확히 이해하기 위해 실험참가자들에게 어떠한 행동이 좋은지, 아니면 나쁜지, 왜 그렇게 생각하는지 물어보았다. 그리고 나서 그러한 판단의 기준을 명시적으로 드러낼 수 있는 질문들을 던졌다. 그 행위를 금지하는 법이 필요한지, 다수의 합의가 있으면 수정될 수도 있는 규칙인지, 그 나라에서는 통용되는 규칙이지만 다른 나라에서도 그럴 수 있는지 등을 물어본 것이다. 관습적 규칙('남자는 치마를 입으면 안 된다.')은 수정될 수도 있지만 도덕규칙('피부색이 다른 아이를 따돌려서는 안 된다.')은 그럴 수 없다. 우리는 관습적 영역에서의 위반은 비교적 다른 식으로 판단될 여지가 있으며 일반화되기 어려운 것, 덜 심각한 위반으로 받아들인다.[19]

종교가 도덕규칙에 미치는 영향

과거의 전통과 관습이 여전히 힘을 발휘하는 문화에서도 구성원들이 도덕규칙과 그렇지 않은 규칙을 명확히 구분할 수 있을까? 아니면 도덕 본연의 규칙이 아닌 것들이 도덕규칙과 구분되지 못한 채 절대적인 힘을 행사할까? 이러한 의문을 시험해본 연구가 있다. 북미의 아미시 교파는 미국 재침례교의 한 종파로서 세상에 순응하지 않고 오직 성경의 가르침을 중심으로 살아가는 것을 첫 번째 원칙으로 여긴다. 아미시 공동체는 현대 기술 문명을 거부하고 매우 엄격한 청교도 윤리를 따른다. 그래서 아미시 공동체의 사회규범은 오늘날 대부분 사람들에게 현실과 괴리되어 있으며 정당화될 수 없는 것처럼 보인다. 이를테면 아미시 교파 남자들은 수염을 길러야 하고 여자들은 특정 머리 모양을 해야만 한다. 또 이들은 말을 이동수단으로 이용하고 자동차나 현대 의학까지도 거부한다. 풍습 또한 매우 엄격하고 보수적이다. 한때 아미시 교파에 몸담았던 사람이 이런 글을 썼다.

"아미시 교파에서 부부가 서서 하는 체위를 금지하는 이유가 뭔지 아는가? 그들이 춤을 추는 중이라는 착각을 해서는 안 되기 때문이다."

그는 이 말이 아미시 교파에 대한 농담 중에서 제일 마음에 든다고 했다.[20]

전통에 몰입해 사는 아미시 교도들도 문화적 규칙과 도덕적 규칙을 구분할 수 있을까? 투리엘과 그 동료들은 도덕 영역에 속하는 행동(다른 사람을 밀치거나 타인의 재산에 손해를 끼치는 행위, 도둑질, 중상모략)에 대한 판단과 그 밖의 관습적 행동(안식일에 하는 노동, 타 종교 신자와의 결혼, 혼전 성관제)에 대한 판단에 관심을 갖고 다음과 같은 지침을 적용했다. 첫 번째 질문은 '행동의 가변성' 여부에 대한 것이었다. "교단과 신도가 어떤 행동 규칙을 수정하거나 폐기하기로 합의를 보았습니다. 그렇다면 그 행위는 선과 악으로 규정할 수 있을까요?" 두 번째 질문에서는 '일반화'를 공략했다. "다른 종교에는 그 행위와 관련된 규칙이 전혀 존재하지 않습니다. 그렇다면 그 타종교 사람들이 그 행위를 하면서 나쁜 일을 한다고 느낄까요?" 마지막으로, '성경의 우발성'을 시험해보았다. "문제의 행동에 대해서 성경에는 아무런 언급이 나와 있지 않습니다. 하느님은 어떤 의미로든 그 행위에 대해서 말씀하신 바가 없습니다. 그런데도 하느님을 믿는 사람이 그 행위를 선행 혹은 악행으로 느낄까요?"

연구자들은 이 지침에 따라 아미시 교도들도 기본적으로 서로 다른 유형의 규칙들을 구분할 수 있다는 결론을 끌어냈다. 그 외에도 많은 연구들이 문화권(오스트레일리아, 브라질, 한국, 인도네시아, 버진 아일랜드, 인도, 이스라엘, 나이지리아, 잠비아 등)의 차이에도 불구하고 사회적 관습과 도덕 명제를 구분할 수 있다는 결론에 도달했다.

요컨대 인간은 규범의 여러 유형을 구분할 수 있고 이러한 능력은 아미시 공동체처럼 극단적으로 규정된 문화의 틀 안에서도 사라지지 않는다.

피해자 없는 도덕 위반

엘리엇 투리엘은 개인이 아무에게도 피해를 입히지 않는 행동은 부도덕한 것으로 판단하지 않는다고 했다. 하지만 조너선 하이트Jonathan Haidt[21]와 그 동료들이 실시한 이문화간 연구는 '피해자가 존재하지 않는 행동'이 콘텍스트에 따라 상이한 평가를 받을 수 있다는 것을 보여주었다. 서양인들은 도덕과 관습의 구분에 매우 익숙하지만 다른 문화권에서는 이 구분이 그렇게까지 통용되지 않는다. 하이트는 브라질과 미국에서 실험참가자들에게 도덕적으로 논란의 여지가 있는 상황을 다음과 같이 짧게 제시했다.

조너선 하이트가 제시한 도덕적으로 논란 가능한 상황들

- 어떤 아들이 죽어가는 어머니에게 어머니의 무덤을 매주 한 번씩 찾아오겠노라 약속했다. 그러나 아들은 너무 바빠서 이 약속을 지키지 못했다.
- 어떤 여자가 화장실 청소를 하면서 낡은 성조기(혹은 브라질 국기)를 걸레로 썼다.
- 한 가족이 자기네 집에서 기르던 개가 차에 치여 죽자 그 고기를 먹었다.
- 오빠와 여동생이 입술에 키스를 했다.
- 한 남자가 죽은 닭의 사체로 자위행위를 하고는 그 닭을 구워서 먹었다.

조사 결과, 미국 필라델피아에 사는 사람들보다 브라질 헤시피에 사는 사람들이 이 지문들을 읽은 후에 더 가혹한 판단을 내렸다. 또 사회 경제적 수준이 낮을수록 엄격한 판단을 내리는 경향도 볼 수 있었다. 예를 들어 사회적 지위가 낮은 사람 중 20퍼센트(필라델피아) 혹은 57퍼센트(헤시피)가 지문 속의 인물들이 처벌을 받아야 한다고 판단한 반면,

높은 사회적 위치에 있는 사람들은 그 비율이 3퍼센트(필라델피아) 혹은 7퍼센트(헤시피)로 나타났다. 이러한 관습이 그 지역에서 받아들여진다는 가정 아래 높은 사회적 지위에 있는 사람들은 그 관습이 도덕적으로 나쁘다고 판단하는 비율이 낮았으나 사회적 지위가 낮은 사람들은 그러한 판단을 훨씬 더 나쁘게 보았다. 필라델피아의 상류층은 정의, 인권, 타인에 대한 침해에 근거한 도덕적 사유를 하는 반면, 브라질의 하층민들은 도덕을 자율적 윤리보다 훨씬 광범위하게(이를테면 공동체나 집단의 정신과 관련된 부분까지 포함해서) 생각했다.

또 다른 연구에서는 정의의 원칙이 대인간 책임과 상충되는 딜레마를 살펴보았다. 어떤 사람이 가장 친한 친구의 결혼식에 들러리를 서주기로 약속했다. 하지만 그는 결혼식 장소까지 갈 여비가 없다. 이 사람이 어떻게 해야 할지에 대해 개인주의 문화(미국)에 속한 참가자들과 공동체 문화(인도)에 속한 참가자들에게 물었을 때, 무슨 수를 써서라도 결혼식에 참석해야 한다는 의견은 전 연령에서 인도(약 80퍼센트)가 미국보다 우세했다.[22]

개인의 문화적 배경은 그 사람의 도덕적 평가에 분명히 영향을 준다. 앞에서 인용한 하이트의 연구는 도덕적 판단에 이용되는 다양한 기준들에 지금까지 의도적으로 배제되었던 또 다른 중요한 구성요소, 즉 감정적 요소를 추가했다. 사회성이 '계약' 성격으로 나타나지 않는 문화권으로 시선을 돌려보면 투리엘의 분석 도식이 중요한 판단의 요소들을 놓쳤다는 것을 알 수 있다. 서양은 정의라는 원칙을 최고로 여겼기 때문에 사회학적으로 그에 걸맞은 도덕 체계만을 구성할 수 있었던 것이다.

세가지 인류학적 규약

시카고 대학의 인류학자 리처드 슈웨더Richard Shweder는 인도처럼 오늘날까지도 계급이 존재하거나 위계질서가 중요한 사회에서는 개인의 서로 다른 개념 형성에 준거하여 세 가지 도덕적 규약(윤리)이 공존한다고 했다.[23] 그 첫 번째 규약은 의무, 위계, 상호의존에 근거한 '공동체 윤리'다. 두 번째 규약은 '자율 윤리'로 특히 서구 사회에서 지배적이며 정의와 권리에 호소한다. 자율 윤리는 특히 개인 선택의 자유를 강조한다.(이 규약을 침해하는 일은 도덕적으로 분개할 만하다.) 마지막 규약은 '신성 윤리'다. 신성 윤리는 자연 혹은 신의 섭리, 전통, 죄악과 성스러운 것에 준거하여 개인을 하나의 영적 실체로 본다. 이 규약은 서로 다른 존재론적 범주에 속한 현상들을 분리하여 그러한 현상들의 접촉에서 비롯되는 오염이나 불순을 막고자 한다.[24]

펜실베이니아 대학 폴 로진Paul Rozin 교수 팀의 연구는 접촉 공포와 같은 원초적 현상들이 개인에게 끼치는 영향을 보여주었다. 특히 오염과 혐오에 관한 연구는 정신에 대한 생각과 체액에 대한 생각이 그리 동떨어져 있지 않다는 것을 입증했고, 콜버그와 투리엘의 접근이 간과했던 측면을 제대로 조명했다. 바로 이러한 이유에서 어떤 행동들은 타인에게 직접적인 피해를 끼치지 않고 개인의 권리라는 측면에서 설명되지 않는데도 비열한 짓으로 간주되고 혐오 반응을 불러일으킨다. 이 비판은 콜버그와 투리엘 모두에게 유효하다. 왜냐하면 콜버그와 투리엘의 이론은 자문을 거친 추상적 판단의 우위를 전제하지만, 사실 개인이 감정에서 출발하여 판단의 방향을 정하고 그 후에 이 판단을

정당화하는 경우도 매우 많기 때문이다.[25]

　우리는 이따금 어떤 도덕적 문제에 대해 근거를 생각해보기도 전에 스스로도 놀랄 만큼 단호한 판단부터 내뱉는다. 이러한 현상을 잘 보여주는 실험이 있다. 실험참가자들에게 다음과 같은 지문을 읽게 했다.

　"마르크와 쥘리는 남매 사이다. 남매는 여름에 함께 여행을 다녀왔다. 남매는 바닷가 오두막에 단둘이 있게 됐고 둘이서 섹스를 해보는 것도 재미있을 것 같다는 생각이 들었다. 두 사람 모두에게 전혀 새로운 경험이 될 터였다. 쥘리는 피임약을 복용하고 있었지만 마르크는 만약을 위해 콘돔을 사용했다. 두 사람은 만족스러운 섹스를 했지만 다시는 그러지 않기로 결심했다. 그날 밤 일은 두 사람만의 비밀이 되었고 그들은 더욱 가까워진 기분이 들었다. 자, 여러분은 어떻게 생각하는가? 남매가 그런 일을 한 것은 나빴을까?"

　실험참가자들은 대부분 마르크와 쥘리가 잘못을 저질렀다고 했지만 그러한 판단을 한 근거를 대면서 기묘한 어려움에 부딪혔다. "뭐라고 설명은 못하겠어요. 하지만 그건 잘못된 일인 것 같아요."와 같은 주장만 되풀이했다. 어떤 이들은 기형 출산의 위험을 지적했지만 마르크와 쥘리가 피임을 철저히 했다는 점을 감안할 때 이 주장은 근거가 빈약했다. 그렇다면 마르크와 쥘리가 나중에 느끼게 될 감정적 결과들을 근거로 들 수 있을까? 하지만 그들이 다시는 그러지 말자고 결심하면서도 자못 긍정적인 추억을 간직했다고 한다면 이 주장 역시 미덥지 않다. 이처럼 부도덕한 행위에 먼저 반감을 느끼고 그 후에 반감을 정당화하는 근거들을 찾는 경우가 있다. 그러한 근거들을 찾고자 하는 욕구는 가끔 '자기정당화'에 해당하는 논증을 낳기도 한다.

8
인간, 감정의 딜레마에 빠지다

칸트 Immanuel Kant
(1724~1804)

오랫동안 철학자들은 도덕적 판단에서 감정이 담당하는 역할을 두고 의견이 분분했다. 그중에서도 칸트는 순수이성을 동기로 삼지 않는 판단은 모두 의심스럽게 여겼던 인물로 잘 알려져 있다.

다리우스는 가까이 지내는 그리스인들을 불러
얼마를 주면 돌아가신 아버지의 육신을 먹을 수 있겠느냐고 물었다.
질문을 받은 사람들은 한 명도 빠짐없이
금은보화를 안겨준다 해도 그런 짓은 할 수 없노라 대답했다.
그러자 다리우스는 인도인들을 불러오게 했다.
이들에게는 돌아가신 부모의 육신을 먹는 풍습이 있었다.
다리우스는 그리스인들이 보는 앞에서 인도인들에게
얼마를 주면 돌아가신 부모의 시신을 화장하겠느냐고 물었다.
그러자 인도인들은 언성을 높이면서
제발 그런 끔찍한 말은 하지 말아달라고 애원했다.

— 헤로도토스, 『역사』

우리는 인도인보다 그리스인에 더 가깝다. 프랑스에서는 사망자 3명 중 1명이 화장되지만 죽은 사람의 고기를 먹는다는 것은 날 그대로 구역질나는 일이다. 2006년에 독일의 컴퓨터 기술자 아르민 마이베스 Armin Meiwes는 희생자와의 합의 아래 인육을 잘라 먹은 죄로 종신형을 선고받았다. 이 사건은 우리의 반감을 샀지만, 사실 식인이 불러일으키는 혐오감은 시대를 초월한 것도, 보편적인 것도 아니다. 4000년 동안 존재했던 100여 개 인간사회를 표본으로 삼아 분석한 인류학자는 그중 식인 풍습이 있었던 사회가 34퍼센트 정도일 것으로 보았다.[1] 서

양 사람들은 아르민 마이베스 사건을 계기로 심리학 연구가 오랫동안 간과해온 도덕의 영역에 눈을 떴다.[2]

콜버그의 체계에서 탈관습적 수준의 까다로운 도덕적 추론을 구사하는 이들은 도덕적 문제를 좀 더 공평하고 초연하며 추상적인 시각에서 바라볼 수 있다고 한다. 하지만 과연 그걸로 충분할까? 오늘날 도덕적 존재는 지적 존재일 뿐 아니라 감정을 조절할 수 있는 존재라는 인식이 퍼져 있다. 피니어스 게이지Phineas P. Gage의 사례는 이러한 생각을 옹호하기 위해 곧잘 인용되곤 한다. 피니어스 게이지는 버몬트 철도공사현장에서 일하던 중에 사고로 길이 1미터, 무게 6킬로그램의 쇠막대가 두개골을 관통하는 부상을 입었다. 쇠막대가 왼쪽 광대뼈에 박혀 오른쪽 머리로 뚫고 나왔기 때문에 그의 전전두피질은 심하게 손상되었다. 그는 기적적으로 회복되어 작업장에 다시 나갈 수 있게 되었으나 사고 전과 완전히 다른 사람이 되어버렸다. 예의 바르고 가정과 사회에서 인간관계가 원만했던 사람이 거칠고 충동적인 성격으로 변한 것이다.

피니어스 게이지 말고도 뇌손상으로 과학적 연구에 빛을 던져준 환자가 최근에 한 명 더 등장했다.[3] 신경과학자 안토니오 다마시오Antonio Damasio가 관찰한 엘리엇이라는 환자가 바로 그 주인공이다. 엘리엇은 성공적인 삶을 살던 30대 남성이었으나 뇌막종 때문에 전전두피질을 상당 부분 제거하는 수술을 받아야 했다. 수술은 성공했으나 엘리엇의 일상적 행동이 크게 변하면서 불행이 시작되었다. 엘리엇은 시간을 제대로 운용하지 못하게 되었고 무분별한 부동산 투기에 빠졌으며 두 번 이혼했다. 그러나 일련의 테스트 결과, 엘리엇의 지각능력, 단기기억과 장기기억, 이해력, 언어능력과 계산능력은 여전히 건재한 것으로 밝혀졌다. 다마시오는 엘리엇의 도덕적 능력을 콜버그 모형에 따른 도덕적 추론 단계 측정도구를 사용하여 평가했다. 이 평가에서 엘리엇은 (연령대 평균을 웃도는 수준인) 4단계에서 5단계 사이라는 결과가 나왔다. 엘리엇의 사례가 시사하는 바는 그 후의 여러 연구들로 확인되었다. 고도의 도덕적 추론능력을 지닌 사람도 얼마든지 개인적 삶에서 도덕적 문제가 있을 수 있다.[4]

폭주하는 전차의 딜레마

뇌영상 촬영기법은 고전적인 철학의 문제를 완전히 새롭게 조명함으로써 도덕적 판단 연구에도 뚜렷한 전기를 제공했다. 전차의 딜레마는 오늘날 도덕의식 연구에서 하인즈의 딜레마보다 더 많이 인구에 회자되는 추세다.

  탈선한 전차가 내리막길을 전속력으로 달리고 있다. 이대로라면 저쪽에서 일하고 있는 다섯 명의 일꾼은 전차에 치여 죽고 말 것이다. 당신은 선로 변경 스위치를 눌러서 그 다섯 명을 구할 수 있다. 하지만 그랬다가는 저쪽에서 길을 건너는 행인 한 명이 전차에 치여 죽고 만다. 당신은 어떻게 하겠는가? 응답자의 90퍼센트는 스위치를 눌러야 한다고 했다. 이러한 대답은 전형적인 공리주의의 추론 방식에 입각해 있다. 다섯 사람의 목숨이 한 사람의 목숨보다 가치 있으니 그 한 사람이 희생당할 수도 있다는 논리다. 이제 이 딜레마를 조금 다른 버전으로 만나보자.

당신이 다리 위에서 철로를 내려다보는데 바로 옆에 뚱뚱하고 덩치가 좋은 사람이 있다. 그 사람을 다리에서 철로로 밀어버리면 폭주하는 전차를 막을 수 있다.(당신은 체격이 빈약하기 때문에 스스로 뛰어내려봤자 전차를 막을 수 없다.) 이 경우에도 한 사람을 희생시켜 다섯 사람을 구할 수 있다. 하지만 전차의 딜레마를 이러한 버전으로 제시하면 응답자의 90퍼센트가 아무리 다수의 인명을 구하는 일이라지만 사람을 '수단'으로만 사용할 수 있느냐며 소위 '의무론적' 입장을 취한다. 두 버전 모두 한 사람만 죽으면 다섯 사람이 살 수 있다. 그런데 왜 응답자들은 딜레마가 어떤 식으로 제시되느냐에 따라 이처럼 상이한 태도를 보이는 걸까?

조슈아 그린Joshua D. Greene과 그의 동료들은 신체적 접촉의 역할을 규명하는 연구를 실시했다. 600명 이상의 실험참가자들에게 전차 딜레마를 네 가지 버전으로 제시했다. 1번은 사람을 철로로 밀어 전차를 멈추게 하는 것이다. 2번과 3번 버전은 스위치를 눌러 선로를 변경하여 한 사람을 죽게 한다.(2번과 3번은 피해자와의 거리 차이밖에 없다.) 4번은 희생자를 장대로 밀어서 선로에 넘어뜨리는 경우다. 실험참가자들의 응답을 살펴본 결과, 피해자와의 신체적 접촉, 그러한 접촉의 직간접성(손, 장대)은 그러한 버전을 도덕적으로 받아들일 수 있느냐 없느냐에 분명한 영향을 미치는 것으로 나타났다. 반면에 피해자와의 공간적 거리는 아무 영향도 미치지 않았다. 스위치가 피해자와 가까이 있든 멀리 있든 그 상황에 대한 응답자들의 도덕적 판단은 동일했다.

연구 팀은 '레버'나 '다리' 같은 세부사항이 감정이 동원되는 수준의 차이를 만든다고 보았다. 신체적 접촉과 뚱보를 희생시킨다는 의도는 그 행동을 용인할 수 있느냐 없느냐에 강력한 영향을 미친다.[5] 다리에서 누군가를 밀어버린다고 할 때에는 감정의 프로세스를 관장하는 뇌 영역이 활성화되지만,[6] 선로변경 스위치를 누른다고 생각할 때에는 그 영역이 활성화되지 않는다.[7] 따라서 감정이 개입할 때에는 "사람의 목숨을 희생시키는 것은 부도덕하다."는 거대 원칙에 입각한 판단이 나오고, 감정이 개입하지 않을 때에는 "한 명보다는 다섯 명"이라는 공리주의적 판단이 우세할 수 있는 것이다.

오랫동안 철학자들은 도덕적 판단에서 감정이 담당하는 역할을 두고 의견이 분분했다. 그중에서도 흄과 칸트는 서로 대조적인 입장을 보였다. 흄은 인간의 판단에 감정이 항상 개입해 있으니 그 둘을 완전히 분리한다는 것은 불가능하다고 보았다. 반면에 칸트는 순수이성을 동기로 삼지 않는 판단은 모두 의심스럽게 여겼던 인물로 잘 알려져 있다. 심리학에서도 판단해야 하는 딜레마의 내용과 무관하게 감정의 효과를 연구한 작업들이 있었다. 일례로 딜레마를 접하기 전의 개인의 감정 상태를 실험환경에서 조작한 결과, 도덕적 판단이 감정에 즉각적으로 영향을 받은 것으로 나타났다. 앞에서 살펴보았듯이 다리 버전의 딜레마는 공리주의적 판단을 부정적으로 보게 하는 효과가 있다. 그린은 다리 버전의 딜레마를 제시하기 전에 실험참가자들에게 긍정적인 기분을 조성함으로써 그러한 부정적 효과를 완화할 수 있었다. 실험참가자들을 두 집단으로 나누어 한쪽에만 유쾌한 영화를 보여주었다. 그 후 두 집단은 똑같은 딜레마(다리 버전)를 접했지만 유쾌한 영화를 본 집단은 그렇지 않은 집단에 비해 공리주의적 판단을 더 많이 내놓았다.[8]

또 다른 연구에서는 테스토스테론을 주입하고 그 효과를 살펴보았는데, 이때에도 감정적 차원을 덜 민감하게 받아들이고 공리주의적 판단으로 기우는 양상이 나타났다.[9]

뇌량을 제거당한 환자의 사후 합리화 실험

우리는 별 수 없는 '판단기계'들이다. 인간은 새로운 정보나 대상을 접하는 순간마다 평가를 내리지 않을 수 없다. 의식적인 분석이 시작되기도 전에, 무의식적인 정서적 정보들이 저절로 폭포처럼 쏟아져 내리고 접근(좋다) 혹은 회피(싫다)가 연속적으로 이어진다. 그 후, 정보들은 좀 더 완만한 추론 과정에 따라 재배치된다. 우리는 이때에 비로소 논증을 검토하고, 기댈 만한 증거를 찾고, 논리적 관계를 수립하는 '추론 단계'에 이른다. 이 단계가 언어적인 설득력을 발휘하기는 하지만 최초의 감정적 평가만큼 결정적이지는 않다고 볼 만한 증거가 두 가지 있다.

첫 번째는 정서적 정보가 뇌에 먼저 도달한다는 것이다. 정서적 정보는 눈 깜짝할 사이에 나머지 과정 전체를 물들이고 이 최초의 평가에 부합하는 논증들을 불러오는 데 공헌한다. 이 평가 단계들은 추론처럼 투명하지가 않다. 이 과정은 부분적으로 개인의 의식에서 벗어나 있기 때문에 의도적으로 교정할 수 없다. 실험참가자들에게 정서적으로 긍정적인 장면(다정한 연인들, 정겨운 고양이 한 쌍)이나 부정적인 장면(축 늘어진 시체, 무뚝뚝하고 기분 나쁜 사람)을 스치듯 잠깐 보여주었다. 그런 다음에 임의로 다수의 얼굴을 보여주었다.[10] 긍정적 장면을 본 참가자들은 (자신들이 무엇을 보았는지 의식하지 못함에도 불구하고) 그 얼굴들에 대해 훨씬 좋은 평가를 내렸다. 이러한 현상은 얼굴뿐만 아니라 중국 문자(한자), 이름, 사회집단 등에 대한 평가에서도 동일하게 나타났다.[11]

추론이 판단의 키잡이가 아니라는 두 번째 증거는 개인이 제시하는 이유들이 대개 진정한 행위의 동기와 무관한 귀납적 합리화에 불과하다는 점이다. 한 실험에서 학생들에게 다큐멘터리 영화를 보고 평점을 매기게 했다. 학생들이 영화를 보는 동안 밖에서 기분 나쁜 전기톱 소리가 계속 났다. 나중에 학생들에게 불쾌한 소음이 그들의 평가에 영향을 주었는지 물어보자 대부분 그렇다고 대답했다. 하지만 아무런 소음 없이 영화를 보고 평점을 매긴 학생 집단과 비교한 결과, 두 집단의 평가에는 아무 차이도 없었다.[12]

반대로 어떤 영향들은 굉장한 차이를 만드는데도 제대로 가늠하기가 어렵다. 실험참가자들에게 몇 명이 사고로 목숨을 잃었다는 소식과 대형 참사로 수천 명이 목숨을 잃었다는 소식 중에서 어느 쪽이 더 슬플 것 같은지 물어보았다. 대부분의 참가자들은 후자가 더 슬플 것 같다고 대답했다. 며칠 후, 참가자들은 이러한 뉴스를 상세히 보도한 기사 스크랩을 받았다. 그들의 예상과 달리 그러한 사건을 접하면서 느끼는 감정의 강도는 비슷하게 나타났다.[13]

우리는 시련에 대한 자신의 반응을 잘 판단하지 못하는 편이다. 일례로 우리는 지인의 죽음이나 연인과의 결별 같은 힘든 일에서 회복되기까지 필요한 시간을 실제보다 훨씬 길게 잡는 경향이 있다.

다트머스 대학 신경과학과의 마이클 가자니가 교수는 간질 등의 질병을 이유로 뇌량을 절제하는 수술을 받은 환자들을 관찰했다. 뇌량은 좌뇌와 우뇌를 연결하는 백색 물질로, 이 뇌량 덕분에 좌뇌와 우뇌는 서로 정보를 교환할 수 있다. 수술로 뇌량이 손상된 환자들, 소위 '분리 뇌' 환자들은 왼쪽 눈의 시야에 들어온 사물을 언어로 지칭하지 못했다. 하지만 똑같은 사물을 오른쪽 눈으로 보았을 때에는 거침없이 그 사물의 명칭을 말할 수 있었다. 가자니가의 흥미로운 실험은 인간이 자신의 반응을 어떻게든 논리적으로 포장하고 싶어하는 경향을 보여준다. 그는 실험참가자들에게 서로 다른 두 가지 이미지(왼쪽에는 눈 쌓인 집 한 채, 오른쪽에는 닭발)를 보여주었다. 참가자는 이 화면을 보고 여러 장의 카드 중에서 자신이 본 이미지와 가장 연관되는 카드를 골라야 했다. 이를테면 눈을 치울 수 있는 삽 그림이 있는 카드와 닭 그림이 있는 카드가 정답이 되겠다. 분리 뇌 환자들은 화면의 왼쪽, 즉 눈 쌓인 집의 이미지는 보지 못했다. 그런데도 눈 치우는 삽 카드를 선택한 환자들, 즉 자기가 보지 못한 쪽의 답을 맞힌 환자들이 있었다. 이들에게 왜 그 카드를 선택했느냐고 물어보면 자기들도 정확한 이유를 잘 모르면서 "닭똥을 치우려면 삽이 필요하잖아요." 같은 대답을 내놓곤 했다. 가자니가 교수가 모든 것에 대하여 설명을 찾으려는—얼토당토 않은 설명일지라도—좌뇌를 '해석자'라고 명명한 것도 나름대로 일리가 있다.

사후 합리화 경향은 뇌량을 제거당한 환자들만의 전유물이 아니다. 버지니아 대학의 리처드 니스벳Richard E. Nisbett과 티모시 윌슨Timothy D. Wilson은 실험참가자들이 '파도'라는 이름의 세제를 선호하게끔 교묘하게 유도할 수 있었다. 참가자들은 세제에 대한 선호를 표명하기 전에 먼저 어떤 글을 읽어야 했는데, 글 속에는 '바다', '달'과 같은 (파도와 관련된) 단어들이 들어가 있었다. 실험참가자들에게 왜 그 세제를 다른 제품들보다 좋아하는지 물어보자 "제일 많이 팔리는 세제잖아요." "우리 어머니가 그 세제를 쓰시거든요." "제품상자가 가장 예쁘거든요."와 같은 기발한 이유들이 튀어나왔다. 또 다른 연구에서는 실험참가자들로 하여금 상점 매대에 놓여 있는 네 족의 스타킹(A, B, C, D) 중에서 하나를 선택하도록 했다. 그런 다음 그러한 선택의 이유를 물어보았다. 실험참가자들은 눈썹 하나 까딱하지 않고 이 제품이 재단이 훨씬 좋다느니, 신축성이 뛰어나다느니 하는 이유를 들었다. 하지만 이 스타킹들은 전부 동일한 제품들이었다. 실험참가자들의 선호에 영향을 미친 유일한 기준은 제품이 놓여 있는 위치뿐이었다. 스타킹이 놓여 있는 자리가 왼쪽에서 오른쪽으로 갈수록 각각 12퍼센트, 17퍼센트, 31퍼센트, 40퍼센트로 참가자들의 선호도가 높아졌다.

자신의 행동을 설명하려는 시도가 실제로는 결정적 이유를 밝혀주지 못할 뿐만 아니라 오히려 이유를 생각하느라 판단이 흐려지기도 한다. 한 연구에서 실험참가자의 일부를 대상으로 미술품을 감상하고 자신이 가장 좋아하는 작품과 그 이유에 대해 명시적으로 설명하게 했다. 나머지 참가자들은 그냥 어느 작품을 가장 좋아하는지 대답하는 선에서 그쳤다. 실험이 끝난 후에는 참가자들에게 그들이 가장 좋아한다고 말한 작품의 포스터를 기념으로 증정했다. 2주 후에 그들에게 전화를 걸어 포스터가 마음에 드는지 물어본 결과, 그 작품을 좋아하는 이유를 설명해야 했던 참가자들의 만족도가 훨씬 높았다. 또 다른 연구에서는 참가자들에게 여러 종류의 잼을 좋아하는 순서대로 줄 세워

보라고 했다. 그런데 이들의 선호도 순서는 전문가들이 정렬한 순서와 거의 일치했다. 다시 말해, 비전문가들도 잼의 품질을 어느 정도 평가할 수 있다는 얘기다.[14] 그 후 다른 집단에게 마찬가지로 여러 종류의 잼을 주고 좋아하는 순서대로 늘어놓은 후 그 이유를 글로 써서 제출하라고 했다. 이번에는 선호도 순서가 전문가들의 평가 순서와 전혀 다르게 나타났다. 이유를 찾는 데 집중하는 태도가 항상 판단의 정확성을 보장하는 것은 아닌 모양이다.[15]

혐오의 심리학

잼 이야기가 나와서 말인데, 이제 오랫동안 찬장에 처박아놓고 까맣게 잊어버린 잼 병을 열어보자. 뚜껑을 여는 순간, 우리 얼굴에는 전형적인 표정이 떠오를 것이다. 코를 찡그리고, 콧구멍을 벌름거리고, 윗입술과 턱이 들려올라가고, 눈썹 안쪽이 살짝 처지는 바로 그 표정. 그게 바로 혐오의 표정이다. 음식물은 부패 여부를 떠나 자주 혐오의 원인이 된다. 그러한 혐오는 일종의 위험 신호, 우리가 아무거나 집어 먹지 않게 하는 일종의 파수꾼 역할을 한다. 게다가 실제로 쉽게 혐오감을 느끼는 사람일수록 질병에 걸릴 확률이 낮다고 한다.[16] 혐오감을 관장하는 뇌 영역에 손상을 입은 사람들, 소위 클뤼버부시증후군 환자들은 먹어서는 안 될 것, 이를테면 구두약이나 배설물을 입에 가져가곤 한다.

북미에서 실시된 연구에 따르면 혐오는 특히 9개 영역(음식, 신체분비물, 동물, 특정 성적 행위, 피부 및 신체 표면의 손상, 불결한 위생상태, 불쾌한 사람과의 접촉, 도덕적 과오)에서 일어나기 쉽다.[17] 혐오감을 전문적으로 연구하는 이들의 주장에 따르면 신체적 혐오와 정신적 혐오는 굉장히 비슷하다. 우리는 혐오를 표정이나 신체적 반응으로 나타내는데 이때의 표정이나 신체언어는 썩은 고기 냄새를 맡았을 때나 끔찍한 광경을 목격하게 됐을 때의 반응과 매우 유사하다.[18] 사회 혐오에 대한 한 연구는 미국의 네오나치주의[19] 영화를 보고 나서 혐오감을 느낀 사람들이 실제로 그에 해당하는 신체적 반응을 보였다고 했다.

최근의 신경영상학 연구는 신체적 혐오와 정신적 혐오가 전두엽과 측두엽,[20] 전측뇌섬엽을 활성화시키는 부분이 정확히 일치한다는 점도 보여주었다. 연구자들은 불의가 뇌에서 혐오 반응을 불러일으킨다는 것을 보여주기 위해 실험참가자들에게 게임을 제안했다. 이 게임에서 A(제안자)는 돈을 마음대로 분배할 권한을 갖고 B(반응자)는 그 제안을 수락할 권한만 있다. 대부분의 경우 A는 3분의 2를 자기가 갖고 3분의 1을 B에게 주겠다고 제안했다. B가 제안을 거부하면 A와 B는 둘 다 돈을 못 받는다. B가 제안을 수락하면 A가 분배한 대로 돈을 나눠 가질 수 있다. 이 게임을 하는 동안 B의 뇌영상을 찍어서 분석했는데, B가 A의 제안을 수락하든 수락하지 않든 그의 전측뇌섬엽이 활성화되기는 마찬가지였다.[21] 달리 말해, 부당한 입장에 있다고 느끼는 인간의 뇌는 혐오를 느낄 때와 똑같이 반응한다는 얘기다. 더욱 흥미로운 사실은, 형평성을 파악하는 데 관여하는 뇌 영역을 전자파를 이용하여 일시적으로 교란시켰더니 B가 A의 제안을 거부하는 횟수가 훨씬 줄어들었다는 것이다.[22]

조건화를 통하여 혐오 요소를 간접적으로 집어넣어도 이 요소가 이후의 도덕적 판단에 영향을 미쳤다. 실험참가자들에게 최면을 걸어 '가져가다'라는 동사를 읽거나 '자주'라는 단어를 볼 때마다 혐오감을 느끼게끔 조건화한 특이한 실험이 있었다. 최면에 잘 걸리고 나중에 최면 상태를 전혀 기억하지 못하는 사람들에게 도덕적으로 논란이 될 만한 여섯 편의 이야기를 읽게 했다. 이 이야기들에는 모두 '가져가다'와 '자주'라는 단어가 들어가 있었다. 최면을 통해 조건화된 사람들은 문제의 단어들을 발견할 때마다 순간적으로 혐오 반응을 일으켰고 전체 이야기에 대해서도 다른 사람들보다 엄격하고 가혹한 판단을 내렸다.[23]

도덕성과 청결도의 상관관계

문화인류학의 마법서라고 해도 과언이 아닌 책 『황금가지』에서 제임스 프레이저James George Frazer는 단순한 접촉만으로도 어떤 것의 속성이 다른 것으로 옮겨갈 수 있다는 믿음, 즉 '전염의 법칙'을 기술한 바 있다. 더없이 깨끗한 요강에 물을 담아주거나 바퀴벌레가 담겨 있던 컵을 깨끗하게 씻고 살균 처리까지 해서 물을 담아줘도 상대가 선뜻 그 물을 마시지 못하는 이유가 그것이다.[24] 두 번째 법칙인 '유사의 법칙'은 겉으로 보이는 모습을 실재와 마찬가지로 인식한다는 의미이다. 사람들에게 똥 모양의 사탕을 먹으라고 할 때 그들이 나타내는 혐오 반응은 유사의 법칙을 구체적으로 보여준다.

어떤 개념들은 의식하지도 못한 사이에 목표를 자극하고 행동을 이

끌어낸다. 예를 들어 당신이 어떤 방에 모여 설문지를 작성한다고 치자. 그 방에서 청소용 세제 냄새가 희미하게 났다면 여러분이 설문지 작성을 마치고 옆방에서 간식을 먹으면서 과자 부스러기를 잘 치울 확률은 세 배나 높아진다. 후각 경로를 통해 청결 개념이 자극을 받았기 때문에 먹은 것을 치우는 행위가 도출된 것이다.[25] 브리검 영 대학의 캐티 릴젠퀴스트Katie Liljenquist 연구 팀은 한 발짝 더 나아가 실험참가자들을 깨끗한 냄새가 나는 방과 아무런 냄새도 나지 않는 방에 각각 배치하고 게임을 하게 했다. 이 게임에서 A는 받은 돈을 그냥 두거나 자기가 정한 만큼 B에게 줄 수 있다. B는 A가 나눠준 액수의 3배를 받게 되고 이제 A에게 자기가 정한 만큼 돈을 줄 수 있다. 릴젠퀴스트의 실험에서 A는 처음에 무조건 4달러를 B에게 주는 것으로 했다. B는 그 3배에 해당하는 12달러를 받았고 이제 자기 쪽에서는 A에게 얼마를 줄 것인지를 결정해야 했다. 실험 결과, 깨끗한 냄새가 나는 방에서 게임을 한 사람들이 상대에게 돈을 많이 주는 것으로 나타났다. 또 다른 실험에서도 청결하고 기분 좋은 냄새는 자선 단체에 돈과 시간을 기부하고 싶은 마음을 북돋아준다는 결과가 나왔다. 이러한 현상은 단순히 실험참가자들의 기분 탓으로 돌릴 일이 아니다.[26]

깨끗함과 도덕성이 우리 정신 속에서 한 쌍을 이루듯 불결함과 부도덕도 보조를 같이한다. 인도의 카스트 제도는 이러한 심리 기제가 매우 구체적인 사회적 표현으로 드러난 예다. 이 제도에서는 신체적 순수함이 정신적 순수함과 불가분의 관계인 것처럼 보인다. 가장 순결한 인간으로 여겨지는 '브라만'은 온갖 특권을 누리지만 '달리트(흙에서 나온 자)'라고 하는 불가촉천민은 정신적으로 타락한 자로 여겨져 비천한 일에만 종사해야 하고 다른 카스트들과 한 공간에 있는 것조차 금지된다. 피자 박스와 휴지 조각이 뒹구는 쓰레기통 바로 옆, 더럽고 끈끈한 책상에 앉아 도덕적 판단을 요하는 이야기를 듣고 답하는 실험에서 자신의 신체적 위생 상태에 예민해진 참가자들은 도덕적으로 지탄받을 만한 행동들에 대해 좀 더 엄격한 태도를 보였다.[27]

더러움과 부도덕의 상관관계에 관한 다소 특이한 실험이 있다. 실험 참가자들은 대니 보일의 영화 〈트레인스포팅〉에서 따온 역겨운 공중화장실 신을 보았다. 그 후 다른 실험을 위해 방을 옮기는 과정에서 참가자들의 일부는 손을 씻게 했고 나머지는 그냥 이동하게 했다. 자신들도 더러운 것을 보고 아직까지 '더럽혀져' 있으니 자비라도 베풀어야 한다고 생각하기라도 한 걸까? 손을 씻지 않은 참가자들은 그다음 단계의 도덕적 판단에서 훨씬 너그러운 태도를 보여주었다.[28]

더러움과 부도덕 사이의 연상 작용을 보여준 실험은 또 있다. 실험 참가자들에게 과거의 행동 가운데 뭇사람의 귀감이 될 만큼 선한 행동 혹은 스스로 부도덕하다고 여길 만한 행동을 떠올려보라고 했다. 그 후 이들은 살균 기능이 있는 물티슈와 볼펜 중 하나를 실험에 참여한 보상으로 받아서 집으로 돌아갔다. 과거의 부도덕한 행동을 돌아보았던 참가자들은 75퍼센트가 물티슈를 선택했지만 도덕적 행동을 상기했던 참가자들은 37퍼센트만 물티슈를 택했다. 특히 과거의 도덕적 행동이 손과 관련된 것일 때에는(다른 사람에게 도움이 되는 편지를 썼다든가) 그러한 선의를 오래오래 손가락에 간직하고 싶기라도 한 듯 물티슈를 거부하고 볼펜을 택했다![29] 다른 실험에서는 참가자들에게 과거의 수치스러운 행동을 떠올리게 했다. 그들의 일부는 이 단계를 마치고 물티슈로 손을 닦을 수 있었지만 나머지는 그런 중간 과정 없이 바로 다음 단계로 넘어갔다. 다음 단계에서 그들은 어느 박사과정생을 위해서 보수 없이 실험에 참여해달라는 부탁을 받았다. 손을 씻고 온 사람들은 이 학생을 돕는 데 그리 적극적이지 않았으며 설문조사 결과에서도 도덕적 차원에 덜 연연하는 것으로 나타났다.[30] 최근 연구는 실험참가자들이 손을 씻고 나서 포르노그래피나 불륜에 대해 좀 더 엄격한 도덕적 판단을 내리는 양상을 보여주었다. 나아가 청결과 엄격한 도덕적 잣대의 상관관계는 자신이 남들보다 도덕적으로 더 훌륭한 사람이라고 의식할 때에 더욱 두드러지는 것으로 보인다.[31]

예쁘면 착하다?

우리의 머릿속에서 더러움과 악이 자연스럽게 이어져 있듯이 아름다움과 선도 훌륭한 한 쌍을 이룬다. 이것은 문학에서 끊임없이 되풀이된 주제다. '협잡'은 발자크Honoré de Balzac의 펜 끝에서 그 구체적인 표정을 얻고, '타락'은 졸라Émile Zola가 만들어낸 인물들을 통하여 육신을 얻었다. 요한 라바터Johann Caspar Lavater[32]를 위시한 인상학자들, 그리고 체사레 롬브로소[33]와 같은 실증주의적 범죄학자들은 아름다움을 선과 동일시하는 풍조를 부채질했다. 그들은 용모를 관찰함으로써 평범한 사람들과 무서운 범죄자들을 가려낼 수 있고, 타락과 패악의 표시를 찾아낼 수 있다고 믿었다. 특히 롬브로소는 범죄자들이 특정 동물, 즉 설치류나 여우원숭이류를 닮았다고 보았다. 19세기 말에 주네브에서 열린 학회에서는 롬브로소의 사위가 네 명의 범죄자의 손과 원숭이 손이 유사하다고 주장하기도 했다![34]

아름다움은 아무 근거 없이 독자적 판단을 불러오고 이따금 그러한 판단에 엄청난 도움을 입는다. 라벤스브뤼크 수용소에서 시몬 베유 Simone Veil (전 유럽의회 의장을 지낸 정치인 시몬 베유를 가리킨다.—옮긴이 주)는 문득 나치 여성 간수의 눈에 띄었다. 이 간수는 그녀를 비극적인 죽음의 행렬에서 빼내어줌으로써 순식간에 생명의 은인이 되었다. 어느 다큐멘터리에서 인터뷰어가 그녀에게 이렇게 물었다. "그러니까 당신은 미모 덕분에 목숨을 건졌다고 생각하고 계시나요?" 시몬 베유는 일말의 망설임도 없이 대답했다. "네, 단지 그 이유밖에 없었을 거라고 생각해요."[35]

아름다운 얼굴이 주는 즐거움은 일상에서도 무의식적인 영향을 미친다. 누군가를 도와줄 때에도 우리의 이타적 행동은 상대의 매력에 휘둘린다. 매력적인 사람이 도움을 얻기 쉬운 이유는 우리가 매력적인 사람에게 고마운 사람이 되기를 바라기 때문이다. 귀엽게 생긴 아기들은 평범한 아기들보다 훨씬 시선을 끌고[36] 성격이나 태도가 우수하다는 말을 듣는다.[37] (아기들도 어른의 시각에서 봤을 때 매력적이라고 할 만한 여성의 얼굴을 더 오래 쳐다본다.)[38] 예쁘고 잘생긴 아이들은 같은 반 친구들이나 교사들에게 쉽게 호감을 얻고[39] 그들이 수행한 과제는 호의적인 평가를 받는다.[40] 그 밖의 연구들도 예쁘고 잘생긴 구직자들이 더 쉽게 직장을 얻고,[41] 매력적인 외모의 직장인은 연봉을 더 많이 받는 경향이 있다는 것을 밝혀냈다.[42] 만 1세 아동들도 어른이 못생긴 가면보다는 예쁜 가면을 쓸 때 다정하게 굴고 말을 잘 들었으며 얼굴이 예쁜 인형을 다른

인형들보다 더 오래 가지고 놀았다.[43]

이러한 경향은 심지어 아무 검증을 거치지 않고 타인의 도덕적 자질을 판단하게 한다. 우리는 종종 신체적 매력이 뛰어난 사람은 특별히 정직하고 친절할 것처럼 생각하고, 못난 사람은 일탈자처럼 여긴다.[44] 에토레 스콜라Ettore Scola 감독의 1977년 작품에서 "추한 자들"은 "더럽고 못된" 것으로 나온다.[45] 토론토 대학의 케네스 디온Kenneth Dion은 여성 참가자들에게 7세 아이들의 사진을 보여주었다. 아이의 사진을 보여줄 때마다 그 아이의 (심각하거나 대수롭지 않은) 공격적 행동을 설명했다. 이 여성들은 아이의 용모가 예쁘지 않은 경우에는 그 아이가 공격적 행동을 자주 하고 그 공격성도 실제보다 더 위험한 것처럼 기억했다. 못생긴 아이는 똑같은 행동을 해도 더 큰 반감을 사고 성격이 나쁘다는 평가를 받았던 것이다.[46]

'예쁜 것이 좋은 것'이라는 사고에도 물론 예외는 있다. 예쁜 사람은 경박하고 이기적이며 겸손함이 부족하다는 편견에 희생되기도 한다. 특히 여성이 지휘하는 입장에 설 때에는 미모가 불리하게 작용하기도 한다. 그렇다 해도 아름다움을 선하고 좋은 것으로 여기는 태도는 대단히 일반적이다. 또 이러한 고정관념의 위력은 개인의 믿음에 따라 조절될 수 있다. 한 연구에서 여러 장의 얼굴 사진들을 보여주고 오직 사진만으로 그 사람들에 대한 평가를 내리게 했다. 외모가 매력적인 사람의 도덕성과 지적능력을 과대평가하는 사람은 '뿌린 대로 거둔다'는 믿음에 치우칠 확률도 높을 것이다.[47] 사람은 자기가 행한 대로 그 대가를 받는다는 믿음은 우리가 피해자에 대해서 판단을 내릴 때에 곧잘 개입한다. 다음 장에서 바로 이 현상을 살펴볼 것이다.

9
피해자의 관점에서 세상 바라보기

프란시스코 데 수르바란Francisco de Zurbaran,
〈성 히에로니무스〉

역사를 훑어보면 '도덕적 위반이 신체에 나타난 결과'가 매독에만 국한되지 않는다는 것을 알 수 있다. 성 히에로니무스는 여성이 생리 중에 성관계를 하면 한센병, 뇌수종, 생식기기형을 앓는 아기를 낳는다고 했다.

어느 날 저녁, 바다를 향해 말을 타고 가던 한 남자가 길가의 여인숙에 들렀다. 그는 말에서 내려서 여느 기사들과 마찬가지로 문 옆 나무에 말을 매어놓고 여인숙 안으로 들어갔다. 모든 이가 곤히 잠든 자정에 도둑이 이 여행자의 말을 훔치러 왔다. 남자는 다음 날 아침에야 말을 도둑맞은 줄 알았다. 그는 말이 사라진 데 한탄하며 도대체 누가 말을 훔쳐갈 생각을 했는지 참 안타깝다고 했다. 여인숙에 묵고 있던 다른 손님들이 남자의 주위로 몰려들어 이런저런 얘기를 나누기 시작했다. 첫 번째 손님은 말을 마구간 밖에 매어놓다니 당신이 어리석었다고 했다. 두 번째 손님은 말에 족쇄도 채워놓지 않았다니 어리석었다고 말했다. 세 번째 손님도 말을 타고 바다에 가려 했다는 것 자체가 아무리 생각해도 어리석다며 남자를 책망했다. 네 번째 손님은 원래 게으르고 걸음이 느려터진 사람이나 말을 타고 다니는 거라며 비아냥거렸다. 남자는 놀라고 기가 막혔다. 결국 그는 이렇게 역정을 내고 말았다. "이보시오, 내가 말을 도둑맞았다고 해서 모두들 내 흉을 들추기 바쁘구려! 하지만 어찌 이럴 수 있소? 내 말을 훔쳐간 그놈을 책망하는 말은 한 마디도 없구려!"
― 칼릴 지브란[1]

우리는 괴로움을 싫어하지만 남들이 괴로워하는 것도 싫어한다. 태어난 지 얼마 안 된 아기도 다른 아기가 우는 소리를 늘으면 울음을 터뜨린다. 그런데 녹음기를 이용해서 아기에게 자기 울음소리를 들려주거나 다른 시끄러운 소리를 들려주면 그렇게까지 동요하지 않는다.[2] 아이가 조금 자라면 가까운 사람들이 괴로워할 때 어떻게 해서든 적극적으로 개입하려는 자세를 취한다.

나의 딸 라파엘이 생후 18개월 때의 일이다. 나는 간단한 실험을 해보고자, 큰딸 소피에게 바닥에 앉아서 엉엉 우는 시늉을 해보라고 했다. 역시나 라파엘은 하던 일을 멈추고 종종걸음으로 다가와 이런저런 몸짓으로 언니를 위로하려고 애썼다. 카롤린 잔 박슬러Carolyn Zahn-Waxler는 이런 아이의 행동을 과학적으로 분석했다. 그의 연구에 따르면 만 1세 아이들도 가족 구성원이 괴로워하는 시늉을 하면 위로를 하려고 애쓴다.[3] 타인의 울음이나 괴로워하는 태도에 대한 반응으로 나타나는 감정이입은 남성보다 여성에게서 더 두드러진다.

이러한 태도가 인간만의 전유물은 아니다. 잔 박슬러가 관찰한 바에 따르면 가족구성원이 울거나 고통스러워하는 시늉을 했을 때 애완동물(특히 개)이 다가와 걱정스러워하는 경우도 더러 있었다. 브라운 대학의 러셀 처치Russell Church의 논문은 그런 점에서 획기적이었다. 그에 따르면 레버를 누르면 먹이가 떨어진다는 것을 학습한 쥐들이 그 레버를 누를 때마다 다른 쥐가 고통스러운 전기 충격을 받는다는 것을 깨닫고 더 이상 레버를 사용하지 않았다.[4] 붉은털원숭이들도 동족에게 고통을 주지 않기 위해 배고픔을 참는 모습까지 보여주었다.[5] 고통을 가장하고 반응을 살피는 잔 박슬러의 테스트에서 원숭이들은 어린아이들과 상당히 비슷한 양상을 보였다.

자연계에는 어느 한 생명체가 괴로워할 때에 그 동족들이 힘을 합친다는 것을 보여주는 증거들이 넘쳐난다. 이러한 결속력은 집단의 규모에 따라 다르게 나타나는데 프란스 드 발은 이 현상을 적자생존의 법칙과 대비시켜 '또 다른 다원주의'라고 불렀다.(안타깝게도 적자생존은 다윈의 사상으로 널리 알려져 있지만 여기에는 오해가 있다.) 프란스 드 발은 그의 저작에 동물들의 결속행위를 보여주는 수많은 예들을 동원한다. 코트디부아르 타이국립공원에서 표범의 공격을 받은 침팬지들이 부상당한 구성원들을 돌보는 모습이 그러했다. 침팬지들은 표범에게 물려 죽어가는 침팬지의 피를 핥아 환부를 깨끗이 하고 덮어주었다. 또 걸음이 느린 침팬지들이 뒤처지지 않도록 보조를 맞춰 걸었다.[6] 부상자와 약자에 대한 지원은 종종 매우 비극적인 상황에서도 작용하는 행동규범이다. 지금 이 책을 쓰는 동안에도 지역 언론은 장 페랑트라는 사람이 자살하려던 여자를 구하려다 목숨을 잃은 사연을 전하고 있다. 이 50대 남자는 강물에 몸을 던진 여자를 구해냈으나 자신은 살아남지 못했다.

 타인의 목숨을 구하거나 고통을 덜어주기 위해 강물에 몸을 던지는 일이 늘 가능한 것은 아니다. 유엔국제아동기구Unicef와 세계식량기구WFP의 통계에 따르면, 매일 18000명의 아이가 굶어 죽어가고 있다. 참을 수 없는 이 상황을 견디는 방법의 하나는 얼른 잊어버리는 것, 소위 '맹점scotoma'을 통하여 자신의 관심에서 배제하는 것이다.[7] 맹점 기제에 대한 연구에서 학생들에게 '공정한 세계'에 관한 믿음을 측정하기 위해 고안된 설문지를 배부했다. "학교의 성적 평가는 합당하게 이루어지고 있다."라든가, "죄 없는 사람이 감옥에 가는 일은 극히 드물다." 같은 문항들로 이루어진 설문지였다. 그 후 학생들에게 앞으로 각자 정해진 이동경로에 따라 다른 장소로 옮겨달라는 공지사항을 전달했다. 학생들의 이동경로에는 세계의 빈곤과 기아 문제를 호소하는 전시물들이 걸려있었다. 설문이 끝난 후 학생들에게 이동하는 동안 무엇을 보았느냐고 물었다. 세상이 공정하다고 믿는 학생들일수록 이 전시물들과 관련된 요소들을 잘 기억하지 못했다. 부당하게 굶주리는 타인들의 존재는 아마도 그들의 믿음에 위협이 되지 않았을까.[8]

좋은 피해자가 되기 위해 알아야 할 것들

피해자에 대한 우리의 반응은 그들을 개별적으로 인식하는지에 따라 극적으로 달라진다. 한 남자의 죽음은 비극이지만, 스탈린 체제에서 처형당한 100만 명은 통계상의 수치일 뿐이다.[9]

펜실베이니아 대학의 데보라 스몰Deborah Small 연구 팀은 설문에 응한 참가자들에게 5달러의 사례금을 지급했다. 그러고 나서 물 부족 현상에 관한 두 개의 사례를 들려주며 사례금의 일부를 성금으로 쾌척해 주면 고맙겠다고 제안했다. 첫 번째 사례로 참가자들은 다음과 같은 정보를 접했다. "말라위에서 물 부족으로 고통받는 아이들은 300만 명에 달합니다. 잠비아는 가뭄이 심해서 2000년 이후로 옥수수 생산량이 42퍼센트나 감소했습니다. 이로 인해 약 300만 명의 잠비아 사람들이 굶주림에 시달리고 있고요. 앙골라에서는 400만 명, 국민의 3분의 1이 집을 잃었습니다. 에티오피아에는 당장 식량 지원이 필요한 사람만 1100만 명이 넘습니다." 두 번째 사례로는 말리에 사는 7세 소녀 로키아가 굶어 죽게 된 딱한 사정을 알리고 지원을 호소했다. 그 결과, 피해자가 개인으로서 제시된 두 번째 상황에서는 사례금의 50퍼센트 이상이 성금으로 모였지만, 딱딱한 통계자료만 제시한 첫 번째 상황에서는 사례금의 25퍼센트밖에 모이지 않았다. 그렇다면 성금 기탁을 호소하는 메시지에 피해자의 개별 사례와 통계자료를 함께 집어넣으면 더 효과적이지 않을까? 안타깝게도 그렇지 않다. 통계자료는 사람들의 분석적 태도를 유도하기 때문에 개별화 효과에 결정적인 '감정적 작용'을 약화한다.[10] 굳이 피해자의 개인적 사연을 모르더라도 그런 사람의 존재를 확인하면 우리는 좀 더 관대해진다.

또 다른 연구에서도 실험참가자들에게 사례금을 주고 성금 기탁을 권유했다. 어떤 참가자들은 성금을 받게 될 피해자의 번호를 뽑아 성금 액수를 정했고, 또 다른 참가자들은 그런 과정 없이 성금 액수를 정했다. 번호를 뽑은 후 성금을 낸 참가자들의 모금액은 그렇지 않은 참가자들의 모금액보다 두 배 이상 많았다. 피해자에 대한 정보는 전혀 주어지지 않았고 그저 어느 한 피해자를 '확인'하기만 했는데도 참가자들의 이타성에 큰 차이가 나타난 것이다.[11]

우리는 잘 모르는 피해자들이 불행을 자초했다 싶을 때에는 심각한 위협을 느끼지 않는다. 지나친 흡연, 과음, 속도위반 때문에 폐암, 간경변, 불의의 장애를 겪고 있다는 얘기를 들어도 크게 위기감을 느끼지 못한다. 그러한 불행이 개인의 절제와 의식으로 피할 수 있는 일처럼 생각되기 때문이다. '뭐든 지나치면 안 돼. 그 사람처럼 되지 않으려면 조심하면 돼. 순전히 운이 나빠 그렇게 된 것도 아니잖아.' 루소가 어느 편지에서 썼듯이 "우리는 대부분의 신체적 질병을 우리 탓으로 여긴다."[12] 다양한 질환의 환자들(알츠하이머, 암, 심혈관계 질환, 에이즈 등)을 대상으로 조사한 결과, 병이 자기 책임이라고 생각하는 환자는 훨씬 더 부정적인 반응을 보이고 다른 사람들의 도움을 받는 데에도 어려움을 겪는다.

병의 원인을 통제 가능한 것으로 여기면 회한을 자극하지만, 자신이 어쩔 수 없는 것이라고 여기면 연민을 자극하게 된다.[13] 프랑스, 중국, 캐나다에서 보건당국의 부주의로 환자들에게 에이즈 감염 혈액이 수혈되어 문제가 된 적이 있었다. 이 환자들은 그야말로 순전히 운이 나빠서 에이즈바이러스 보균자가 되어버렸다. 여러 연구들은 이 환자들에 대한 정서적 반응이나 지원의 손길이 '전형적' 에이즈 환자들에 대한 것과 차별화된다는 것을 보여주었다.[14] 시카고 대학의 장 데세티 Jean Decety는 에이즈 환자들이 치료를 받으며 고통스러워하는 표정을 생생하게 담은 영화를 실험참가자들에게 보여주었다. 참가자들의 일부는 이 환자들이 감염된 주사기를 써서 마약을 하다가 병에 걸렸다는 얘기를 들었고, 나머지 일부는 환자들이 단순히 수혈에 의해 감염됐다는 얘기를 들었다. 참가자들이 영화를 보는 동안 그들의 뇌 영상을 촬영했는데, 환자들이 수혈에 의해 감염됐다는 말을 들은 사람들은 고통과 관련된 정보를 처리하는 뇌 영역이 더 활성화되었다.[15] 그리고 마약 중독자들에 대한 비판적 시선은 뉴런 반응의 강도를 조절하는 효과가 있는 것으로 나타났다.[16] 즉 우리의 사회적 태도는 타인을 측은히 여기고 아파하는 마음을 검열하는 것이다.

피해자에 대한 판단을 조율하는 요인들은 그 밖에도 많다. 피해자와 얼마나 거리를 느끼는지, 우리의 정치적 이념은 어떠한지, 개인주의 성향인지 집단주의 성향인지가 전부 영향을 미친다.[17] 자신이 피해자에게 영향을 미칠 수 있느냐 없느냐가 판단의 가장 중요한 기준임에는 틀림없다. 하지만 왜 그토록 많은 피해자들이 자신이 어쩔 수 없는 상황에 떨어졌을 뿐인데도—생각지도 못한 병에 걸린다든가—부정적인 판단의 대상이 될까? 그 이유는 설명을 찾고, 가급적이면 원흉을 지목하려는 욕구 때문이다. 상황이 이렇다 보니 오히려 피해자가 예상치 못한 뭇매를 맞는 것이다. 사고를 '당한' 운전자는 사고의 피해가 클수록 비난 받는다.[18] 피해자는 그에게도 책임이 있다는 증거를 사후에 찾아 들추는 사람들 때문에 또 다른 피해를 입는다. 성폭행 피해자의 상황 진술에서는 평소 아무 문제도 되지 않거나 오히려 좋게 받아들여질 법한 요소들도 비난의 대상이 될 수 있다.[19]

어떤 피해자 집단이 부정적인 평가를 당하면 결국 그 집단 전체가 그런 생각에 동화될 가능성이 높다. 피해자가 된 것도 모자라, 비판을 내면화함으로써 부정적인 감정들까지 떠안는 것이다. 피해자 집단에서 종종 나타나는 이러한 잠재적 거부는 2차 피해를 야기한다.[20] 강간, 가정폭력, 질병, 자연재해, 대형 사고의 피해자들이 자책에 시달리는 경우는 매우 많다.[21] 피해자가 어떤 식으로 자책하느냐를 보면 그 사람이 시련을 얼마나 잘 극복할 수 있는지 예측 가능하다. 자신이 한 행동을 자책하는 피해자("그 집으로 돌아가지 말았어야 했어.")가 자신의 전반적인 인격을 비난하는 피해자보다는 전망이 밝다.[22]

"천벌을 받아 그런 몹쓸 병에 걸렸지!"

국제연구센터CERI의 한 정치학자는 2004년의 대규 쓰나미 사태 후에 "많은 아시아인들이 이 참사를 자연의 복수이자 신의 경고로 받아들이고 있다."고 했다.[23] 인간은 불행과 맞닥뜨릴 때 형이상학적인 설명에 기대려는 심리 기제가 자동으로 발동한다. 영적 차원의 설명(소위 '변신론')을 끌어들이는 것은 의미를 되찾으려는 시도요, 다시 통제할 수 있다는 자신감이 그만큼 절박하게 필요하다는 뜻이다. 이러한 사고방식은 우리 정신의 일반적인 기호에서 비롯되며 과거부터 존재해왔고 특정 문화에서는 더욱 강화된다.

'천벌을 받아 그런 몹쓸 병에 걸렸지!'라는 사고가 종교적 해석 체계에 내재한다고 해서 '질병은 도덕성과 무관한 우연'이라는 인식이 없는 것은 아니다. 같은 유대교-그리스도교 전통 안에서도 역사적 시기에 따라 해석이 다르다. 똑같은 성경 안에서도 이집트 사람들과 팔레스타인 사람들에게 떨어진 전염병은 신의 분노를 나타냈지만 오만 가지 불행을 당하고 경건한 주위 사람들에게까지 버림받은 욥은 죄 없는 의인이었다. 그리스도교가 신비주의적 해석을 밀어붙인 것은 사실이다. 장 들뤼모가 기술한 바에 따르면 중세 유럽에는 사회 혼란과 생물학적 이상징후가 영혼이 타락한 결과라는 사고가 도처에 만연했다.

블레즈 파스칼Blaise Pascal은 『질병의 선용善用을 비는 기도』를 통하여 신께 이렇게 청한다. "당신께서 이제 나를 바로잡으시고자 질병을 보내셨으니 부디 나의 조바심으로 당신을 괴롭히는 데 이 질병을 쓰게 마옵소서. … 내가 건강을 잘못 사용하여 당신이 벌을 내리셨나이다." 이 생각대로라면 신체의 질병은 영혼 속 모든 악의 구현이자 그에 대한 벌일 뿐이다. 그러나 파스칼만 이런 생각을 했던 것이 아니다. 머독Murdoch은 139개 사회의 민간 병인학 이론들을 살펴보는 이문화간 연구를 수행했다. 그가 다룬 콘텍스트의 80퍼센트는 질병이 도덕원칙의 위반에서 기인하는 것으로 보고 있었다.[24] 인류학자 리처드 슈웨더Richard Shweder는 남부 아시아에서 수많은 '도덕 인과론적' 설명들을 찾아냈다. 이러한 주장들은 도덕규범의 위반으로 거슬러 올라가며 개인의 고통은 그 사람의 행동에서 비롯된 것, 우리에게 닥치는 모든 좋고 나쁜 일은 우리가 뿌린 대로 거둔 결과라고 본다.

에이즈는 부도덕의 증거인가

프랑스에서 내재적 정의의 수사학을 공적 영역에 끌어들인 가장 최근의 예는 에이즈가 처음 인구에 회자되던 1980년대로 거슬러 올라간다. 당시 벨기에 대주교 앙드레 조제프 레오나르André-Joseph Léonard는 『페스트』[25]의 파늘루 신부를 연상케 하는 태도로 "어떤 행위들에 대해서는 자연이 앙갚음을 하기도 한다."고 말했다.[26]

에이즈 환자들은 졸지에 사회적, 성적 규범을 위반한 죄인이 되었다. 그들은 암묵적, 명시적 거부를 경험했으며 세계적으로 별의별 극단적 조치들이 구상되었다. 스웨덴은 작은 섬에 에이즈 환자들을 격리하자고 했고, 스위스에서는 에이즈 환자들에게 문신을 새기자고 했으며, 이탈리아에서는 공동묘지에 에이즈 사망자 구역을 따로 두자고 했다.[27] 과학적 의문들과 보조를 맞추어 세계 각지에서 처벌과 과오를 강조하는 담론들이 성행했다. 가치관을 잃고 섹스에 지나치게 관대한 사회가 그러한 담론의 표적이었다.[28] 이러한 맥락에서 에이즈는 부도덕의 증거처럼 여겨졌다.(그 시절 에이즈는 동성애와 단단히 결부되어 있었다.) 성性의 영역에서 중요한 규범을 위반한 결과가 신체적 재앙으로 나타난 것이라는 믿음은 아주 오래된 것이다. 레비 브륄Lévy-Bruhl은 '전前논리적' 사고방식이 한 가지 구실만 있어도 죄의식을 자극하는 수사법을 얼마든지 펼칠 수 있다고 했다. 과거에도 콜레라, 결핵, 한센병 같은 질병은 죄악과 관련된 의미를 지녔다. 과거 프랑스에서 한센병 환자들은 몹쓸 죄를 저질러 벌을 받았다는 편견에 시달렸을 뿐 아니라 자연재해, 악천후, 가축전염병이 발생할 때마다 희생양이 되곤 했다. 14세

기 초에도 나병환자 수용병동 여러 곳에서 학살이 일어났는데 집권층은 되레 이를 방관했다.[29]

'성도덕'이라는 이름의 주홍 글씨

매독은 천벌과 고통을 통한 교정을 자연스럽게 떠올리게 하는 좋은 예다. 매독 환자의 추하게 변한 얼굴은 그의 도덕적 과오를 구체적이고 가시적으로 드러낸다. '매독syphilis'이라는 단어의 어원은 의미심장하다. 오비디우스(기원전 40년)에 따르면, 시필루스Syphilus는 부도덕한 소행으로 신들의 노여움을 산 탓에 육신에 악행의 낙인을 안고 살게 되었다. 역사를 훑어보면 '도덕적 위반이 신체에 나타난 결과'가 매독에만 국한되지 않는다는 것을 알 수 있다. 성 히에로니무스(기원후 400년)는 여성이 생리 중에 성관계를 하면 한센병, 뇌수종, 생식기기형을 앓는 아기를 낳는다고 했다. 라티스본 신부(기원후 1200년)도 생리 중 성관계로 잉태된 아이는 간질, 실명, 정신 박약을 겪기 쉽다고 보았다. 그 밖에도 과거에는 금욕 기간에 관계를 맺으면 장애아나 기형아를 낳는다던가, 심근경색, 불임, 생식기 변형의 원인이 불륜이라고 믿는 사람들이 많았다.

근래에도 시험관아기 시술을 하면 엄마가 조기 폐경이 된다거나, 경구피임약이 불임, 정신질환, 기형아 임신 등의 부작용이 있다거나, 남성이 피임을 하면 고환이 쪼그라들고 나중에 이기적이고 허약하고 정신적 문제가 있는 아이가 태어난다는 등 별의별 얘기가 다 있었다. 또

인공유산을 하면 우울증, 출혈, 세균감염, 불임에 시달리기 쉽고, 여자가 자위행위를 하면 궤양이나 종양이 생기고 자궁경부암에 잘 걸린다는 말도 있었다. 그중에서도 남성의 자위행위에 대한 속설만큼 넘쳐나는 것이 또 있을까.(아마도 남성의 귀중한 정액을 지켜야 한다는 관념이 그처럼 풍부한 억제책들을 낳았을 것이다.)[30] 미카엘 하네케Michael Haneke의 영화 〈하얀 리본〉은 독일 북부의 어느 마을을 배경으로 한다. 그 마을의 엄격한 목사는 자위행위를 하면 바보가 된다는 고전적인 심리적 억제책을 쓴다. 역사적으로 도덕주의자들은 수음을 온갖 심각한 징후들(위장병, 소화불량, 도착적 식욕, 구역질, 구토, 호흡기 질환, 기침, 가래, 마비 증상, 발기부전, 성욕 감퇴, 시력 및 청력 이상, 체중 감소, 여드름, 기억력 감퇴, 분노 발작, 간질 등등)과 연관지어 왔다.[31] 이러한 믿음은 프로이트가 정반대의 주장(오히려 수음의 퇴행이 정신질환의 원인이 된다는 주장)을 내놓기 전까지 여러 세대에게 공포를 심어주었다.[32]

죽음 앞의 인간

민중은 질병을 부도덕의 결과로 생각한다지만 건강한 사람도 갑자기 죽을 날을 받게되면 도덕규범이고 뭐고 다 놓아버리고 싶어진다. 콜버그의 딜레마는 '아내의 약을 살 돈이 없는 남편이 결국 그 약을 훔친다'는 다소 작위적인 설정을 통해 그 양상을 보여주었다.

    이자벨 코이셋Isabel Coixet 감독의 영화 〈나 없는 내 인생〉에서 한 남자의 아내이자 아이들의 엄마인 젊은 여주인공은 두 달밖에 못 산다는 말기 암 선고를 받는다. 그녀는 가까운 이들에게 자기 병을 감추고 서둘러 애인을 구한다. 죽음을 선고받은 자에게 멀쩡한 자들의 도덕규범은 더 이상 문제가 되지 않는다는 듯이 말이다. 이미 2500년 전에 투키디데스도 페스트라는 치명적 병이 사회규범을 어떻게 와해하는지 상세히 기술한 바 있다. 고대 아테네의 역사학자였던 그는 이렇게 썼다.

"병은 도덕적 혼란의 원인이 되었다. 이제 사람들은 전에는 숨어서 몰래 하던 일에도 과감해졌다. 순식간에 팔자가 변하는 일이 너무 많았다. 부자들이 갑자기 죽고, 어제까지 빈털터리였던 사람이 막대한 재산을 물려받았다. 사람들은 즉각적인 만족만을 원했고 쾌락을 좇았다. 그들에게 내일은 어떻게 될지 모르는 일이었으니까. … 신에 대한 두려움, 법에 대한 두려움은 그들에게 걸림돌이 되지 않았다. 어차피 죽기는 마찬가지이니 경건하게 살든 그렇지 않든 상관없다고 생각했다. 죄를 지은 사람은 재판을 받고 벌이 확정될 때까지 기다리지 않았다. 어차피 그들은 무서운 위협 속에 있었으니까. 모두들 어차피 죽을 텐데 살아 있을 때 재미 좀 보려는 것은 당연하다 여겼다."[33]

런던에 페스트가 창궐했을 때에도 한 관찰자는 "이 전염병 때문에 우리는 서로에게 더 잔인하게 군다. 짐승도 서로에게 이렇게까지 하지는 않을 것이다."라고 썼다. "마르세유에 페스트가 돌자 부모들이 자기 자식들을 거리로 내쫓았다. 아이들은 물 한 항아리와 사발만 가진 채 가혹하게 버려졌다."[34] 연구자들 역시 자신이 죽을지도 모른다고 생각하면 위험한 성관계를 더 많이 고려하게 된다는 것을 인정했다.[35]

반대로 죽음을 '떠올리는 것'은 규범을 더 잘 지키려는 역설적인 효과를 불러오기도 한다. 실험참가자들에게 죽음에 대한 연상을 유도했더니(죽음과 관련된 설문지를 돌린다든가, 영안실 옆에서 조사를 한다든가, 교통사망사고 사진 등을 보여준다든가) 오히려 규범체계가 활성화되는 양상을 보였다. 실제로 죽음에 대해서 생각하고 나면 자선 단체에 더 많은 돈을 기부하고,[36] 집단의 규범을 잘 지키는 사람을 아낌없이 칭찬하며, 규범을 위반한 사람을 더욱 가혹한 시선으로 바라본다.[37]

아이들의 도덕적 판단

위반 행동과 신체적 처벌을 결부시키는 사고방식은 어른들에게 매우 흔하다. 장 피아제는 이러한 믿음이 언제부터 형성되는지 파악하고 도덕의식의 다양한 형태를 분석하기 위해 아이들을 대상으로 조사를 실시했다. 그는 『아동의 도덕적 판단』을 통해 아이들을 아주 어린아이들의 무도덕 상태(규칙에 연연하지 않음), 4~7세의 도덕적 타율 단계(어른의 권위가 정해놓은 규칙에 비판의식 없이 복종함), 7세 이후의 도덕적 자율 단계(합리적으로 정해진 규칙을 지키고 서로 협동함, 자기 행위의 단순한 결과보다 개인의 의도를 더 많이 고려함)로 구분했다. 아주 어린아이들은 부엌 찬장에서 몰래 잼을 꺼내려다가 컵 두 개를 깨뜨린 아이보다 엄마를 도와주려다가 컵 여섯 개를 깨뜨린 아이가 더 나쁘다고 생각한다.

최근의 신경과학 연구에 따르면 인간이 도덕적 의도를 구분할 때 측두-두정접합이라고 하는 특정한 뇌 영역이 활성화된다고 한다. 그런데 자성을 이용하여 이 부분의 활성화를 억제하면 의도적이지만 심각한 결과는 불러오지 않는 행위(누군가에게 독을 먹이려다 실패했다)와 의도적이지 않았지만 치명적인 결과를 초래한 행위(우연히 누군가에게 독을 먹인 셈이 되었다)를 구분하지 못하게 된다.[38]

"넌 그래도 싸다!"는 판결

피아제는 아동의 사고방식에 "사물 자체에 내재하는" 자동처벌이 존재한다는 것을 보여주었다. 앞에서 우리는 이 현상을 '내재적 정의'라는 단어로 지칭했다. 피아제는 6~12세 사이의 아동들에게 다음과 같은 이야기를 들려주었다.

"옛날에 두 아이가 과수원에서 몰래 사과를 따고 있었습니다. 그러다 갑자기 과수원지기가 나타나자 두 아이는 허겁지겁 도망쳤습니다. 하지만 한 아이는 과수원지기에게 잡혔고, 다른 아이는 저만치 돌아서 집으로 가는 다리를 건너는데 그 다리가 무너져 물에 빠지고 말았습니다. 자, 여러분은 어떻게 생각하나요? 만약 그 아이가 사과를 몰래 따지 않았어도 다리가 무너져 물에 빠졌을까요?"

피아제의 조사 결과 6~12세 아이들의 내재적 정의는 연령에 따라 후퇴하는 경향을 보였다.[39] 6세 아이들 중 86퍼센트가 사과를 훔치지 않았으면 괜찮았을 거라는 추론을 택했지만, 7~8세는 73퍼센트, 9~10세는 54퍼센트, 11~12세는 34퍼센트만 그렇게 생각했다. 여덟 살짜리 아이는 이렇게 설명했다. "잘됐네요. 사과를 따면 안 된다는 말을 지켰어야지요." 이 아이에게 "그 아이가 사과를 따 먹지 않았어도 물에 빠졌을까?"라고 다시 물었다. 아이는 "아뇨, 걔가 아무 잘못도 하지 않았으면 물에 빠지지도 않았을 거예요."

피아제는 아이들의 내재적 정의가 어른의 속박에서 받은 느낌을 사물에 전가한 것이라고 보았다. 그렇다면 어른은 이런 사고방식에서 자유로울까? 비록 어른들은 산타클로스나 매질하는 할아버지(산타클로스를 따라다니며 나쁜 아이들에게 벌을 주는 할아버지)가 있다고 믿지 않지만 그들도 가끔 부당한 일을 보고 '마치 그런 존재들이 있다고 믿는 것처럼' 행동한다. 사회심리학 분야의 흥미로운 실험들은 우리가 저마다 어떤 일을 당했을 때에는 그럴 만한 이유가 있다는 식으로 해석한다는 것을 보여주었다.

피해자를 업신여기는 태도에 대한 실험

워털루 대학의 멜빈 러너Melvin J. Lerner는 실험참가자들에게 반대편에서는 볼 수 없는 유리창을 통해서 두 사람이 함께 과제를 수행하는 모습을 지켜보라고 했다.(이 두 사람은 배우들이었다.) 수행 과제는 애너그램(단어나 문장을 구성하고 있는 문자의 순서를 바꾸어 다른 단어나 문장을 만든 것—옮긴이 주)을 푸는 것이었고 두 사람의 공헌도는 서로 비슷했다. 실험참가자에게는 예산상의 이유로 두 사람 중 제비를 뽑아 당첨된 사람에게만 사례를 지급할 것이라고 말해두었다. 마지막으로 실험참가자들에게 그 사람들의 작업에 대한 평가를 부탁했다. 실험 결과는 제비뽑기 결과가 공헌도에 대한 지각에 영향을 미치는 것으로 나타났다. 사례를 받지 못하는 사람이 어느 쪽이든 간에 그 사람은 공헌도가 낮은 것으

로 평가되었다.⁴⁰

또 다른 연구에서는 참가자들이 반대편에서 볼 수 없는 유리를 통해 어떤 사람이 전기 충격을 받으며 괴로워하는 모습을 관찰했다. 참가자들은 충격을 당장 중단해야 한다든가 정확한 반응에 보상을 해야 한다는 의견을 내놓을 수 있었다. 실험자는 일부 참가자들에게는 실험이 10분쯤 연장될 것이라고 말했고 또 다른 일부 참가자들에게는 곧 중단될 것이라고 말했다. 자신의 의사로 실험을 중단시키고 '피해자'에게 보상을 제공할 수 있었던 참가자들은 예외 없이 그렇게 했다. 하지만 실험이 연장되어야 한다는 말을 들은 참가자들은 오히려 피해자에게 보상을 책정하지 않았다. 피해자가 계속 저 상태로 고통을 당할 수밖에 없다고 생각했기 때문에 연민을 느끼기보다는 피해자를 낮게 평가했던 것이다. 러너는 피해자를 업신여기는 태도도 피해자를 지원하는 태도와 마찬가지로 정의를 동기로 삼은 결과라고 보았다.⁴¹

피해자를 업신여기는 태도가 실제로 정의를 표현하려는 욕구에서 비롯된다는 것을 보여준 실험이 있었다. 실험참가자들은 다른 사람들에게 더 많은 보상이 돌아가게 하려는 동기에서 고통을 참는 피해자의 모습을 보았다. 그런데 공정성을 추구하는 관찰자 입장에서는 이러한 상황이 위협이 될 수 있다. 실제로 피해자를 낮게 평가하는 태도는 이러한 상황에서 극대화되었다.⁴²

최근 연구는 동일한 관념을 다른 방법으로 보여주었다. 브록 대학의 캐롤린 하퍼Carolyn Hafer는 실험참가자들에게 심각한 테러를 당한 피해자를 촬영한 동영상을 제시했다. 참가자의 절반 정도는 범인이 경찰에 체포되어 벌을 받았다고 알고 있었고, 나머지 절반은 범인이 아직

잡히지 않아서 정의가 실현되지 않았다는 심리적 불편을 느끼며 동영상을 보았다. 그 후 참가자들은 간단한 테스트를 거쳤다. 우리 눈은 위협적이지 않은 단어의 색깔을 알아차릴 때보다 위협적인 단어의 색깔을 알아차릴 때 더 시간이 많이 걸린다. 이 현상은 단어의 색깔을 파악하는 동안 단어의 의미가 판단에 간섭을 하기 때문에 일어난다. 캐롤린 하퍼는 중립적인 의미의 단어들과 정의와 관련된 단어들을 파란색, 빨간색, 노란색, 초록색으로 색깔을 달리해서 보여주었다. 범인이 아직 체포되지 않았다는 말을 들은 실험참가자들은 다른 참가자들에 비해 정의와 관련된 단어의 색깔을 지각하는 데 더 많은 시간이 걸렸다. 게다가 이러한 부당함에 연연하는 참가자일수록(정의와 관련된 단어의 색깔을 파악하는 데 시간이 많이 걸릴수록) 피해자를 낮게 평가하는 경향도 확인되었다. 이러한 현상을 '공정한 세상' 효과라고 부른다. 우리는 세상이 공정한 것처럼 생각하고 행동하기 때문에, 사건에 대한 판단도 '뿌린 대로 거둔다'는 생각에 부합하는 방향으로 왜곡시키고는 한다.[43]

하지만 어떤 상황에서는 실험참가자들이 피해자를 업신여기지 않았다. 참가자들에게 피해자의 입장을 상상해보라고 하면서 감정이입을 유도한 경우가 그러했다. 피해자의 입장에 서보도록 유도하면 피해자를 경시하는 효과는 사라진다.[44] 그렇지만 피해자와의 동일시가 역효과를 낳을 수도 있다. 피해자가 관찰자와 동일한 특징을 지닌다면 관찰자가 위기감을 더 크게 느끼기 때문에 그러한 유사성이 없을 때보다 더 심하게 피해자를 업신여길 수 있다. 게다가 피해자가 가까운 사람일수록 감정이입은 두드러진다.[45] 부부들을 대상으로 한 연구에서 배우자가 고통스러운 전기충격을 받는 모습을 보게 했다. 이때 뇌 영상을 찍어보니 본인이 직접 고통을 느낄 때 활성화되는 바로 그 영역이 활성화되는 것을 볼 수 있었다. 게다가 부부가 서로에게 감정이입을 하는 수준이 높을수록 자신의 반쪽이 괴로워하는 모습을 볼 때 고통과 관련된 뇌 영역의 활동이 두드러졌다.[46]

누가 공정한 세상을 믿는가

공정한 세상을 철석같이 믿는 사람들의 성향을 파악하기 위해 개발된 설문조사 결과에 따르면, 실제로 세상이 공정하다고 믿는 사람일수록 실험 상황에서 피해자를 업신여기는 것으로 확인되었다.[47] 연구자들은 설문조사를 통하여 공정한 세상을 '믿는 자'들의 프로필에 대해 다양한 정보를 얻었고 그러한 믿음이 연령, 성별, 사회계급과 약간은 관련이 있지만 단순히 어떤 보수이데올로기나 종교적 세계관으로 싸잡아 단정할 수는 없다는 것을 알았다. 공정한 세계에 대한 믿음은 에이즈 환자,[48] 극빈층,[49] 강간피해자와 노숙자,[50] 실업자,[51] 장애인,[52] 노인[53]에 대한 경멸과도 관련이 있다. 이러한 설문 측정의 흥미로운 변화 중 하나는 개인적 적용과 일반적 적용을 구분하게 되었다는 것이다. 다시 말해, 세상이 '나'에게 공정하다고 믿는가와 세상이 '남'들에게 공정하다고 믿느냐는 별개다.[54]

개인적 적용—세상이 나에게 공정하다고 믿는 사람들—은 자신이 거둔 긍정적 결과들과 관련이 있다. 공정한 세상에 대한 믿음이 투철한 사람일수록 삶에 의미가 있다고 여긴다. 이들은 비교적 행복한 삶을 누리며 부정적 감정이 적고 자신의 사회적 인간관계에 만족하는 편이다. 일례로 한 연구에서 이러한 사람들은 위협적인 정보를 접해도 자존감이 실추되지 않으며, 힘든 상황을 잘 처리할 수 있다는 자신감이 있는 것으로 나타났다.[55] 학교에서 말썽을 피우는 청소년들의 경우에도 세상이 자신에게 공정한 편이라고 생각하는 아이들은 남들이 자신을 놀리는 상황에서 덜 공격적으로 반응했다.[56]

일반적 적용—세상이 남에게 공정하다고 믿는 사람들—은 법을 어긴 자에게 냉혹하고 가난한 사람들을 부정적으로 보는 태도로 이어진다. (사전에 실험에 합의한) 어느 거지가 그르노블 중앙광장 벽에 기대어 있었다. 실험자는 그 거지 주위의 일정 거리 내로 들어오는 사람들을 전부 체크했다. 그중에는 거지에게 적선을 베푼 사람도 있었고 그냥 지나간 사람도 있었다. 그 후 이 사람들을 잠시 사이를 두고 쫓아가서 설문조사에 참여해달라고 부탁했다. 물론 이들은 거지 앞을 지나칠 때의 자기 행동과 설문조사 사이에 어떤 관계가 있으리라고는 전혀 생각지 못했다. 그 결과, 거지에게 적선을 하지 않은 사람일수록 세상은 남에게 공정하다는 믿음이 투철한 것으로 나타났다.[57]

하지만 어떤 상황에서는 그러한 믿음이 이타성을 자극하기도 한다. 대학생들에게 맹인을 위한 책 읽어주기 봉사를 부탁해보았다. 일부 대학생들은 시험이 없는 학기 중에 이러한 부탁을 받았고 또 다른 일부는 시험이 한창 진행 중인 학기 말에 부탁을 받았다. 이미 몇 주 전에 이 학생들은 공정한 세상에 대한 믿음을 평가받은 바 있었다. 결과를 종합하니 그러한 믿음이 투철한 학생일수록 힘들고 바쁜 학기말에도 봉사에 나서는 비율이 높았다.[58] 다른 학생들은 여유가 있는 학기 중에

나 봉사를 하겠다고 했다. 왜 그럴까? 공정한 세상을 믿는 학생들은 좋은 일을 하면 결국 (시험에서조차) 자기에게 보답이 돌아온다고 생각했던 것이다.

도덕적 판단에 이용되는 정보들

성인이 감정을 배제한 도덕적 판단을 내릴 때에는 마치 판사처럼 행동한다. 판단을 내리는 사람은 먼저 피해의 원인이 무엇인가를 생각하고, 가해자를 가려내어 그에게 도덕적 '책임'을 묻는다. 이 단계가 해결되면 '비난'의 문제로 넘어간다. 가해자가 비난받을 만한가에 대한 문제는 그가 입힌 피해의 정도, 그를 정당화할 만한 사유들에 달렸다. 마지막으로 등장하는 '처벌' 단계 역시 피해의 정도, 피해를 만회하려는 노력이나 사과, 자신의 행동에 대한 반성 등에 따라 좌우된다.

이러한 판단 모형은 개인을 직관적 판단자로 본다. 개인은 신체적 위해, 잠재적 위험, 금전 손실, 사용된 수법의 폭력성, 피해자의 취약성, 범죄 의도 등을 고려하여 위법의 심각성을 파악하는 것으로 나타났다. 뉴욕 대학의 버나드 와이너Bernard Weiner는 사회적 판단이 '어떤 행동의 개인적 혹은 대인적 원인(문제가 되는 사건의 원인에 개입되어 있는가)'[59]을 지각하는 동시에 '통제가능성/통제불능성(그 행위가 행위자의 의지로 얼마나 조절 가능한 것인가)'을 생각함으로써 도출된다고 했다.

또한 와이너는 엄밀한 의미에서의 책임과 원인에 대한 통제가능성은 다르다고 보았다. 통제가능성은 원인의 특성에 기준을 두지만 책임을 묻는다는 것은 당사자에 대한 판단, 그가 했어야 했던 일 혹은 하지 않았어야 했던 일에 대한 판단을 포함한다.[60] 원인이 개인의 수준에 있고 실제로 그 사람이 통제할 수 있었던 것일지라도 '정상 참작'은 책임에 대한 판단을 다소 완화하거나 유예시킬 수 있다.[61] 도덕적으로 비난받을 만한 행위라도 그 행위 주체가 지적으로 문제가 있거나 미성년자라면 판단은 달라진다. 상대의 도발에 응한 행위,[62] 심신미약(음주) 상태에서 저지른 행위도 마찬가지다.[63]

감정이입의 패러독스

> 남의 고통을 보면서 참지 못하는 것은 인지상정이다.
>
> — 맹자

감정이입은 그 정의상 타인이 느끼는 감정을 파악하는 능력이다. 감정이입이 지나치게 고조되면 자기도 우울해지기 때문에 진정한 의미의 동정심이 발휘되지 못할 수 있다. 한 연구에서 5~13세 아동들에게 힘든 상황에 있는 아이의 모습(부모에게 부당하게 벌을 받거나 부모와 떨어져 지내야 하는 모습)을 동영상으로 보여주었다. 동영상 속의 아이가 괴로워할수록 실험에 참가한 아이들도 괴로움을 느꼈고 주의를 기울였다. 그러나 일정 수준을 넘어서면서 아이들은 감정에 몰입한 나머지 동영상 속의 아이보다 자기 자신에게 초점을 맞추었다.[64] 이러한 실험 결과는 쉽게 감정이입을 하지만 감정 조절을 잘 하지 못하는 아이들이 실제로

감정이입을 유도당한 상황에서 타인을 잘 도와주지 않는다는 보고와도 부합한다.[65]

사회복지사, 의료인, 간병인이나 상담사 등이 그 직업에 오래 종사하다 보면 감정적으로 냉혹해지는 경우가 적지 않다. 감정이입능력이 뛰어난 의료계 종사자들이 제일 먼저 자기 일에 염증을 느끼고 말기 환자들을 회피한다는 보고도 있다.[66] 고통을 치료하는 데 익숙한 의사들은 괴로워하는 환자의 동영상을 보아도 임상 경험이 없는 의사들만큼 고통과 관련된 뇌 영역이 활성화되지 않았다.[67] 게다가 의사들은 환자가 당하는 고통을 그렇게까지 힘든 것으로 여기지 않았다.[68]

바로 여기에 감정이입의 패러독스가 있다. 피해자에게 감정을 이입할수록 그를 도와줄 확률은 높다. 일례로 타인이 도움을 필요로 한다는 것을 알았을 때, 심장박동이 빨라질수록 신속하게 도움을 제공하려 한다. 하지만 어느 선을 넘어버리면 관찰자는 괴로운 상황을 회피하고 피해자와 거리를 두고 싶어진다. 그러나 이미 도움을 주기로 약속한 상황이거나 피해자가 개인적으로 가까운 사람이라면, 관찰자의 감정이입이 고조될수록 피해자를 도와야겠다는 의욕의 수준도 높아진다.

누가 피해자를 비난하는가

공정한 세상에 대한 믿음의 핵심에는 타인의 어쩔 수 없는 불행을 설명하려는 욕구가 있다. 하지만 어떤 경우에는 귀인 이론 attribution theory에 입각한 정의의 수사학이 그저 자기정당화(자기, 소속 집단, 이데올로기에 대한

정당화)의 수단으로 전락하기도 한다.[69]

강간범이 피해자에게도 책임이 있다는 식으로 비난하는 경우는 드물지 않다.[70] 같은 맥락에서, 미국인들은 아메리칸인디언들의 인간적인 감정을 부정하는 경향이 있다. 특히 인디언 학살에 대한 책임의식을 자극하자 이러한 양상은 더욱 두드러졌다.[71] 이 같은 정당화의 욕구는 자기 이미지를 타인이나 자기 자신에게 항상 잘 유지하고 싶어하는 태도를 반영한다. 여러분이 어떤 실험에 참여하러 왔다고 상상해보자. 실험 과제의 성패에 따라 불쾌한 전기충격을 받을 수도 있는데 그건 그냥 제비뽑기로 정해진다고 한다. 당신과 동시에 실험실에 도착한 다른 참가자(사실은 실험의 공모자)도 있었다. 당신과 그 참가자가 차례로 제비를 뽑았다. 당신은 운 좋게 피드백을 면했지만 다른 참가자는 과제의 성패에 따라 전기충격을 받게 되었다. 물론 그 사람이 먼저 제비를 뽑고 당신이 나중에 제비를 뽑을 수도 있었다. 문제는 제비뽑기의 순서에 따라 다른 참가자에 대한 당신의 평가가 달라진다는 사실이다. 당신이 먼저 제비를 뽑았다면 상대의 불운에 어느 정도 '책임'이 있기 때문에 자신을 정당화하기 위해 상대를 낮게 평가할 것이다.[72]

타인의 고통에 직접적인 책임이 있는 사람은 자신을 정당화하려 노력한다. 스탠리 밀그램은 권위에 대한 복종을 연구하면서 파트너가 기억력 테스트에서 실수를 할 때마다 전기충격을 가했던 참가자들이 실험 후에 파트너를 낮게 평가하는 현상을 확인했다. 밀그램은 그 실험에 대해 이런 설명을 내놓았다. "책임은 실수를 범해서 처벌을 자초한 학생에게 떠넘겨진다. 그 학생은 이런 실험에 자원했다는 이유로 비난을 당하고, 더 고약하게는 아둔하고 고집이 세다고 비난을 당한다. …

이때의 심리 기제는 명백하다. 그 학생은 '딱한 녀석'이지만 자업자득일 뿐이라는 것이다."[73]

또 다른 연구에서 학생들은 다른 학생의 면접을 관찰했다. 그들은 (실험자가 시키는 대로) 면접을 하는 학생에게 그가 하는 말이 피상적이고 신뢰감을 주지 못한다는 메시지를 전달했다. 그런 다음 그들에게 그들 나름대로 그 학생을 평가해보라고 했다. 그러자 그들은 그 학생이 정말로 그런 비판을 받을 만하다고 믿게 된 것처럼 야박한 평가를 내렸다.[74] 하지만 피해자와 관찰자의 불균형이 사라지면 피해자를 가혹하게 대하는 태도가 함께 사라지는 경우도 적지 않다. (학습에 대한 실험 상황에서) 파트너에게 전기충격을 가해야 하지만 나중에 역할이 바뀌어 자기도 전기충격을 받아야 한다는 것을 아는 참가자들은 파트너를 낮게 평가하지 않았다.[75] 또 전기충격을 받은 파트너와 협동해야 하는 과제가 있을 때,[76] 피해자의 시각을 고려하게끔 유도하는 지침이 주어진 경우에도 파트너에 대한 평가는 야박하지 않았다.[77] 반면에 자존감이 아주 높은 사람들은 피해자의 입장에 서기를 어려워할 수도 있다. 어떤 실험에 따르면, 자존감이 높을수록 피해자를 업신여기기 쉽다.[78] 자기 자신의 가치를 어떻게 생각하느냐가 때로는 '고통을 차단하는 막'이 되어 감정이입을 봉쇄해버리기도 한다. 이 탄탄한 막은 일종의 가면이기도 하다. 그 막은 기꺼이 완벽한 미덕의 귀감으로서 연출될 것이다. 이제 이 도덕극이 펼쳐지는 극장의 심리학적 분장실들을 찾아가보자.

10
자신에게만 관대한 사람들
♥

허버트 제임스 드레이퍼Herbert James Draper,
〈오디세우스와 세이렌〉

오디세우스는 세이렌의 섬 근처를 지나기 전에 부하들에게 자신을 돛대에 단단히 붙들어 매고 자기가 무슨 말을 하든 철저하게 무시하라고 했기 때문에 죽음의 위기에서 벗어날 수 있었다. 이러한 '선약'은 자신의 의지에 반하는 행동을 막고 결심을 실천하게 하는 하나의 수법이다.

> 가면을 쓰는 것은 예의의 본질 그 자체다.
> ― 리처드 세넷[1]

 사회적 의식, 의례의 역학에 흥미를 품었던 도덕주의자들과 사회학자들이 연극이라는 메타포를 이용하여 '인생극'을 기술했던 것은 어찌 보면 당연하다. 사회라는 거대한 무대에서는 배우, 가면, 깃털, 새틴, 스팽글, 콘텍스트, 극삭법 등을 이용한 나양한 도덕규칙이 실정된 드라마가 연출된다.
 말을 할 수 있다는 특권은 거짓말을 할 수 있다는 특권이기도 하다. '말하는 인간'은 '거짓말하는 인간'이다. 그러나 연극과는 달리, 현실에서는 배우가 언제나 의식적으로 가면과 태도를 바꾸는 것은 아니며 무대는 생각지도 못한 범위까지 뻗어나간다. 실존하는 타인, 내면화된 타자에게 체면을 잃지 않으려면 항상 날카로운 의식을 유지하고, 자기가 속한 집단의 규범을 지키지 못했을 때 어떤 결과가 벌어질지 생각해야 한다. 때로는 성대모사를 잘하는 연예인처럼, 때로는 책략가처럼 행동해야 한다. 웃음거리가 될까 봐, 자가당착에 빠질까 봐, 일탈자가 될까 봐 두려운 마음은 결코 잠들지 않는다. 사회적 존재는 자기가 의심을 사거나 도발을 당할 때 관객이 있으면 더 심하게 동요한다.[2] 명예의 실추가 곧 사회적 사망선고일 수도 있고, 공개적 경고에 침묵하는 것이 사회적인 인간의 삶을 포기한다는 뜻으로 비춰질 수도 있다.(그렇기에 목숨을 걸고 대응해야 한다!) 범죄 통계자료만 봐도 알 수 있듯이, 길에서 두 사람이 싸움이 붙었을 때 제3자가 있다면 신체 및 언어 폭력이 두 배로 격렬해진다.[3]

자기 자신에 대한 생각은 상당 부분 타인의 판단에서 오기 때문에 우리가 우리 행동이 어떻게 해석될까에 그토록 연연하는 것도 무리는 아니다. 나의 평판이 곧 나의 진정한 사회적 표상이기 때문에 절대로 평판에 흠집 나는 일을 해선 안 된다. 도덕적 차원에서는 더욱 그렇다. 개인이 자신에게 부여하는 가치, 타인에게 부여받는 가치를 결정하는 데에는 도덕성이 매우 중요한 역할을 한다.[4] 운동을 잘하고 머리가 좋고 손재주가 뛰어난 것도 사회적으로 유리하게 작용하지만, 타인이 가장 중시하는 인격적 측면은 주로 도덕성과 관련이 있다. 실험참가자들에게 인간을 묘사할 수 있는 300가지 특징 중에서 어떤 사람의 존재를 기술하는 데 가장 중요한 특징이 무엇인지 꼽아보라고 했다. 참가자들이 가장 많이 꼽은 특징은 '정직'이었고 다음으로 '신뢰', '다정함', '신의', '책임감' 등이 순서대로 나왔다. 37개 국가에서 실시된 이문화간 연구 결과를 종합한 결과, 파트너에게 요구되는 가장 중요한 자질은

'상냥함'이었다.[5]

배신자나 배후조종자로 찍힌다는 것은 확실한 위협이다. 모두가 나를 피하거나 따돌릴 거라는 위협 말이다. 재화를 분배하는 게임에서 속임수를 쓴 사람이 그다음 판에서 배제되거나 처벌을 받는다는 것을 보여주는 실험경제학적 연구들은 수없이 많다.[6] 반대로 어떤 사람이 도덕적으로 훌륭한 자질을 지니고 있다고 남들에게 인정받는다면 그 사람은 사회적 교류에서 더 많은 협조를 얻을 수 있다.[7]

위선자를 묘사해보세요

청렴한 사람은(그가 꼭 이러한 혜택을 의식하고 청렴하게 사는 것은 아닐지라도) 그 청렴함으로 인해 많은 혜택을 얻는다. 사회는 장기적 관계를 공고히 하는 데 도움이 되는 도덕적 믿음들을 장려한다. 공정한 세상에 대한 믿음도 그중 하나다.[8] 경제학자 로버트 프랭크Robert Frank는 정직하게 보이는 사람이 사업에서도 더 큰 성공을 거둔다고 했다.[9] 칭찬받을 만한 행동은 남들에게 지각되어야 한다. 도덕성이 그 자체만으로 사회적 편입과 협동에 이롭다면 그러한 태도가 인간 상호 작용의 무대에서 인정받는지를 왜 신경 쓰겠는가?

사회적 존재는 도덕적으로 행동하는 것만으로 충분치 않다. 그러한 존재로서 지각되는 것도 중요하고, 집단 속에서 형성된 자기 이미지를 끈질기게 유지하는 것도 중요하다. 존재는 지각되는 것이다.(Esse est percepi, 주관적 관념론 철학자 조지 버클리가 한 말이다.—옮긴이 주) 우리가 협력하는 이 역할극이 반드시 의도적이고 의식적일 필요는 없다. 물론 심사숙고된 이중성, 계획적인 속임수, 음흉한 위장이 가능한 사람들도 있다. 게다가 연구자들은 이른바 '권모술수에 능한' 인물의 심리를 밝힌 바 있다. 이러한 인물의 특징 중 하나가 바로 타인을 뻔뻔하게 조종하는 능력이다.[10] 부동산 중개,[11] 자동차 세일즈에서 성공한 사람[12]들은 설문조사에서 권모술수에 능한 것으로 나타났다.[13] 실험경제학 연구 결과에 따르면 이들은 보통 사람들보다 거짓말에 능하고, 시험에서 부정행위를 많이 하며,[14] 파트너를 배신하거나[15] 착취하기 쉽다.[16] 실험실에서의 연구는 이들이 속임수가 들통 났다고 느끼는 순간에도 상대의 눈을 똑바로 바라보는 능력이 보통 사람들에 비해 탁월하다는 것을 보여주었다.[17] 이런 성향은 초등학교 5학년 때부터 감지된다. 아동용 설문조사에서 권모술수가 뛰어나다는 평가를 받은 아이들은 이미 다른 아이들을 자기에게 유리하게 조종할 줄 알았다. 한 실험에서 아이들에게 이상한 맛이 나는 과자를 다른 친구들이 먹게 해보라고 했다. 설문조사에서 권모술수가 뛰어나다고 평가받은 아이들은 실제로 능청스러운 거짓말로 다른 아이가 과자를 먹게 했다.[18]

위선자의 특징이 정해져 있어서 척 보기만 해도 사기꾼을 가려낼 수 있다면 참 편리할 것이다. 하지만 그 편리한 기능은 우리가 공통적으로 바람직하지 않게 여기는 심리적 특징들을 무조건 악한 것으로 몰아갈 위험이 있다.[19] 우리는 왕자보다 어린왕자를 좋아한다. 하지만 본질적으로 우리가 흔히 위선이라고 말하는 것은 인간관계상의 병이 아니라 사회적 조건의 결과로 봐야 한다. 이중성은 대개 당사자도 잘 알아차리지 못하며 오히려 그 사람을 지배한다. "가면은 오랫동안 피부에 달라붙는다. 위선은 결국 진심이 되어버린다."²⁰ 여러 유럽 언어에서 '위선자hypocrite'라는 단어는 원래 무대 위의 배우를 가리켰고 라틴어 '페르소나persona' 역시 무대에서 쓰는 가면을 뜻했다. 우리는 이러한 어원들을 살펴보면서 역할극과 빌려 입는 의상이 도덕적 삶의 중요한 골조가 된다는 점을 깨닫는다. 위선의 문학적 표본 타르튀프(몰리에르의 희극 〈타르튀프〉의 주인공, 프랑스어에서 위선자라는 보통명사와 동일시될 만큼 유명하다.—옮긴이 주)는 어떤 역할을 연기하는 것이 아니다. 그는 신의와 겸양의 본을 보이면서 오르공이 자기 가족들을 외면하고 그에게 유산을 물려주게끔 일을 꾸민다. 그러면서도 타르튀프는 스스로 도덕적인 열망에 불타고 있다고 믿는다.

"그는 배우의 정신분열을 모른다. 그는 거짓 진심에 불탄다. 아니, 좀 더 정확하게 말하자면 그는 진심 어린 진심이다. 타르튀프는 연기를 하는 게 아니다. 분장은 그의 피부가 되었고 가면은 얼굴에 찰싹 달라붙어 더 이상 떨어질 줄 모른다. 타르튀프형 인간은 자신의 미덕을 믿어 의심치 않는다."²¹

성자는 자신을 보아줄 관객을 찾나니

6장에서 이미 살펴보았듯이 타인의 존재는 본능적인 모방 행동을 이끌어내곤 한다. 또한 타인의 존재는 '윤리적 마음'에도 영향을 준다고도 말할 수 있다. 다른 사람들에게 나의 성금 액수가 알려진다는 암시를 주면 우리는 좋은 인상을 주기 위해 일부러 많은 돈을 내놓는 경향이 있다.(연구에 따르면 그러한 암시가 있을 때와 없을 때의 차이는 무려 7배에 달한다!)[22] 선행을 칭찬받을 수 있을 것 같은 때에는 가난한 사람에게 더 관대해지고 다른 사람들과 더 공정하게 돈을 나눈다.[23] 사람들은 감시카메라가 있는 곳에서 더욱 열심히 다른 사람을 돕는다.[24] 반면에 타인의 시선이 없는 곳에서 우리의 참을성은 쉽게 바닥난다.

우리는 가끔씩 사회적 규칙을 지키지 않는 사람을 벌주기 위해 때로는 손해를 감수하는 일도 마다하지 않는다. 인류학자들은 공정하게 게임에 임하지 않는 상대를 자신의 돈을 잃으면서까지 혼내주려 하는 '값비싼 처벌punition coûteuse' 현상을 연구했다. 북미, 남미, 아프리카, 아시아, 오세아니아를 포함하는 15개 사회에서 실험참가자들은 자기가 부당한 일을 당했을 때는 물론이요, 피해자가 제3자일 때에도 상당한 손실을 감수하면서까지 가해자에게 벌을 주려 했다.

하지만 최근의 연구에 따르면 우리는 영웅적 행위가 남들에게 알려질 때에만 정의의 기사로 돌변한다고 한다. 한 실험에서 참가자들은 공동프로젝트에 돈을 걸고 나중에 배당금을 받는 게임을 했다. 그런데 어떤 사람들은 남들보다 돈을 적게 걸고도 나중에 똑같은 배당금을 받을 수 있었다. 다른 사람들은 이들에게 벌금을 물릴 수 있었으나 이렇게 하면 자기들도 돈을 내놓아야 했다. 연구자는 실험참가자가 이러한 '정의의 수호자' 역할을 익명으로 할 수도 있고 공개적으로 할 수도 있게 했다. 결과적으로, 실험참가자들은 자신이 정의의 기사라는 것이 알려질 때 비로소 손실을 감수하면서까지 부당하게 이익을 취한 자를 벌하는 데 나섰다. 익명으로 남아야 할 때에는 벌하고 싶은 욕구를 자제하는 편이었다.

나의 도덕성 포장하기

> 발이 마비되었다는 이유로 자기들이 착한 줄 아는 약골들을 나는 곧잘 비웃었다.
>
> — 니체, 『자라투스트라는 이렇게 말했다』[25]

우리는 '도덕적 자산 관리' 차원에서 우리의 선행이 널리 알려지고 윤색되기를 바란다. 뭇사람들에게 존경받는 위치야말로 '세상에서 가장 아름다운 자리' 아니겠는가?[26] 우리의 행동에 도덕적 후광을 드리우는 또 다른 방법은 실제로는 도덕과 별 상관없는 행동에 '도덕적인' 의미를 덧입히는 것이다. 마치 한 아이가 다른 아이에게 장난감을 '양보'하지만 실상은 그 장난감에 흥미가 떨어졌을 뿐인 것처럼 말이다. 집에서 아주 먼 곳까지 여행을 간 적이 없다고? 그렇다면 내가 아는 친구처럼 '환경 보호'를 위해 일부러 비행기를 타지 않는 척해보라!

어떤 상황에서는 도덕과 무관한 행동이 나중에 선행으로 포장된다. 실험참가자들에게 아주 긴 숫자들을 그대로 베껴 쓰는 지루한 과제를 주었다. 그들은 이 과제를 수행하는 중에 다른 참가자가 숫자 베끼기를 때려치웠지만 아무런 제재를 당하지 않는 모습을 보았다. 나중에 참가자들은 다른 참가자의 중도 포기 상황에 대해서 이야기할 기회가 생기자 자기를 상당히 도덕적으로 여기는 태도를 보여주었다.[27] 하지만 실험 전 자신의 중요한 개인적 특징이나 가치를 말해보라고 했을 때 그들은 딱히 스스로를 도덕적이라고 생각하지 않았다.[28]

또 다른 실험은 우리가 잘못을 저지르지 않은 사람으로 연출될 때 자신에게 더 큰 가치를 부여한다는 것을 보여준다. 13세 아동들에게 시험을 치고 우수한 사람은 상을 주겠다고 했다. 연구자는 이 아이들이 시험에서 부정행위를 곧잘 저지르는지 그렇지 않은지 사전에 충분히 조사를 해두었고, 일부러 아이들이 시험 결과를 조작하기 쉬운 조건을 만들었다. 실제로 절반 이상의 아이들이 부정행위를 했다. 다음 날, 아이들은 부정행위를 도덕적으로 용납할 수 있는가와 관련된 설문 조사를 받았다. 조사 결과, 흥미로운 자기정당화 현상이 드러났다. 부정행위를 한 아이들은 예전만큼 부정행위를 부정적으로 보지 않았고 유혹에 꿋꿋이 저항한 아이들은 예전보다 더 완강하게 부정행위를 비난했다.[29]

자기가 어떤 잘못을 저지르고 나서 그 잘못을 금기시하는 규범을 가볍게 여기게 되는 현상은 매우 일반적이다. 이러한 현상은 부도덕한 행동의 심각성을 낮추어보는 태도로도 나타난다.[30] 타인에게 폭력을 행사했을 때에도 마찬가지다. 처음에는 사소한 폭력에서 시작해서 차츰 폭력을 대수롭지 않게 여기다가 결국 극단적인 행동까지 저지르게 되는 경우도 많다.[31]

도덕적인 사람으로 보이고 싶은 유혹

사회라는 무대의 배우들은 조심성을 잃지 않는다. 비차별주의는 결코 위반해서는 안 될 중요한 도덕적 규범 중 하나다. 어떤 경우에는 차별을 해서는 안 된다는 염려가 역차별을 낳기도 한다. 그저 남들에게 지탄받으면 안 된다는 두려움 때문에 이렇게까지 될 수 있다. 과거 미국의 한 조사는 특급 호텔에서 드레스코드를 지키지 않은 사람들이 어떻게 되는가를 살펴보았다. 호텔 식당에 커플이 등장했는데 남자 쪽이 전혀 격식을 차리지 않은 차림이라고 치자. 이 커플이 백인들이라면 흑인 커플일 경우보다 식당 이용을 거부당할 확률이 두 배나 더 높다.[32] 호텔지배인은 격식을 갖추지 않은 손님을 거부할 권리가 있다. 하지만 인종 차별주의자로 몰릴까 봐 얼마든지 통용될 수 있는 규칙을 흑인 커플들에게는 제대로 적용하지 못한 것이다.

스탠퍼드 대학의 브누아 모냉Benoît Monin과 데일 밀러Dale Miller도 최근 비슷한 현상을 연구한 바 있다. 실험 초반에 참가자들은 자신이 인종 차별주의자가 아니라는 것을 어필할 기회가 있었다. 그들은 직원을 선발하는 과제에서 훌륭한 이력을 제시한 흑인 지원자를 택했다. 그다음에는 다소 인종 차별적이라는 평판이 있는 경찰 팀의 일원을 선발하는 과제가 주어졌다. 그러자 그들은 인종 차별주의자가 아니라는 기존의 입장이 무색하게도 반드시 백인만 뽑았다. 동일한 모형을 이용한 또 다른 연구에서는 2008년 미국 대선에서 오바마를 뽑았다고 공개적으로 말한 사람들이 앞서 말한 경찰 팀 일원으로 백인을 신빌하는 경향이 오히려 더 높았다.

사회적 차별이 농후한 의견들을 내놓기 전에 자신은 차별을 분명히 반대한다고 먼저 밝히는 경우도 많다. "저는 인종 차별주의자는 아닙니다."라는 말에서 이미 인종주의를 짐작해도 좋을 지경이다. 이런 수사법이 때때로 통하기도 하지만, 다수에 속하기 싫어하는 사람들에게는 작위적으로 보이기 때문에 역효과를 낳기도 한다.[33]

위선에 대하여

마크 스나이더Mark Snyder가 이끄는 미네소타 대학 연구 팀은 절묘한 방법으로 위선에 대해 연구했다. 실험참가자들은 TV앞에 앉아 영화를 보았다. 두 대의 TV(A와 B라 하자.) 사이에는 달랑 병풍 한 장밖에 없었고, 참가자들은 A를 보고 있는 장애인과 B를 보고 있는 정상인의 뒷모습을 볼 수 있었다. 연구자들은 장애인을 멀리하는 사람으로 보일까 봐 두려워하는 마음이 어떤 행동으로 나타나는지 보기 위해 A, B에 서로 다른 영화를 틀어보기도 하고 똑같은 영화를 동시에 틀어보기도 했다. A, B에서 서로 다른 영화가 나올 때에는 B쪽에 훨씬 더 많은 참가자들이 앉았다. 장애인을 기피해서가 아니라 그쪽 영화가 더 재미있어 보여서 갔다는 구실이 성립하기 때문이다. 그러나 두 대의 TV가 똑같은 영화를 보여줄 때에는 장애인 기피 현상이 전혀 나타나지 않았다.

비슷한 장치를 사용한 또 다른 연구가 있다. 종교생활을 충실히 하는 사람들은 두 대의 TV에 똑같은 영화가 나오는 상황에서 흑인이 앉아 있던 쪽에 더 많이 앉았다. 그쪽을 피하면 인종 차별주의자처럼 보일 수도 있는 상황이기 때문이었다. 그러나 이 실험에서도 회피의 이유를 영화의 내용으로 돌릴 수 있는 상황에서는 반대쪽에 더 많은 사람들이 앉았다. 장애인이나 흑인처럼 오명을 쓰고 있는 사람이 아니라 아름다운 여성을 TV 앞에 앉혀놓은 실험도 있다. 결과는 정반대로 나타났다! 참가자들은 예쁜 여자 옆에 앉고 싶은 마음을 들키기 싫어했다. 두 군데서 같은 영화를 틀 때에는 남성 참가자들의 75퍼센트가 예쁜 여성 쪽을 피했지만 저쪽 영화가 더 끌린다는 핑계가 생겼을 때에

는 75퍼센트가 그쪽에 가서 앉았다.[34]

인종 차별 피해자들을 지지하는 입장이라고 말하면서 오히려 그렇게 볼 수 없는 행동을 한다면(예를 들어 소수 민족과 아주 친하다는 얘기를 한다든가) 이 또한 이중성이라고 해야 할 것이다. 실험참가자들의 인종적 편견을 검사한 후에 그들의 신념을 각기 검증해보았다. 그들은 자신과 면접을 할 사람을 서류들만 보고 선택해야 했다. 서류의 내용은 여러 측면(사회적 출신, 종교, 학력)에서 거의 비슷했으나 거기에 붙어 있는 사진만 달랐다. 실험 결과, 독실한 종교생활을 하는 사람일수록 인종 차별주의자로 보이지 않는 데 연연했다. 하지만 그런 사람들이 흑인 면접관을 더 선호했던 것은 아니다. 다시 말해, 독실한 종교인들은 서면상의 조사에서는 자기가 남들보다 선하다는 것을 드러냈지만 그것을 행동으로 보여주지는 못했다.[35]

선한 사마리아인의 비유

이따금 번지르르한 말과 행동이 극명한 대조를 이루는데도 위선이라고 보기는 애매한 경우가 있다. 남을 돕는 행동에 대한 한 연구가 그 좋은 예를 보여주었다. 신학생들에게 공개강연을 준비하라는 과제를 주었다. 그들 중 절반은 성직자와 관련된 문제들에 대해서 토론을 해야 했고 나머지 절반은 복음서에 나오는 '선한 사마리아인의 비유'의 의미에 대해서 강론을 해야 했다.

"어떤 사람이 예루살렘에서 예리고로 내려가다가 강도들을 만났다. 강도들은 그 사람이 가진 것을 모조리 빼앗고 마구 두들겨서 반쯤 죽여놓고 갔다. 마침 한 사제가 바로 그 길로 내려가다가 그 사람을 보고는 피해서 지나가버렸다. 또 레위 사람도 거기까지 왔다가 그 사람을 보고 피해서 지나가버렸다. 그런데 길을 가던 어떤 사마리아 사람은 그의 옆을 지나가다 그를 보고는 가엾은 마음이 들어 가까이 가서 상처에 기름과 포도주를 부어 싸매어주고는 자기 나귀에 태워 여관으로 데려가 간호해주었다. 다음 날 자기 주머니에서 돈 두 데나리온을 꺼내어 여관 주인에게 주면서 '저 사람을 잘 돌보아주시오. 비용이 더 들면 돌아오는 길에 갚아드리겠소.' 하며 부탁하고 떠났다. 자, 그러면 이 세 사람 중에서 강도를 만난 사람의 이웃이 누구라고 생각하느냐?" 율법교사가 "그 사람에게 사랑을 베푼 사람입니다." 하고 대답하자 예수께서는 "너도 가서 그렇게 하여라." 하고 말씀하셨다.

—「루가복음」10장 30~37절

신학생들에게 어떤 건물로 약속시간까지 모이라고 했다. 그들 중에는 시간이 촉박한 사람도 있었고 여유가 있는 사람도 있었다. 그들은 건물로 가는 길에 어떤 사내가 쓰러져 있는 것을 보았다. 사내는 행색이 초라했고 도움이 필요한 듯 보였다. 그들은 어떻게 했을까?

시간 여유가 있는 경우는 63퍼센트가 발길을 멈추고 도움을 주었지만 시간에 쫓기는 경우는 그러한 비율이 10퍼센트에 불과했다.[36] 또한 선한 사마리아인의 비유를 강론해야 했던 신학생들이 그렇지 않은 경우보다 좀 더 많이 사내를 도와주었다.[37] 하지만 그들 중 상당수는 자기가 해야 할 강론과 그 상황을 연결하지 못했다. 이걸 위선이라고 부를 수 있을까? 어쨌든 시간에 쫓기는 실험참가자들이 가엾은 사람을 고려할 수 없었던 것만은 분명하다. 무자퍼 셰리프Muzafer Sherif와 그 동료들이 실시한 집단심리에 대한 고전적 실험은 말과 행동의 간격을 다시 한 번 보여준다.[38] 여름캠프에 참가한 11~12세 아동들을 임의로 두 팀으로 나누고 보상이 걸려 있는 여러 가지 활동들을 하게 했다. 경쟁이 과열되면서 두 팀의 적대감도 점점 더 심해졌고 나중에는 몸싸움까지 일어났다. 그 캠프에서 목사님은 설교시간마다 형제애와 용서를 설파했다. 아이들은 진실한 태도로 열심히 설교를 경청했지만, 일단 예배가 끝나면 계속해서 상대 집단에 대한 적의를 불태웠다.

독실한 종교인은 일반인보다 관대한가

어떤 종교인들에게 종교와 도덕은 분명히 밀접한 관계가 있는 것 같다. 종교인들에게 '도덕'이라는 단어에서 자연스럽게 연상되는 다른 단어들을 써보라고 하면 종교적 의미를 지닌 단어들을 상당히 많이 제시한다. 종교가 있는 사람이 자선행위에 좀 더 적극적인 면을 보여주는 연구들은 이미 여러 차례 있었다.[39] 하지만 꼭 그렇지도 않다는 것을 보여주는 연구들도 많다.[40] 한 연구에서는 프랑스의 수도권 주민과 북부 지방 주민을 무작위로 뽑아서 그들이 일정한 조사양식을 채우면 사례로 12유로를 주기로 했다. 조사를 끝내고 그들에게 사례금 12유로의 일부를 폭력피해자단체에 기부하면 어떻겠느냐고 제안했다. 이 실험 결과, 개인의 종교나 종교적 척도(종교가 개인의 생활에 미치는 영향 수준)는 기부액과 별 상관이 없는 것으로 나타났다.

좀 더 큰 희생을 치러야 하는 원조의 경우에도 종교가 이타적 행위에 큰 동기 부여를 하는 것 같지는 않다. 사무엘 올리너와 펄 올리너는 2차 대전 당시 위험을 무릅쓰고 유대인들을 구했던 219명의 독일인들에 대해 조사했다. 여기서 종교적 경건은 딱히 영향을 미치지 않은 것으로 드러났다. 장애아동을 돕는 자원봉사자를 모집하는 연구에서도 마찬가지로 종교의 유무는 봉사정신과 별 상관이 없는 것으로 나타났다.[41] 또 누군가가 사다리에서 떨어지는 소리가 났을 때에도 종교가 있는 사람이 그렇지 않은 사람보다 서둘러 달려가지는 않았다.[42] 일부 연구에서는 종교가 있는 사람이 그렇지 않은 사람보다 이타적인 행동을 많이 하지만 그들이 속한 종교 집단이나 측근들에게 이익이 될 때에 특히 적극적이라는 결과를 내놓았다.[43] 신도들에게 친사회적 환경을 제공한다는 것은 결코 무시할 수 없는 종교의 이점일 것이다. 종교가 있는 사람이 그렇지 않은 사람보다 대체로 오래 사는 이유도 이러한 사회적 지원의 이점으로 설명되지 않을까.[44]

원숭이가 높이 올라갈수록

도덕성을 획득했다고 생각하는 바로 그 순간부터 일이 급격히 틀어질 수 있다. 가혹한 역설이지만 스스로 타의 모범이 될 만하다는 생각이 모범적일 수 없는 행동들을 낳는다. 어느 실험에 참가한 사람들에게 자신의 도덕성이 우월하다는 생각을 유도했더니 타인의 위반 행동에 엄격한 비난을 퍼붓거나 앙심을 품었다.[45] 노스웨스턴 대학의 소니아 새치데바Sonya Sachdeva 연구 팀은 실험참가자들에게 자신 혹은 타인과 관련하여 과거에 겪은 일을 글로 쓰되 그 안에 '공정한', '관대한', '친절한'이라는 단어가 반드시 포함되어야 한다고 했다. 두 번째 집단의 참가자들에게도 같은 주제로 글을 쓰되 '신의 없는', '탐욕스러운', '못된'(도덕적으로 부정적인 단어들)을 포함하라고 했다. 세 번째 집단에게는 '책', '열쇠', '집'(중립적 단어들)을 포함해야 한다고 했다. 그다음 단계에서 실험참가자들은 자선 단체에 기부를 할 기회를 얻었다. 아이러니하게도 자신의 도덕성을 확인한 참가자 집단이 가장 욕심을 부렸다. 첫 번째 집단이 나머지 두 집단보다 훨씬 기부를 적게 했던 것이다. 특히 자신이 도덕적이라고 확인한 사람들의 모금액보다 자신을 부정적으로 묘사한 사람들의 모금액이 5배나 더 많았다.[46] 같은 맥락에서 어떤 이들에게는 과거의 선행을 되돌아보게 했고, 또 다른 이들에게는 도덕적으로 가치 중립적인 경험을 되돌아보게 했다. 그다음 단계에서 이들에게 헌혈이나 자원봉사를 권유해보니 과거의 선행을 떠올린 이들의 참여가 훨씬 소극적이었다.[47]

도덕 이후의 탐욕

유기농 제품 소비와 같은 윤리적으로 의미 있는 실천이 부도덕한 행동을 자극할 수도 있다. 한 실험에서 참가자들에게 5유로를 주고 일반 식품 판매 사이트나 유기농 식품 판매 사이트에서 장을 보게 했다. 사전 조사에서 사람들은 유기농 식품 소비자들이 보통 소비자들보다 이타적이고 도덕적이라고 생각한다는 결과가 나왔으므로 연구자들은 일시적인 유기농 식품 구매로 도덕적 자족감을 느낀 후에는 거짓말을 하거나 속임수를 쓸 확률이 더 높아질 것이라는 가설을 세웠다. 참가자들은 장보기 과제를 마친 후에 그 과제와 전혀 상관없어 보이는 다른 과제를 받았다. 모니터 왼쪽에서 빠르게 휙휙 지나가는 숫자가 오른쪽에 떠 있는 숫자보다 큰지 작은지 알아맞히는 과제였다. 과제 수행 후 참가자들은 미리 마련된 채점표에 스스로 결과를 기록하고 사례를 받았다. 실험 결과, 유기농 식품을 구매했던 사람들이 채점표를 속여서 사례금을 부풀리는 경우가 더 많았다.[48] 이상의 실험들은 모두 참가자들에게 과거의 선행 혹은 실험 상황 안에서 자신의 선행을 깨닫게끔 유도했다. 어쩌면 자신의 도덕성을 인가하는 데에는 이런 실제 행동이 필요하지 않은지도 모른다. 실험참가자들에게 약간의 돈을 지급하고 그들이 뭔가 도덕적 행동을 했다고 상상해보라고 했다. 그들은 자신이 도덕적이라는 생각만으로도 훨씬 더 탐욕스러운 태도를 보였다.[49] 같은 맥락에서 가톨릭 신자들은 고해성사를 마치고 나올 때보다 고해성사를 하러 갈 때 기꺼이(17퍼센트 대 40퍼센트) 적선에 응한다. 이러한 결과는 여러 가지로 해석될 수 있겠으나 스스로를 죄인이라 여기고 사죄를 구하러 가는 길에 선행을 베풀 기회를 만났기 때문에 좀 더 적극적인 행동을 보인 것이라 여겨진다.[50]

약속을 지킨다는 것

몇 주 후에 좋은 뜻에서 열리는 자리가 있으니 지원하는 뜻에서 꽃을 한 송이 사달라고 부탁을 받았다. 당신이라면 어떻게 하겠는가? 조사를 해보니 83퍼센트가 기꺼이 사겠노라 대답했다. 다른 사람들도 그 꽃을 살 것 같은지 물어보니 이 비율은 56퍼센트까지 떨어졌다. 그리고 실제로 꽃을 산 사람은 43퍼센트에 불과했다. 꽃을 사겠다고 약속해놓고 정작 기회가 주어졌을 때 사지 않은 사람은 위선자일까?

지금 눈앞에 있는 상대의 부담을 덜어주기 위해 사람들은 평소에 잘 하지 않는 (장담할 수 없음에도) '단언'을 하는데 그것이 바로 '미래'이다. 나 역시 마찬가지다.(사실, 이 글을 쓰고 있는 지금쯤이면 편집자의 책상 위에 완성된 원고가 올라가 있어야 하는데!) 우리는 미래의 행동을 생각해야 할 때에도 현재를 기웃거리는 경향이 있다.[51] 다음 주에 먹을 것들을 사놓아야 한다? 마트 진열대를 지나치는 동안 우리의 뱃속에 무엇이 들었느냐에 따라 카트의 내용물이 결정될 것이다. 다음 주에 입을 옷들을 골라놓는다? 현재 난방이 지나치게 잘 된 집에 있다든가, 땀나는 운동을 하고 난 후라면 두툼한 코트들은 눈에 잘 들어오지도 않을 것이다. 따라서 우리가 미래의 자선행위를 제대로 예측하지 못하는 것도, 예측의 어려움이 우리를 온갖 이유를 대고 빠져나가게 이끄는 것도 무리는 아니다.

도덕적 의도 혹은 자질과 실제 행동 사이의 간격은 수많은 사회심리학 연구의 대상이 되었다.(이 문제는 다음 장에서 좀 더 자세히 살펴볼 것이다.) 어쨌든 이 같은 간격은 우리가 드러낸 신념에 대한 열의와 그 신념들이 구체화될 수 있는 다양한 상황의 차이에서 비롯된다. 마르셀 프루스트 Marcel Proust는 이러한 생각을 탁월하게 표현한 바 있다. "우리의 미덕 그 자체는 자유롭고 유동적이며, 우리가 언제라도 활용할 수 있는 것이 결코 아니다. 미덕은 우리 정신 속에서 기회를 맞이한 행동과 너무나 밀접하게 연결되어 있어서 그렇지 않은 행동(돌발적인 행동)과 좀체 연결지어 생각되지 않는다."[52]

우리가 지금 이 순간에 충분히 주의를 기울이고 있고 이미 자세한 부분까지 예측을 해두었다면 신념에 따라 행동할 확률이 높아진다. 담배를 많이 피우던 사람이 금연을 결심했다. 그는 자기가 스트레스를 많이 받으면 담배를 피우고 싶어한다는 것을 잘 안다. 이 사람은 곤란한 상황을 타개하기에 유용한 심리적 도구를 가지고 있는 셈이다. 그러자면 자기가 담배를 피우고 싶다고 할 때에 친구들이 제공하는 유혹을 예측해야 하고 그 상황에 어떻게 대처할 것인지 미리 생각해두어야 한다. 인지행동치료의 결정적인 장점은 이처럼 구체적인 행동 계획을 마련하고 개인의 결심을 무너뜨리는 다양한 상황들에 적응하도록 돕는 데 있다.

개인의 의지도 중요하지만 뚜렷한 자기인식과 꼼꼼한 대처가 결심을 지키는 데 훨씬 유용하다는 것을 증명하는 사례는 너무나도 많다. 오디세우스는 세이렌의 섬 근처를 지나기 전에 부하들에게 자신을 돛대에 단단히 붙들어 매고 자기가 무슨 말을 하든 철저하게 무시하라고 했기 때문에 죽음의 위기에서 벗어날 수 있었다.[53] 이러한 '선약'은 자신의 의지에 반하는 행동을 막고 결심을 실천하게 하는 하나의 수법이다.

자신에게만 관대한 사람들

궁정사회의 계승자이자 날카로운 관찰자였던 프랑스 도덕주의자들은 인간의 이중성을 생생하게 기술해 보였다. 라 로슈푸코La Rochefoucauld 의 『잠언과 성찰』은 시늉뿐인 미덕들을 지목하고 인간의 이기적인 술책들을 까발린다.[54] 심리학은 몇 년 전부터 위선의 과학적 연구라고 할 만한 실험들을 연출하는 데 공을 들여왔다. 특히 캔자스 대학의 대니얼 뱃슨Daniel Batson은 단순하지만 설득력 있는 연구 결과를 보여주었다. 실험참가자들에게 두 가지 활동 중 하나는 본인이 하고 다른 하나는 파트너에게 맡기라고 지시했다. 하나는 구미가 당길 만한 활동이었지만 다른 하나는 그렇지 않았다. 연구자는 참가자들에게 지금 당장 결정하든지 동전을 뽑아서 정하라고 했다. 그런데 이 동전은 포장지로 꽁꽁 싸여 있었고 참가자는 자기 마음대로 결정을 내리고도 우연에 따른 것처럼 위장할 수 있었다. 실험 결과, 동전을 뽑지 않고 결정한 참가자의 80퍼센트는 자신에게 유리하게 활동을 배분했다. 더욱 흥미로운 사실은 제비를 뽑았다고 하는 참가자들도(다시 말해 동전의 포장을 뜯어서 확인한 참가자들도) 80퍼센트가 자기에게 유리하게 활동을 배분했다는 것이다.[55] 똑같은 행동도 내가 속한 집단이 하느냐,[56] 다른 집단이 하느냐에 따라서 판단이 달라진다.[57] 우리를 집단에 더욱 단단히 결속시키는 '종족편견' 때문에 타 집단에 대해서는 좀체 관용을 베풀지 못하는 것이다.[58]

어떤 사회적 콘텍스트는 위선을 부추긴다. 네덜란드 연구자들의 결론을 말하자면 위선은 권력을 차지한 사람들에게서 두드러진다. 실험참가자들에게 그들이 대단한 힘을 쥐었던 때를 상기하게 했다. 혹은 관료적 조직을 재현한 역할극에서 위계서열이 높은 역을 주었다. 이런 식으로 참가자에게 권력자가 된 기분을 조성한 후, 그들이 도덕적 위반에 대해서 어떻게 판단하는지 살피고 그들이 돈을 가로채거나 속임수를 쓸 기회를 주었다. 실험 결과, 권력을 만끽한 사람들은 다른 사람의 잘못에는 눈을 부라리면서 자기 자신에게는 관대했다.[59] 권력은 일반적으로 권위적 구조 내에서 행사된다. 권위의 잘못된 행사가 어마어마한 규모의 악영향을 미칠 수도 있다. 이제 그 방식을 분석해보자.

11
인간이 부도덕에 굴복할 때

카라바조 Michelangelo Merisi da Caravaggio, 〈나르키소스〉

우리는 우리가 성자, 성녀가 아니라고 인정하지만 그래도 마음 속으로는 우리는 착하다고, 나쁜 것은 우리가 아니라 다른 사람들이라고 믿는다.

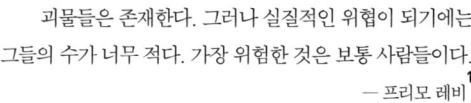

괴물들은 존재한다. 그러나 실질적인 위협이 되기에는 그들의 수가 너무 적다. 가장 위험한 것은 보통 사람들이다.
— 프리모 레비[1]

눈―보통

머리칼―보통

체중―보통

신장―**보통**

특기사항―없음

손가락 개수―열 개

발가락 개수―열 개

지능―보통

여러분은 무엇을 기대했는가? 괴물의 발톱? 기다란 앞니? 초록색 타액?

광기?

아돌프 아이히만Adolphe Eichman에 대해서 알아야 할 모든 것.
(독일 나치스 장교. 독일 항복 후에 아르헨티나로 도망쳤으나 이스라엘에서 재판을 받고 교수형에 처해졌다.—옮긴이 주)

— 레너드 코헨[2]

'악의 평범성'이라는 표현은 평범해졌다. 이 표현을 고찰한 책이나 논문은 헤아릴 수 없이 많다. 생각 없이 절대악에 결탁하는 군중을 가리키는 '보통 사람들'이라는 표현 역시 마찬가지다. 이 표현은 역사학자이자 철학자인 한나 아렌트Hannah Arendt가 나치 친위대 고위 장교였던 아이히만의 경우를 다루면서 제시한 것이다. 아이히만은 딱히 유대인을 증오하지 않았으면서도 조직적인 유대인학살을 주도했다.[3]

'악의 평범성'은 중요한 관점의 전복을 뜻한다. 이 개념은 피해자뿐만 아니라 가해자에게 주의를 돌리며 그러한 가해자들이 특별히 악한 인간이 아니라 평범한 수백만 인구 중 하나라는 것을 보여준다. 아렌트가 생각한 악의 평범성은 "대규모로 자행되는 범죄 현상으로서 행위 주체의 특정한 악의, 어떤 병, 이데올로기적 신념으로 설명될 수 없다. … 행위가 아무리 흉측할지라도 그 행위 주체는 괴물 같지도, 악마 같지도 않다."는 것이었다.[4] 이 현상은 사람들이 체제에 맹목적으로 순응한 나머지 자신이 무슨 짓을 하는지 잘 의식하지도 못한 채 악에 휘말리는 상황을 가리킨다. 단순한 명령의 하수인이 악의 집행자가 되어버리는 것이다.

아렌트는 1961년 예루살렘에서 벌어진 아이히만 재판을 다루면서 나치의 고위 간부를 평범한 인간으로 보았다. 아이히만은 증오심이 넘치거나 가학적인 사람, 정신적 문제가 있는 사람이 아니었다. 심지어 꽤 양심적인 사람으로 볼 수도 있었다. 비슷한 다른 예들이 있다. 히로시마에 원자폭탄을 투하한 장본인으로 알려져 있는 '에놀라 게이Enola Gay'의 조종사 폴 티베츠Paul Tibbets도 아주 평범한 사람이었다. 1968년 3월 16일 베트남 밀라이에서 노인, 여자, 어린이 500명의 학살을 주도했던 윌리엄 콜리William Calley도 그랬다. 로저 카이유아Roger Caillois는 프랑스 공화국의 사형 집행인 아나톨 데블레Anatole Deibler를 소재로 글을 쓴 바 있다. 언론에서 데블레는 "매일 아침 애완견을 산책시키고 오후에는 장을 보러 나가는 근면한 공무원이자 성실한 가장"의 삶을 꾸려나가는 다정다감한 사람으로 묘사되었다.[5] 이 온정 넘치는 국가공무원은 단두대의 칼날을 400번도 넘게 휘둘렀지만 직업적으로 그 일을 했을 뿐, 괴물 같은 면모라고는 조금도 없었다.

권위에 대한 복종

상황적 압박의 파괴력을 가상 살 보여준 과학직 시도는 아마 예일 대학의 스탠리 밀그램의 실험일 것이다. 밀그램은 빼어난 연구들을 통하여 권위에 대한 복종을 다루었다. 그의 작업 덕분에 사회심리학은 복종에 대한 정치적, 철학적 성찰에 가시적인 성과를 얻었고 학술적 차원을 훌쩍 뛰어넘을 수 있었다. 앙리 베르뇌이Henri Verneuil 감독의 〈이카루스의 I〉나 팝아티스트 피터 가브리엘Peter Gabriel의 노래 〈우리는 시키는 대로 한다We do what we're told〉로도 연출된 밀그램의 실험은 이제 진부할 정도로 유명해져 버렸다.

스탠리 밀그램은 실험을 위해 20~50세 사이의 평범한 사람들을 선발했다. 참가자들은 기억과 학습에 대한 연구에 협조하는 대가로 몇 달러 상당의 사례를 받았다. 그들은 실험실에서 30대 초반의 실험자와 47세의 남성을 만났고 제비뽑기를 해서 누가 교사 역할을 하고 누가 학생 역할을 할지 정했다.(이 남성은 실험공모자였고 제비뽑기는 참가자가 항상 교사 역할을 맡게 연출되었다.) 교사는 학생에게 한 쌍의 단어를 기억하게 하고 학생이 오답을 말할 때마다 전기충격을 가해야 했다. 전기충격은 15볼트씩 단계적으로 높아져 최대 450볼트까지 이를 수 있었다. 교사 역을 맡은 참가자는 전기충격의 단계에 대해서 미리 설명을 들었다. '가벼운 충격', '중간 단계의 충격', '강한 충격', '매우 강한 충격', '심한 충격', '극심한 충격', '위험', '심각한 위험' 그리고 맨 마지막 단계의 버튼들은 'XXX'라고만 표시되어 있었다.

실험참가자들은 전기충격기가 어떻게 기능하는지 설명을 들었을 뿐 아니라 직접 45볼트 상당의 전기충격을 경험해보았다. 학생은 의자에 묶인 채 오른쪽 손목에 전극을 붙이고 화상을 방지한다는 연고까지 발랐다. 물론 이 학생 역할의 공모자는 아무런 전기충격도 받지 않았다. 그러나 교사 역할의 참가자가 전기충격을 가하면 정말로 아픈 것처럼 비명을 지르거나 울부짖는 연기를 했다. 실험자는 교사가 자신을 바라보며 난감한 기색을 보일 때마다 학생이 발을 구르며 몸부림치는 한이 있더라도 미리 정해놓은 대로 실험을 계속해달라는 말만 되풀이하거나 아무 말도 하지 않았다.

실험 결과, 참가자들은 심한 스트레스 상태에서 평균 285볼트까지 전기충격을 가했으며 그중 65퍼센트는 최대 강도에 해당하는 450볼트 버튼을 눌렀다! 실험자가 계속해달라는 말을 하지 않았을 때에는 참가자의 80퍼센트가 120볼트 이하의 충격만을 가했다. 이 실험은 심리학 역사상 가장 큰 반향을 불러일으켰다. 밀그램의 초기 연구들은 50년 후까지도 수많은 저작들에 영감을 주었는데, 그 이유는 그만큼 이 연구들이 인간 심리를 새롭게 조명함으로써 대중에게 충격을 주었기 때문이다. 또한 밀그램의 실험은 정신과 의사와 학생으로 구성된 표본집단의 예측과도 정반대의 결과를 보였다. 이 표본집단은 당초 그렇게 극심한 전기충격을 가하는 사람은 전체 참가자의 2퍼센트도 되지 않을 것이라고 예측했던 것이다.

우리를 복종하게 만드는 조건들

밀그램은 권위에 대한 복종을 결정하는 요소들을 알아내기 위해 최초의 실험에 여러 가지 변화를 도입했다. 그는 우선 피해자와의 근접성이 권위에 대한 복종 효과를 감소시킬 것으로 예상하고 네 가지 조건을 구상했다. 첫째, 가해자와 피해자가 각기 다른 방에 분리되어 있어서 '피드백이 없는' 조건이 있다. 둘째 조건에서는 실험참가자가 피해자의 반응(비명소리가 점점 더 커진다, 제발 그만해달라고 애원한다, 울부짖는다, 나중에는 아예 아무 소리도 들리지 않는다)을 '청각적 피드백'으로만 접할 수 있다. 셋째, '근접' 조건에서는 가해자와 피해자가 한 방에서 50센티미터 거리에 있다. 이때에도 피해자의 반응은 '청각적 피드백'에서와 똑같이 사전에 정해져 있다. 넷째, 신체적 '접촉'의 조건이다. 실험자는 전기 충격이 150볼트를 넘어서면 의자에서 일어나려고 몸부림치다가 손의 결박이 풀린 피해자를 다시 잡아매야 한다. 이때에 실험참가자는 실험자를 돕느라 잠시 피해자와 신체 접촉을 할 수밖에 없다. 실험 결과, 피드백이 없는 첫째 조건에서는 66퍼센트의 참가자가 450볼트 버튼을 눌렀다. 청각적 피드백이 있을 때에는 이 비율이 62.5퍼센트로 떨어졌고, 셋째 조건에는 40퍼센트로 떨어졌으며, 피해자와 신체적 접촉이 있는 마지막 조건에서는 30퍼센트를 나타냈다.[6]

밀그램은 또 다른 실험에서 피해자와의 근접성 대신 권위(실험자)와의 근접성이 미치는 효과를 살펴보았다. 실험자가 바로 옆에 있을 때에는 실험참가자의 90퍼센트가 최대 충격을 가했지만 실험자의 지시가 전화로 전달되었을 때에는 22퍼센트, 실험 초반에 녹음테이프로 지시를 전달했을 때에는 12.5퍼센트만 그렇게 치명적인 충격을 가했다. 그 밖에도 여러 변화를 가미한 실험들이 있었다. 첫 번째 실험자가 내린 지시를 두 번째 실험자가 나타나 반박했을 때 혹은 다른 참가자들이 실험의 가학성을 문제 삼으며 반항할 때에는 맹목적 복종이 감소했다. 이 모든 결과들은 권위에 대한 복종이 그 상황에 따르는 여러 변수들에 좌우된다는 것을 보여준다. 다른 여러 국가에서 이 실험을 재현한 결과들을 종합해보면, 피해자에게 최대 충격을 가하는 비율은 40퍼센트에서 90퍼센트까지 다양하게 나타났으며 그 평균은 62.5퍼센트였다.[7] 게다가 이러한 복종의 비율은 실험이 실시된 연도(시대)와 무관한 것으로 나타났다.

네덜란드에서는 밀그램의 실험을 흥미롭게 변형하여 실시한 바 있다. 실험참가자들은 어느 구직자를 테스트하고 채용을 결정하는 과정에 협력하기로 했다. 실험자는 참가자들에게 면접상황에서 스트레스가 미치는 효과를 연구하려 한다고 둘러댔다. 문제의 구직자가 여러 가지 테스트를 하는 동안 제대로 실력 발휘를 할 수 없게끔 그를 계속 깎아내리는 지적을 해야 한다는 것이었다.(그리고 결과적으로 이 구직자는 구직에 실패한다.) 이 실험의 결과는 밀그램의 실험 결과와 비견할 만했다. 실험참가자들의 대다수가 실업자를 궁지에 모는 과정에 동참한 것이다. 하지만 한 번은 미리 실험참가자들에게 구직자가 고소를 할 수도 있으며 그 경우 법적 책임을 지겠다는 내용의 각서에 사인을 하게 했다. 20명 중 8명이 실험에 대한 참여를 거부했고 실험을 끝까지 수행한 사람은 6명에 불과했다.[8] 이 경우에는 법적 권위와 잠재적 위험이 실험 상황에서의 권위와 상충되었던 것이다.[9]

복종하세요, 카메라 돌아갑니다!

최근에 TV 프로듀서 크리스토프 닉Christophe Nick은 여러 사회심리학자들의 자문을 구해 밀그램의 실험을 미디어에 대한 복종이라는 새로운 주제로 재해석하여 다큐멘터리를 제작했다. 13000명의 조사대상자 중에서 선발된 참가자들은 40유로의 사례금을 받고 〈익스트림 존〉이라는 가상의 게임쇼에 '조작수'로 참여했다. 이 다큐멘터리의 목적은 미디어가 우리 사회에 얼마나 큰 마력을 지니는가를 감안하고 TV가 타인에 대한 학대를 유도하는 권력이 될 수도 있음을 보여주려는 데 있었다. 스튜디오, 기술인력, 음향효과와 프로젝터 조명, 100여 명의 방청객, 피해자 역할을 맡은 배우까지 동원된 탓에 80명의 참가자들은 자기들이 새로운 TV 프로그램에 참여하는 줄로만 알았다. 나머지 요소들은 스탠리 밀그램의 기억력 테스트와 (거짓) 전기충격을 거의 그대로 가져왔다. 전기충격은 '가벼운 충격(20볼트)'부터 'XXX(460볼트)'까지 7단계로 나뉘어져 있었다. 밀그램의 실험에서도 그랬듯이 참가자들이 망설일 때마다 "흔들리지 말고 계속해주세요." "계속하셔야 합니다. 게임 규칙이 그렇습니다." "게임을 위해 계속해주세요." 같은 지시가 주어졌다.

여기서도 여러 형태로 조금씩 변화를 주었다. 실험참가자들이 자기는 방송에 나가지 않는다고 생각하는 상황도 있었고, 방송에 출연하는 거라는 말을 미리 듣는 상황도 있었다. 전기충격이 200볼트를 넘어설 즈음 조연출이 뛰어들어 이런 방송이 어디 있느냐고 이의를 제기하다가 진행자에게 제지를 당한 후 스튜디오를 박차고 나가는 상황도 연출했다. 마지막 상황에서는 진행자가 80볼트 충격이 나왔을 때 참가자들에게 게임을 알아서 하라고 말하고 물러났다.

결과적으로 마지막 상황을 제외하면 참가자들의 70퍼센트 이상이 이 가학적 게임을 끝까지 수행했다.(마지막 상황에서는 28퍼센트만 460볼트 스위치를 눌렀다.) 미디어의 권위와 방청객들의 존재가 맞물려 상황적인 압박을 가할 때에 참가자의 3분의 2 이상은 피해자가 울면서 그만하라고 소리 지르거나 완전히 실신해서 아무 반응이 없는데도 치명적인 (가짜) 전기충격을 가했던 것이다.[10]

이데올로기와 사이코패스

밀그램의 가장 큰 목표는 제2차 세계대전 당시 나치가 자행한 범죄를 새로운 시각으로 바라보는 데 있었다. 밀그램은 실험 상황과 나치의 잔혹한 소행에는 커다란 차이가 있음을 인정하면서도 적어도 그 두 현상에 어떤 공통의 심리적 과정이 관여한다고 보았다. 홀로코스트에 대한 밀그램의 끈질긴 연구는 역사학자 크리스토퍼 브라우닝Christopher Browning에게서 새로운 반향을 얻는다. 브라우닝은 그의 책『아주 평범한 사람들』에서 16개월간 83000명 이상의 유대인들을 학살하거나 강제수용소로 보낸 '101예비경찰부대'의 활동을 상세히 다루었다.[11] 브라우닝에 따르면 "공포와의 근접성은 반항자들의 수를 늘린 반면, 작업의 분화와 처형 장소의 분리는 사실상 사람들의 책임감을 실종케 했다. 밀그램의 실험에서와 마찬가지로, 많은 경찰들이 감시가 사라지자 더 이상 명령에 복종하지 않았다."[12]

밀그램은 개인이 어떤 사람인가보다 그가 어떤 상황을 맞닥뜨리느냐가 인간 행동을 결정하는 데 더 큰 영향을 미친다고 보았다. 밀그램의 접근이 얼마나 흥미롭고 독창적인가를 이해하려면 그의 실험결과를 다른 두 가지 중요한 분석들과 비교해봐야 한다. 밀그램의 입장과 (최소한 유대인 학살을 설명하는 방식으로는) 대비되는 첫 번째 분석은 이데올로기와 문화를 중요한 요인으로 본다. 나치가 피해자들을 깎아내리고 고문하고 학살한 방식은 대부분 단순히 '권위에 대한 복종'으로 축소될 수 없다는 것이다. 게다가 역사학자들은 브라우닝이 기술한 101예비경찰부대가 평균적인 독일인들이 아니라 반유대주의자들에 더 가까었다고 지적한다.[13] 하버드 대학의 대니얼 골드하겐Daniel Goldhagen은 『히틀러의 자발적인 학살자들』에서 홀로코스트는 "유대인은 죽어 마땅하다"는 반유대주의에 심취한 독일인들이 자행한 일이라고 보았다.[14] 유대인을 죽이거나 나치에게 넘겨주지 않고 도와줄 수 있는 기회가 많았던 독일 '국방군' 소속 1900만 명 중에서 유대인을 구하려고 시도한 사람은 고작 100여 명에 불과했다.

밀그램의 관찰을 홀로코스트에 적용한다면 반유대주의 이데올로기에 경도되지 않은 사람들도 권위에 대한 복종에서 유대인 학살에 동참했다고 볼 수 있어야 할 것이다. 그들의 복종은 권위에 대한 맹목적 복종이기 이전에 이데올로기의 주술과 준거 집단의 영향력에 대한 복종이었다. 권위에 대한 복종이 유대인 학살의 궁극적 원인은 될 수 없다 해도 중요한 한 축을 담당했다는 점은 분명하다. 어쨌든 이 학살을 연구한 두 역사학자는 표적집단의 존엄성을 근본적으로 실추시키는 작업, 고도의 중앙집권화, 거의 관료제에 가까운 폭력의 조직화가 홀로코스트에 결정적 역할을 했다고 공통적으로 지적한다.[15]

인간의 폭력성을 밀그램의 접근과 대조적으로 바라보는 두 번째 설명은 사이코패스 같은 개인적 요인들을 끌어들인다. 오늘날 한나 아렌트의 이름이 '악의 평범성' 개념과 단단히 결부되어 있기는 하지만, 사실 아렌트도 일부 가해자들의 가학 성향을 언급한 바 있다. 그녀도 드물게나마 괴물들이 존재한다는 데 동의한 것이다. 도덕성이 결여된 사이코패스들을 생각해보라. (반사회성에 초점을 맞추어 소시오패스라고 부르기도 하는) 사이코패스는 공감능력이 부족하고 자신을 우월하게 여기며 처벌에 연연하지 않는다.[16] 사이코패스들은 보통 사람들보다 속임수를 자주 쓰고 냉정한 계산 하에 폭력 행위를 저지를 수 있다.[17] 사이코패스들의 폭력은 사이코패스가 아닌 사람들의 폭력에 비해 개인적 이익을 동기로 삼는 경우가 3배 더 많은 반면, 감정적인 원인에서 비롯되는 경우는 10분의 1밖에 되지 않는다.[18] 또한 사이코패스들은 도덕적 위반과 관습적 위반을 잘 구분하지 못한다.(이 구분에 대해서는 이 책의 7장을 보라.)[19] 보통 사람이라면 감정의 동요를 일으킬 법한 상황에서(슬피 우는 사람의 사진을 본다든가) 사이코패스들의 자율신경계 반응은 매우 낮게 나타난다.[20] 이들은 실험 상황에서 도발을 당했을 때 보통 사람들보다 상대에게 심한 청각적 충격을 가했다.[21] 사이코패스의 뇌 기능에 대해서 연구한 학자들은 이들이 편도체와 안와전두피질의 문제 때문에 처벌을 통해 학습하는 능력이 떨어진다고 보았다.[22] 사이코패스들은 감정적으로 둔하기 때문에 어린 시절에 곧잘 동물을 학대하고 나중에는 인간을 괴롭히면서도 무감각할 수 있다.[23] 이들은 그런 짓을 하고도 별로 후회하지 않으며 책임을 느끼지도 않는다. 타인을 조종하면서 크게 불편한 마음을 느끼지도 않는다.

 인간의 공격성을 오로지 그 상황의 작용으로만 설명하고 이해할 수는 없다. 역사문화적 요인은 물론이요, 개인의 자질이라는 요인도 분명히 개입하기 때문이다. 인격의 역할에 대해서는 밀그램 자신도 인정한 바 있다. "복종과 불복종은 인격의 복잡한 측면에서 기인한다. 하지만 내가 알기로 우리는 그 측면을 아직 찾아내지 못했다." 굳이 사이코패스 같은 병적 인격을 들먹이지 않더라도 정상 인격의 측면들 가운데 권위에 쉽게 숙이고 들어가 대량 살상마저 저지르게 하는 것이 있을까?

개인의 성격과 복종의 상관관계

이 대목에서 우리는 보완적인 다른 가설을 시험해볼 만하다. 이 가설은 복종의 배경이 인격의 문제가 아니며, 오히려 일종의 초규범성에 이바지할 것이라고 본다는 점에서 아렌트의 생각을 계승한다. 아렌트는 아돌프 아이히만을 웬만큼 양심 있는 보통 사람으로 보았다. 사형집행인 데블러는 상냥하고 호감가는 인물로 묘사되었다. 이러한 긍정적 경향들은 대인관계에 분명히 이롭지만 일종의 사회적 순응의 형태로 악행을 유도할 가능성도 있지 않을까?

성격이 권위에 대한 복종에 미치는 영향을 평가하기 위해 나는 가짜 게임쇼 〈익스트림 존〉에 참여한 다양한 직업군의 남녀 참가자들 90퍼센트와 새로운 실험을 해볼 기회를 가졌다. 나는 그들에게 그르노블 대학에서 실시하는 여론 조사에 20분간 참여하면 20유로를 주겠다고 제안했다. 이 실험은 가짜 게임쇼로부터 8개월 후에 이루어졌기 때문에 그들은 두 실험에 관련성이 있으리라고는 전혀 생각지 못했다.[24] 나는 오늘날 다양한 문화권에서 통용되고 있는 오리건 대학의 폴 코스타 Paul Costa와 제프 맥크레Jeff McCrae가 개발한 5대 유형 성격검사를 바탕으로 참가자들의 성격을 파악했다.[25] 우리는 이 성격의 다섯 차원을 기본적인 사회인지적, 정서적 과정의 표식들로 볼 수 있다. 참가자의 3분의 1은 배우자를 통해서도 성격을 파악했다. 이로써 본인이 생각한 자신의 성격이 가까운 사람들이 기술하는 바와 일치하는지도 살펴보았다.

실험 결과, 참가자가 양심적일수록 피해자에게 가한 전기충격의 강도가 높은 것으로 나타났다. 일례로 가장 양심적이지 않다고 하는 3분의 1이 가한 전기충격은 평균 460볼트였다. 양심적인 사람일수록 권위에 복종하기 쉽다는 이 결과는 아이히만에 대한 한나 아렌트의 기술—진중하고 체계적인 공무원—과도 맞아떨어진다. 상냥한 성품을 지닌 사람들에게서도 비슷한 결과를 볼 수 있었다. 소위 친절하고 사근사근하다는 사람들이 (TV 프로그램 진행자와 불쾌한 갈등을 겪고 싶지 않아서 그랬는지) 피해자에게 기꺼이 전기충격을 가한 것이다. 이러한 두 가지 관찰은 성격의 특정한 면들이 권위에 쉽게 복종하게 만든다는 것을 보여준다. 친절하고 순리대로 움직일 줄 아는 사람들, 사회에 나무랄 데 없이 편입되어 있는 사람일수록 밀그램 모형과 가까운 상황 안에서 불복종을 꺼려했다. 우리는 이 두 가지 특징이 공격성, 항정신성 약물 남용, 위험한 성적 행동과는 거리가 멀고 오히려 좋은 가장의 자질, 수혈이나 봉사에 적극적인 태도, 높은 학업수준과 야심과 관련이 깊다는 것을 확인했다.[26]

주목할 만한 결과는 또 있었다. 여성들의 경우, 정치적 소신이 권위에 대한 복종에 큰 영향을 미쳤다.(남성들에게서도 이러한 영향은 관찰되었으나 통계적으로 그렇게 의미가 크지는 않았다.) 정치적으로 좌파인 여성이 피해자에게 가하는 전기충격은 평균보다 낮았다.(우파인 여성들의 평균 충격 강도는 422볼트, 좌파인 여성들은 344볼트였다.) 이 결과는 1972년에 캘리포니아 대학의 앨런 엘름스Alan Elms가 확인한 바와 일치한다. 당시에도 우파의 권위주의적 태도를 두드러지게 나타낸 사람들이 권위에 좀 더 잘 복종하는 것으로 나왔다. 서명운동, 불매운동, 집회 참여, 파업, 사무실 및 공장 점거 등의 경험이 있는 사람들은 다른 사람들보다 일찍 권위에 불복했다.

따라서 우리의 성격은 권위에 대한 복종에 부정할 수 없는 영향을 미친다고 하겠다. 우리의 경험들이 미래의 행동을 마련하는 것이다. 성격이 개인의 경험을 조직적인 표상으로 통합하는 역동적 본체라면 그러한 성격은 분명히 사회적 상황에 영향을 준다.[27] 성격은 우리의 행위와 결정에 의해 만들어지며 본질적으로 습관과 실태로 구성된다. 일찍이 아리스토텔레스에게서부터 나타난 이러한 관념은 두 영역 중 어느 한쪽도 간과할 수 없게 한다. 권위에 복종하느냐 그렇지 않느냐를 결정하는 상황적 변수들뿐만 아니라 개인의 과거 경험들도 고려해야 하는 것이다. 다소 극단적인 신념을 내세우는 집단에 참여한 경험이 유해한 상황을 타개하는 긍정적 효과를 낳기도 한다. 그러나 집단에 대한 소속과 집단이 개인에게 부여하는 역할은 또 다른 맹목과 파괴의 요인이 되기도 한다.

악은 그것을 보는 이의 눈 속에 있다

2002년 당시 미국 대통령은 이라크 전쟁에 찬성하는 방향으로 여론을 몰고 가기 위해 "악의 축"이라는 다소 허무맹랑하면서도 과격한 표현을 제시해 상당한 반향을 불러왔다. 불과 20년 전의 미국 대통령은 소비에트 연방을 "악의 제국"으로 규정했고 당시에 이란은 미국을 "사탄"이라고 불렀으니 악의 지형도는 참으로 변덕스럽게도 바뀌어왔다고 하겠다.

우리는 대상을 판단하는 입장의 변화 효과를 '악의 패러독스'라고 부를 수 있을 것이다. 사회적 존재들은 곧잘 '낯선 것=나쁜 것'으로 생각한다. 적의와 낯설음이 비슷해질 때에 악의 이미지는 더욱 공고해진다.[28] 1980년대 말에 가장 인기 있었던 만화영화에 대한 연구는 악의 이미지가 어린이들에게 제시되는 방식을 다루었다. 전반적으로 악당들은 외국인 같은 악센트를 써서 말한다.[29] 또 다른 연구는 똑같은 말을 해도 외국어 억양이 배어 있으면 신뢰감이 떨어진다는 것을 보여주었다.[30] 이러한 결과는 생후 5개월 된 아이도 자기 집단의 말투와 타 집단의 말투를 구분할 줄 알고 자기 집단의 말투를 쓰는 사람을 선호한다는 점에서 더욱 의미심장하다.[31] 또한 아기는 보편적으로 생후 7~8개월이 되면 낯선 사람에게 두려움을 느낀다.

앞에서 살펴보았듯이 집단 참여는 개인의 정체성이 약화되고 익명성이 커진다는 효과가 있다. 실험실에서의 여러 연구들이 우리가 집단에 소속감을 느낄 때 고립된 타인에 대한 공격성이 더 커진다는 것을 보여주었다.[32] 한 실험에서 참가자들을 두 군으로 나누어 한쪽은 집단에 대한 소속감을 고양하고 다른 쪽은 고립되었다는 느낌을 자극했다. 그 후, 실험자는 (일부러) 참가자들을 나무라고 모욕했다. 소속감을 자극받은 사람들은 고립감을 자극받은 사람들보다 훨씬 더 적극적으로 실험자에게 적의를 드러냈다. 집단이 어떤 개인을 적으로 규정하면 집단 내에서 발생하는 상호 인력과 결속이 개인에 대한 폭력을 통제 불능 상태로 만들기도 한다. 집단은 고립된 개인보다 훨씬 더 처벌의 힘이 강하다. 한 연구는 고립된 개인의 폭력과 세 사람으로 구성된 집단의 폭력을 비교해보았다. 실험참가자들은 학습 과제를 수행하는 동안 기분 나쁜 도발을 당했다. 과제가 끝난 후 그들은 개인적으로나 집단적으로 그 도발자에게 복수할 기회가 있었다. 동일한 상황에서 집단의 공격성은 개인의 공격성보다 훨씬 높은 수준으로 나타났다.[33] 이 결과는 소수집단 구성원에 대한 폭력은 가담자가 많을수록 그 정도가 심하다는 결과와 맞아떨어진다.[34] 또한 단순히 공격의 '표적'이 제시되는 방식만으로도 공격성의 수준이 달라질 수 있다. 실험실에 고립된 개인은 다른 사람 한 명을 상대한다고 생각할 때보다 집단과 상호 작용을 하는 중이라고 생각할 때에 더 공격적인 태도를 보인다.[35] 집단에 대한 소속감은 우리가 집단의 규범을—사실 이 규범들은 개인의 입장들을 극단화한 것이지만—신봉하게 할 뿐 아니라 집단 내 다른 구성원들의 기대에서 도출된 역할까지 떠맡게 한다. 필립 짐바르도Philip Zimbardo는 '스탠퍼드 감옥' 실험을 통해서 집단에 고유한 이 모델과 역할 들이 행사하는 압력을 명확하게 보여주고자 했다.[36]

스탠퍼드 모의 감옥

내가 처음으로 스탠퍼드 대학을 방문하던 날이 기억난다. 나는 칸토어 아트센터가 소장한 로댕의 작품을 보러 간 것도 아니요, 캠퍼스 중앙의 비잔틴 로마 양식 교회의 모자이크화를 보러 간 것도 아니었다. 나는 스탠퍼드 대학 지하에 볼일이 있었다. 오늘날 사회심리학의 가장 걸출한 실험 중 하나로 손꼽히는 연구의 무대가 그곳에 있었다. 1970년대, 그곳에서는 집단 폭력에 대한 아주 묘한 실험이 벌어졌다. 솔직히 현재의 그곳은 나에게 실망만을 안겨주었다. 지하실에는 신화적인 실험의 흔적 대신 중국식 국수를 파는 싸구려식당만이 그 자리를 차지하고 있었다.

필립 짐바르도는 대학생들에게 임의로 간수 혹은 죄수 역할을 부여하고 대학 건물 지하를 감옥으로 삼았다. 죄수 역할을 맡은 학생들은 진짜 죄수처럼 자기 집에서 경찰에게 검거당한 후 사진촬영과 서류 작성을 거쳤다. 그들은 죄수복을 입고 죄수번호를 달고 발목에 사슬을 찼다. 간수들도 교도관 복장을 갖추고 죄수와 시선이 마주치지 않도록 선글라스를 썼다. 이처럼 실감나는 상황에서 죄수 역할을 맡은 학생들은 금세 진짜 죄수들처럼 고립감, 좌절, 절망을 느꼈다. 특히 권위주의에 별로 공감하지 못하는 학생들은 그러한 부정적 감정이 더욱 심했다.[37] 더욱 놀라운 것은, 간수 역을 맡은 학생들이 거칠고 권위적인 행동으로 죄수들을 욕보이고 학대하기 시작했다는 것이다. 참가자들의 행동이 걷잡을 수 없이 과격해지자 짐바르도는 예정보다 일찍 실험을 중단했다.(2주로 예정되어 있던 실험은 6일 만에 끝났다.) 간수 역할을 맡은 이들은 난폭함이 간수에게 중요한 한 측면이라고 생각했기 때문에 난폭한 태도를 보였을 것이다. 짐바르도가 말했듯이 이 학생들이 드러낸 폭력성은 못된 본성에서 비롯된 것이 아니라 그들이 처한 상황의 틀에서 비롯된 것이었다. 하지만 짐바르도의 연구는 40년이 지난 지금, 실험참가자들을 모집하는 공문 자체가 편향된 선발을 초래했을 것이라는 의심을 사고 있다. 최근의 한 연구는 당시와 거의 똑같은 공문을 써서 모집한 실험참가자들이 여러 가지 심리학적 기준에서 일반적인 인구들과 차별화된다는 점을 보여주었다. 그들은 공격성, 권위주의, 사회적 지배, 나르시시즘이 보통 사람들보다 두드러진 반면, 이타성과 감정이입능력은 떨어졌다.[38] 어쨌든 짐바르도는 이라크 아부그라이브 감옥에서 미군이 저지른 포로학대의 진상을 파악하는 작업에 착수하면서 스탠퍼드 모의 감옥의 연구 주제를 다시 한 번 상기시켰다. 미군들의 학대를 개인적인 가학 행위로만 볼 것이 아니라 그들이 그런 짓을 하게 만든 체제의 힘을 생각해보아야 한다. 빅토르 위고는 일찍이 이렇게 말했다. "나쁜 풀도, 나쁜 사람도 없다. 그것들을 나쁘게 길러내는 사람들이 있을 뿐이다."[39]

사형수와 사형 집행인

스탠리 밀그램과 필립 짐바르도의 연구는 대외적인 성공을 거두었을 뿐만 아니라 학술적으로도 놀라운 성과를 이뤄냈다. 그들은 콘텍스트를 초월하는 인격적 악, 즉 '악인' 개념을 파기했다. 제2차 세계대전 이후 사람들에게는 그러한 개념이 훨씬 더 친숙했다. 우리는 권위에 대한 복종을 다룬 연구들을 살펴보면서 곧잘 '나라면 이 실험참가자들처럼 행동하지 않았을 텐데'라고 생각한다. 그들은 도덕성에 뭔가 결여된 점이 있었기 때문에 타인에게 위해를 가하면서까지 권위에 복종했을 것이라고 짐작하는 것이다. 이처럼 타인의 행동에 고의성이 있을 것이라고 (증거도 없이) 생각하는 우리의 경향은 한결같다. 시카고 대학의 에비 로셋Evie Rosset의 연구는 우리가 화나는 일을 설명해야 할 때에 그 일을 우발적 사건으로 여기기보다는 어떤 사람에게 원인을 돌리기 쉽다는 점을 잘 보여준다. 우리는 일반적으로 상황적 원인보다 행위자의 의도를 더 따진다. 왜 그럴까? 한 가지 이유를 꼽자면, 개인의 의지보다 행위를 둘러싼 상황을 설명하는 것이 지적으로 더 수고스럽기 때문이다. 아동의 설명 도식은 연령에 따라 조금씩 더 복잡해진다. '유리창을 깨뜨렸다'라는 사건을 설명한다 치자. 아이의 나이가 많을수록 의도보다는 우발적 원인들을 더 많이 본다. 성인들의 경우에도 주의력을 분산시키거나 술을 먹여 추론을 교란시키면 행위자의 의도를 중심으로 설명하는 경향이 증가한다.[40] 따라서 화가 나는 일을 설명할 때에 누군가의 잘못을 먼저 생각하는 것은 사유의 자연스러운 경향이다. 일찍이 괴테도 『파우스트』에서 악마는 이성이 이해할 수 없는 것이라 말하지 않았던가.

악에 대한 공포와 충격은 피해자와 증인으로 하여금 악의 의미를 골똘히 생각하게 만든다.(사실 가해자는 가장 괴로운 사람이 아닐 수 있다. 그는 자기 잘못의 축소, 자기정당화, 합리화를 통해 얼마든지 살아남을 수 있다.)[41] 니체는 고의적으로 가하는 위해가 악의 전형 그 자체라는 사실을 우리에게 상기시킨다. "우리를 가장 분노케 하는 악행은 타인이 자유의지로, 요컨대 오로지 자기 즐거움을 위해서 우리에게 가하는 잘못에 있다."[42] 절대악의 신화는 종종 타자, 이방인을 역사 속에서 바라보지 않고 시간을 초월하는 실체처럼 제시하곤 한다. 전형적인 악은 질서, 평화, 안정의 안티테제反定立처럼 보인다. 악인은 대개 자기중심적이고 감정, 특히 분노를 잘 조절하지 못한다.[43] 그는 타인을 상처주면서 즐거움을 느끼기 때문에 악행을 저지른다.[44] 피해자는 대개 무고하고 도덕적으로 선한 사람으로 그려진다. 물론, 판단 대상에 대한 개인의 입장에 따라 이러한 생각들은 조금씩 달라진다. 한 연구는 미국 교도소에서 일하는 사형 집행인, 수감자 가족지원팀, 단순 교도관들을 대상으로 이들이 각기 사형제도와 사형수들의 인간성 상실에 대해서 어떻게 생각하는지 조사했다. 사형 집행인들은 단순 교도관이나 수감자 가족지원인력에 비해서 사형수를 인간으로서 존중하지 않고 사형제도에 찬성하는 입장이 더 두드러졌다.[45]

친절한 간수

악의 평범성이라는 개념은 끔찍한 악행과 그 행위 주체의 멀쩡하고 정상적인 모습 사이의 깊은 심연에서 태어났다. 하지만 이 개념은 수많은 오해들을 낳기도 했다. 사이코패스를 척 보고 알 수 없다면, 나치의 얼굴에서 빈정대는 미소를 찾으려 해봤자 소용없다면, 결국 악이란 예측할 수 없이 불쑥 튀어나와 누구든 덮칠 수 있는 것일까? 하지만 악이 역사적 조건들과 무관하게 아무나 맨 처음 걸리는 놈을 후려친다고 오해해서는 안 된다. 아렌트도, 밀그램도 결코 그런 식으로 생각하지는 않았다. 간수들을 교화된 인물들로 묘사하는 경향은 사실 그들이 보통 사람들과 너무나도 다르지 않기 때문이다.

요즘은 '친절한 간수' 인간형이 인기다. 조너선 리텔Jonathan Littell의 공쿠르상 수상작 『착한 여신들』만 봐도 그렇다. 철학자 라코스트Lacoste는 간수의 전형적 묘사에 반발하며 다음과 같은 아이러니한 묘사를 전개한다. "그는 점잖은 데다가 교육을 잘 받은 탓에 민감하고 싹싹하며 양심적이고 재치도 있다. 예의가 바르고 자기 취향이 확실한 사람이다. 그러니 예의바르고 가정을 잘 건사하며 고결한 정치적 신념과 유순한 태도를 갖춘 사람을 만나거든 부디 신중하라. 특히 그 사람이 책을 많이 읽고, 피아노나 바이올린을 다룰 줄 알며, 이웃을 확실하게 존중할 줄 안다면 오만 가지 의심을 해도 좋다."[46]

간수를 악의 화신처럼 묘사하는 것도, 반대로 비범한 교양인이자 음악애호가처럼 묘사하는 것도 역사적 자료에서 확인되는 현실과는 동떨어져 있다. 나치들은 괴물들이 아니었지만 "교육을 제대로 받지 못한 자들"이었다고 프리모 레비는 간단하게 말한다. 가끔은 전직 고문관이나 살인을 저질렀던 사람이 과거의 잘못을 세련되고 우아한 태도로 설명하기도 한다. 하지만 그렇다고 해서 그의 끔찍한 짓거리가 점진적인 준비 단계 없이, 본인의 동의 없이, 자기만족이나 병적 이데올로기와 무관하게 갑자기 툭 튀어나왔을 거라고 생각해선 안 된다.

관점의 차이와 악의 유혹

타인이 보는 내 모습이 어떨지 떠올려보는 것만으로도, 악에 대한 정의는 달라질 수 있다. 개인이나 집단 사이의 갈등 상황에서 잘못을 저지른 사람은 자기 행동을 정당화할 이유를 찾기 바쁘지만, 피해자는 상대를 악한 사람으로 몰아가고 자신은 책임을 모면할 근거를 찾기 바쁘다. 실험참가자들에게 개인적으로 어떤 상황의 피해자가 되었던 때와 가해자가 되었던 때를 떠올리게 했다. 그들은 자기가 잘못한 경험을 진술하면서 비록 자신의 과오를 완전히 정당화하지는 않더라도 대개 그 과오를 해명하는 이유나 책임을 덜어줄 만한 상황을 언급했다. 반면 피해자 입장에 섰을 때에는 상황에 대한 언급을 줄이고 가해자가 어떤 식으로 도발하고 위해를 가했는가를 자세히 진술했다.[47] 이것이 1장에서 지적한 우리의 한량없는 자기애이다. 우리는 우리가 성자, 성녀는 아닐지언정 비교적 착하다고, 나쁜 것은 우리가 아니라 다른 사람들이라고 믿는다. 잔인한 독재자조차도 조금 힘이 들긴 하지만 얼마든지 자기사면을 할 수 있다. 사회학자 리카르도 오리지오Riccardo Orizio는 7명의 독재자(아민 다다, 장 클로드 뒤발리에, 장 베델 보카사 등)와 인터뷰를 했다. 정적을 고문하거나 암살하고, 자유선거를 방해하고, 시민들을 굶주리게 하며, 사리사욕을 채우고, 학살을 저질러서 욕을 먹는 그들조차도 공동선을 위해 그런 일을 한 것이라고 주장했다.[48]

악을 지칭하는 말들은 도처에 넘쳐난다. 성경만 해도 사탄, 루시퍼, 아스모데우스, 벨리알, 벨제불 등등이 있다. 복음서에서 악마는 자신을 이렇게 소개한다. "제 이름은 군대이니 저희의 수가 많기 때문입니다."[49] 역사학자 로베르 뮈샹블레Robert Muchembled는 악마의 역사를 다루면서 서양에서 신학적, 문화적, 지적 의인화가 얼마나 넘쳐나는가를 보여주었다. 악은 여러 가지 모습을 취하며 때로는 남성과 결부되었다.(정신과 의사 크리스토프 데주르는 "악은 근본적으로 남성성과 결부되었다."고 했다.)[50] 한편 중세에는 '여성'을 뜻하는 라틴어 'Mulier'의 철자가 각각 악Mal, 허영Vanité, 음욕Luxure, 분노Ire, 과오Erryne, 폐허 중의 폐허 Ruine des ruines를 나타낸다고 했다.[51] 인간은 자신의 행동, 타인에 대한 생각, 사회 구조 속에서의 자기 위치를 정당화하기 위해 자기 힘으로 안 되는 것, 자신에게 저항하거나 자신을 위협하는 것은 무엇이든 '악'으로 몰아가는 수법을 쓴다. 서양 문화에서 악마는 유혹하는 자의 모습으로 자주 그려진다. 모든 유혹은 시험이고 함정이다. 유혹은 우리가 애지중지하는 규범을 타락시키고 어긋나게 하지만, 이따금 우리의 신념을 더욱 굳건하게 만들기도 한다.

12 인간을 유혹하는 것들

에두아르 마네 Edouard Manet,
〈풀밭 위의 점심 식사〉

권위주의 성향이 높은 사람들은 이 그림을 가장 외설적인 그림으로 뽑았다.

> 그건 내가 아닙니다. 전혀 나답지 않은 일이었습니다.
> ― 리오넬 조스팽
> (2002년 프랑스 대선운동 당시에 리오넬 조스팽이
> 자크 시라크 대통령을 모욕한 발언에 대해 사과하면서 한 말이다.―옮긴이 주)

심리학자들의 과학적 실험이란 다소 사악한 데가 있다. 무려 11000명의 아이들을, 그것도 4시간 동안이나 유혹에 저항하는 시험에 빠뜨린 실험이 있었다. 이 초등학생들은 다양한 지적, 신체적 연습 과제를 받았고 과제를 수행하는 동안 (들킬 위험이 없다는 생각에서) 거짓말을 하거나, 부정행위를 하거나, 자질구레한 물건을 훔치거나 할 기회가 얼마든지 있었다.[1] 한 번은 초등학생들에게 산수 문제를 내고 시험이 끝난 후 각자 채점을 하라고 답안지도 함께 주었다. 44퍼센트의 아이들이 모르는 문제를 답안을 보고 베껴 쓰는 부정행위를 했다. 나중에 답안을 보고 쓰지 않았느냐고 물어보자 부정행위를 한 아이들의 80퍼센트는 답안을 보지 않았다고 거짓말을 했다.

거짓말을 해서 얻을 것이 크지 않고 들킬 위험이 크다면 정직을 택하기가 한결 쉽다. 하지만 들킬 위험이 적고 얻을 것은 상당하다면 어떨까? 초등학생들의 경우, 들킬 위험이 적을수록 부정행위는 늘어났다. 특히 머리가 좋은 아이들일수록 이러한 변수가 크게 작용했다.(지능지수가 낮은 아이들은 위험도 개념을 확실히 파악하지 못한 탓인지 그러한 변수와 상관없이 부정행위를 많이 저지르는 편이었다.)

물질적 관건도 중요한 변수가 되었다. 신념을 팔아치워야 한다면 뭐라도 받고 넘겨야 한다. 실제로 런던에서 300개의 봉투에 1유로, 5유로, 빈 봉투를 각각 3분의 1씩 만든 다음 며칠에 걸쳐 사람이 많이 다니는 거리에 조심스레 뿌렸다. 실험 결과, 돈이 들지 않은 편지는 94퍼센트가 돌아왔다. 하지만 1파운드가 들어 있는 편지는 72퍼센트밖에 돌아오지 않았고 5파운드가 든 편지의 회수율은 58퍼센트에 그쳤다.[2]

판돈이 커질수록 우리의 신념은 쉽게 무너진다. 2002년 프랑스 대선에서도 그 예를 찾을 수 있다. 무슨 수를 써서라도 상대 후보의 이미지를 깎아내리고 싶다는 유혹은 모든 후보들에게 있었다. 리오넬 조스팽 총리는 레위니옹에서 돌아오는 비행기 안에서 자크 시라크 대통령을 "늙고, 닳아빠지고, 지친" 사람이라고 말함으로써 상대 후보를 쇠약하고 노망난 노인 취급하는 우를 범했다. 조스팽은 몇 시간 후에 "나답지 않은 짓이었다."라며 공식 사과했지만 이 실언으로 비교적 청렴한 사람이라는 총리의 이미지는 크게 실추되고 말았다. 그는 어쩌다가 정적을 '아둔한 노인네'로 몰아세우고 싶은 유혹에 넘어가고 말았을까?

무엇이 선한 일인지 알면서도 악을 행하다

선이 무엇인지 모르는 사람이 있을까? 상처를 주면 안 된다, 다른 사람들을 도와야 한다, 호의적인 태도를 보여야 한다 등 추상적이고 막연하게라도 알고 있다. 하지만 오비디우스와 타르수스의 바울로는 우리에게 선은 이론적으로 명백하나 선의 실천을 방해하는 것들이 있다고 일깨운다. 바울로는 『로마인들에게 보낸 편지』에서 자신이 선을 행하려는 의지가 부족하다고 말한다.³ (그리스인들은 이러한 도덕적 해이를 'akrasia(자제력 부족)'라고 불렀다.) 실제로 굉장히 악한 일을 저지른 사람들조차 감히 자기 딴에는 좋은 일을 하려고 그랬다고 고백한다. 101예비경찰부대의 한 병사는 이렇게 말했다. "저는 아이들만 쏘려고 노력했습니다. … 어머니들은 아이들의 손을 잡고 있었지요. 그런데 동료가 어머니를 죽이기에 어차피 아이는 엄마 없이 살 수 없을 거라 생각해서 아이를 죽였습니다. 살아갈 수도 없는 애들이니 빨리 고통이나 줄여주자는 생각으로 제 양심을 달랬던 것입니다."⁴ 르완다에서 이웃에 사는 투시족 아이들을 무참히 때려죽인 후투족 여자도 비슷한 논리를 내세워 변명했다.⁵

아이들을 해쳐서는 안 된다는 것이 보편적 규범이지만 이 규범은 어떠한 틀에 적용되느냐에 따라 내용이 규정되고 구체적인 행동의 방향이 정해진다. '아동'⁶과 '아동의 권리'를 어떻게 보느냐(낙태반대운동 투사들이 생각하는 '아동'과 피터 싱어가 생각하는 '아동'⁷은 굉장한 차이가 있다.), '해를 끼치지 않는다'는 말을 어떤 의미로 이해하느냐는 개인의 신념과 행동 사이의 관계를 분석하는 데 결정적인 요소가 될 것이다. 많은 경우, 말과 행동의 '간극'은 실천의지가 있음에도 불구하고 명확하지 못한 언어 혹은 그 언어를 적용하면서 발생하는 왜곡 때문에 생겨난다. 뒤에서 살펴보겠지만 악행의 유혹에 저항하려면 먼저 도덕규칙을 알고, 그 규칙이 어떤 콘텍스트에 적용되는지 알아볼 수 있어야 하며, 자극과 선동에 맞서 규칙을 준수하려는 의지력이 있어야 한다.

신념과 다른 행동을 하게 되는 이유

유감스럽게도 뿌리 깊은 신념을 실생활에 적용하거나 단호한 결단을 내리지 못하는 순간은 너무나 많다. 그 이유 중 하나는 우리가 어떤 상황들을 만나게 될지 정확하게 예측하지 못하기 때문이다. 만화경처럼 어지러운 세상 속에서 우리는 쉽사리 지표를 잃어버린다. 예를 들어 '곤경에 처한 아이를 도와주어야 한다.'는 생각은 '아이에게 해를 끼치면 안 된다.'는 생각만큼이나 공감한다.

하지만 아무도 반박할 수 없는 이 규범조차도 실천하지 못하는 상황이 있다. 당신이 거리를 지나가고 있는데 8세 정도의 아이가 천진난만하게 다가온다고 치자. 아이는 길을 잃어버렸다고 하면서 부모님께 전화를 걸어달라고 청한다. 한 연구에 따르면 이 아이가 도움을 받을 확률은 이러한 상황이 연출된 도시의 크기와 상관관계가 있다. 소도시에서는 행인의 4분의 3이 선뜻 도움을 준 반면에 뉴욕, 시카고, 보스턴 같은 대도시에서는 그 확률이 절반으로 떨어졌다.[8] 모두가 합의하는 규범이 전혀 '구체화'되지 못한 것이다.

또 다른 상황들이 역으로 작용할 수도 있다. 우리의 신념이 어떻든 간에 우리가 기분이 좋을 때 선행을 할 기회가 주어지면(다른 사람의 물건을 주워준다든가, 적선을 한다든가) 우리는 기꺼이 관대한 모습을 보인다. 긍정적인 기분이 이타성과 협동에 미치는 효과를 다룬 연구들은 매우 다양하고 때로는 엉뚱한 방법까지 동원했다. 기분 좋은 대화를 나누게 하거나,[9] 실험참가자의 팔이나 등을 살짝 토닥거린다든가,[10] 기분 좋은 냄새(향수, 갓 구운 피자, 따뜻한 커피 냄새)[11]를 퍼뜨리거나, 비스킷을 권하거나,[12] 열대지방에서의 여름휴가를 상상하게 하거나,[13] 보람을 느꼈던 일을 떠올리거나,[14] 공중전화 부스에서 돈을 발견하게 하거나,[15] 유쾌한 영화를 보여주거나,[16] 흥겨운 음악을 틀어주거나,[17] 옥시토신을 직접 주사하는 방법까지 쓰였다.[18] 기분 좋은 사람들은 그 긍정적 상태를 계속 유지하고 싶은 듯 일반적으로 좀 더 흔쾌히 도움을 제공한다.[19]

도덕규범이 애매하지 않고 고민할 여지가 별로 없다면("사거리에서 구걸하는 거지에게 항상 몇 푼이라도 적선을 해야 해.") 규범이 구체적이지 않을 때("가난한 사람을 도와야 해.")보다 실천으로 이어질 확률이 높아진다. 어떤 사람들은 거지에게 푼돈을 주는 행위가 빈곤을 극복하려는 의지에 오히려 해롭다고 여길 수도 있다. 개인의 규범과 특수한 상황은 딱 떨어지게 연결되지 않는다. 게다가 어떤 구체적 상황에서든 규범에 대한 의식 자체가 일시적인 지각과 감정 현상에 의해 흐려질 수 있다. 그래서 우리가 위협적인 정보에 주의를 곤두세울 때 혹은 부정적인 감정을 느낄 때, 행동 규범의 유예 상태에 빠지곤 한다. 나는 공격성에 대한 연구결과를 다뤘던 다른 저서에서 주변 온도, 소음 등의 다양한 요소들이 인간 행동에 영향을 미칠 수 있음을 확인한 바 있다.[20] 불쾌한 기분 역시 우리가 타인에 대한 행동의 소중한 지침으로 삼아온 도덕관념의 효과를 파기할 수 있다.

급박한 상황에서 도움을 제공하는 조건

우리는 가끔씩 우리의 규범이 아주 마비되어버리는 것 같은 상황을 만난다. 개인이 행동규범을 상기하는 과정이 사회적 콘텍스트의 힘 때문에 차단되는 까닭이다. 몰개체화는 이런 상황에 깊은 관련이 있다. 도움을 제공하는 사람의 책임감이 그 상황을 지켜보는 목격자의 수에 따라 달라진다는 점은 아이러니하다. 급박한 곤경에 빠진 사람이 그 상황의 목격자가 많을수록 도움을 받을 확률이 줄어든다니!

한 연구에서 실험참가자들은 인터폰으로 다른 참가자가 갑자기 간질발작을 일으켰다는 것을 알았다.(미리 녹음된 음향테이프를 틀어주었을 뿐, 실제 발작은 없었다.) 자기밖에 이 상황을 파악한 사람이 없다고 생각했을 때에는 참가자의 85퍼센트가 도움을 주기 위해 나섰다. 자기 말고 상황을 아는 사람이 한 명 더 있다고 생각했을 때에는 그 비율이 62퍼센트로 떨어졌고, 모든 참가자들이 알고 있다고 생각했을 때에는 31퍼센트까지 곤두박질했다.[21] 또한 피해자에게 뭔가 거리낄 만한 특징이 있어도 도움을 받을 확률이 확 줄어든다. 주정뱅이, 노숙자, 약물 중독자, 매춘부, 커다란 흉터가 있는 사람, 안대를 한 사람, 모반이 있는 사람은 긴급 상황에서 보통 사람보다 도움을 받기가 어렵다.[22] 반대로 잠재적 구조자들이 서로 아는 사이일 때, 개입을 요하는 상황의 증인들이 서로 공통점이 있을 때,[23] 리더 혹은 책임자가 정해져 있을 때에는 좀 더 적극적인 지원이 나올 수 있다.[24]

6세, 9세, 11세 아동들을 대상으로 책임감 분산 현상을 살펴보니 옆방에서 다른 아이의 비명소리가 들리자 이 어린아이들조차도 집단으로 있을 때보다 혼자 있을 때 더 적극적으로 달려갔다.[25] 그렇지만 또 다른 연구에서는 아이들이 혼자 있을 때보다 두 명이 함께 있을 때에 더 적극적으로 도움을 제공한다는 결과를 내놓았다. 아이들은 어른들과는 달리 그 상황에서 느끼는 불안을 자기 파트너와 순순히 공유하는 듯 보였다.

긴급 상황에서 도움을 제공하기까지 우리는 몇 개의 단계를 넘는다. 맨 처음에는 도움에 대한 요청이 이루어졌음을 확인하는 단계가 있다. 우리가 뭔가에 몰두해 있거나 상념에 젖어 있다면 혹은 인파나 소음 때문에 주의가 산만해져 있다면, 그러한 확인이 자동적으로 이루어지지 않는다. 다음으로는 내가 나설 만큼 상황이 긴급한가를 생각한다. 그러나 이 단계 또한 그렇게 투명하지가 않다. 다른 사람들도 가만히 있는 것을 보면 도움이 꼭 필요한지 확신이 서지 않을 수 있다. 삶의 수많은 상황들은 이렇게 애매하기 때문에 무감각한 반응이 나오기 쉽다. 아무것도 하지 않는 자신을 재빨리 정당화하면서 우리의 마지막 의심마저 억누른다. 그럼에도 불구하고 직접 나서야겠다는 생각이 들 때, 비로소 우리는 이 해석을 수용하고 무거운 책임을 떠맡는다.(행동하기로 결정하는 게 다가 아니다. 상황을 헤쳐나갈 수 있다는 믿음도 있어야 한다. 기본적인 응급처치를 배웠다 해도 출혈을 막으려면 어느 부위를 압박해야 하는지, 소화기와 심근수축기를 어떻게 써야 하는지를 모르면 선뜻 나설 수 없다. 물건을 옮기거나 가해자들과 몸싸움을 해야 하는 등 신체적 완력이 요구되는 경우라면 더 말할 것도 없다. 긴급 상황에서 도움을 제공하는 이들은 그렇지 못한 이들에 비해 체격 조건이 더 좋고 응급조치에 대해 잘 아는 사람들이라는 조사 결과도 있다.)[26] 이타성에 있어서도 남녀 차이가 존재한다는 연구를 감안한다면, 성별에 따라 자기가 어느 부분에 개입할 수 있느냐를 달리 생각할 것이라는 짐작이 가능하다. 일반적으로 여성은 신체적 위험이 따르거나 남성 고유의 기술이 필요한 상황에서 몸을 사린다. 그 대신, 장기적인 대인관계에서는 적극적이고 꾸준한 지원을 제공하는 편이다. 결국 우리가 행동한다면 그것은 우리가 구체적인 결단을 내렸기 때문이다. 실수할지도 모른다는 위험, 망설임, 시간과 수단을 투자해야 한다는 부담이 그래도 나서야겠다는 절박한 필요 앞에 무릎을 꿇은 것이다.

몰개체화는 자의식을 떨어뜨리기 때문에, 다시 말해 일반적인 상황이라면 우리의 행동을 지배했을 개인적 도덕규범을 떠올리지 못하게 하므로 실천의 걸림돌이 된다. 반대로 이 책 1장에서 지적했듯이 자의식을 자극받을수록 위반 행동은 감소한다. 실험 상황에서 자기에게 주의를 기울이게 하는 실험적 기법(거울, 개인적 규범을 일깨우는 설문조사 등)을 동원했더니 위반 행동이 감소하는 결과가 나왔고, 어떤 경우에는 이타적 행동의 증가까지 나타났다.[27] 자기 자신을 규정하면서 도덕적 차원을 중요한 측면으로 삼는다면 개인적 규범과 행동이 일치하는 데 도움이 될 것이다.[28] 행위의 도덕적 차원에 신경을 쓰는 사람들은 일반적인 상황에서도 날카로운 주의력을 잃지 않기 때문에 자신의 신념에 비추어 적절하다고 생각하는 선에서 행동한다.[29]

약해지는 의지

우리가 피하려는 행동을 저지르고 싶은 충동을 조절할 때 동원되는 심리 기능을 '자기조절기능'이라고 한다. 이 용어는 생각이나 행동을 억제하거나 불쑥 치미는 충동을 바로잡을 수 있는 능력을 가리킨다. 상당한 보상이 기다릴 때조차도 행동 성향을 바로잡는다는 것은 힘든 일이다. 특히 이미 습관이 잡힌 상태라면 더욱 힘들다. 예를 들어 프랑스 여성 흡연자의 3분의 1은 태아에게 미치는 위험을 잘 알면서도 임신 중에 담배를 끊지 못한다.[30]

어떤 과제를 수행하면서 주의력을 유지할 때 실행인지조절 기능이 잘 발휘된다. 전전두피질이 관여하는 이 능력은 일정하지도 않고 무한하지도 않다. 한 연구에서 일부 참가자들에게 '하얀 곰'을 생각하지 않도록 노력해보라고 했다. 이러한 심리적 활동은 자기조절을 끌어들인다. 반면에 다른 참가자들은 (자기조절을 끌어들이지 않는) 산수 문제를 풀었다. 그 후 모든 참가자들에게 아주 웃기고 유쾌한 영화를 틀어주고 소리 내서 웃거나 미소조차 짓지 말아달라고 했다. 그 결과, 이미 자기조절을 끌어들이는 과제를 수행했던 참가자들은 산수 문제를 풀었던 참가자들에 비해 웃음을 잘 참지 못했다.[31]

또 다른 연구에서는 실험참가자들을 두 군으로 나누어 한쪽은 일곱 자리 숫자를, 다른 쪽은 두 자리 숫자를 기억하게 했다. 그 후 다른 방으로 이동하여 먹음직스러운 초콜릿케이크와 과일샐러드 중 하나를 맛봤다. 일곱 자리 숫자를 외우는 활동은 (몸매와 건강에 좋지 않은) 초콜릿케이크를 자제하는 활동과 마찬가지로 자기조절기능을 요한다. 따라서 연구자들은 앞 단계에서 실행조절 기능을 이미 사용했던 참가자들이 다음 단계에서는 자제력을 발휘하기 어려울 것이라는 가설을 세웠다. 과연, 일곱 자리 숫자를 외운 참가자들은 두 자리 숫자를 외운 참가자들에 비해 초콜릿케이크를 택하는 비율이 63퍼센트 대 41퍼센트로 높았다.

자기조절능력이 소진되면—단순히 집중한 탓에 기분이 달라져서 그렇다고 할 수만은 없다—더 중대한 결과를 낳기도 한다. 실험참가자들은 자기조절을 요하는 작업을 마치고 나서 매력적인 이성의 사진을 더 뚫어져라 바라보았다.[32] 또한 부적절한 상황에서 과음을 하게 되기도 한다. 한 연구에서 실험참가자들은 다양한 알코올음료들을 시음한 후에 모의 운전 테스트를 받았다. 참가자들은 음주가 운전에 미치는 효과를 잘 알고 있었으며, 테스트에서 실수를 적게 할수록 높은 보상을 받는다는 얘기도 들었다. 그럼에도 불구하고 시음 직전에 정신적 피로도가 높은 작업을 수행한 참가자는 알코올음료를 더 많이 마셨고 모의 운전에서도 더 많은 실수를 저질렀다.[33]

이처럼 자기조절능력이 소진되면 이타심을 발휘하기도 어려워진다. 자기조절을 요하는 작업을 수행한 참가자들은 형편이 어려운 사람에게 음식이나 돈을 잘 나누어주지 않았으며, 다른 사람을 돕는 데 소극적이었고, 기회가 주어지자 기꺼이 속임수를 썼다.[34] 게다가 피곤에 지친 사람들일수록 타 집단에 대한 편견이 심하다는 조사 결과도 있다.[35] 폭식을 하거나, 말다툼을 하거나, 무모한 일을 저지르거나 하는 자제력 상실은 아침보다 저녁에 더 많이 나타난다.[36] 다시 말해, 개인이 자기조절능력을 웬만큼 소진하고 난 후에는 충동에 굴복하기 쉽다는 얘기다. 이 장 첫머리에서 제시한 조스팽의 경우로 돌아가 보자. 조스팽이 시라크를 "지친 사람"이라고 실언한 것은 그 자신이 지쳐 있었기 때문이 아닐까?

폭력과 단맛

폭력은 이따금 정신적으로 무척 지쳐버린 상태에서 발생한다. 학생들이 에세이를 한 편씩 써서 그 글에 대한 평가를 받기로 했다. 그리고 나서 평가자와 함께 치즈와 비스킷을 먹기로 했다. 그런데 실험자가 일단 뭘 좀 먹고 시작하자면서 먹음직스러운 튀김과자를 내왔다. 하지만 참가자들이 그 과자를 먹으려는 순간 실험자는 실험 절차가 잘못됐다면서 과자에 손도 대지 못하게 했다. 연구자들은 참가자들의 자기조절능력이 이 과정에 동원되기 때문에 그들이 공격적 반응을 자제하기 어려울 것이라고 예측했다. 비교를 위해서 다른 집단에는 튀김과자 대신 순무를 주었다가 못 먹게 하는 상황을 연출했다. 그 후, 참가자들은 그들이 쓴 에세이에 대해서 매우 혹독한 평가(도발)를 받았다. 참가자들은 자기 글을 평가한 사람에게 치즈와 비스킷을 손수 차려다주어야 했다. 이 과정에서 그들은 (평가자가 매운 것을 못 먹는다는 것을 알면서) 아주 매운 소스를 뿌릴 기회를 얻었다. 실험 결과, 연구자들의 가설은 확증되었다. 튀김과자를 먹지 못한 이들이 순무를 먹지 못한 이들에 비해 딱히 더 화를 내거나 앙심을 품지는 않았지만 매운 소스를 써서 공격성을 발휘하는 비율이 훨씬 높게 나타났던 것이다.

앞에서 살펴본 자기통제에 대한 연구들은 특별한 정신적 노력을 요하는 행동들이 존재한다는 것을 보여주었다. 어떤 충동을 자제하는 행동, 수고가 따르는 일을 시작하거나 확대하거나 연장하는 행동이 그렇다. 따라서 이러한 행동들을 하고 난 후에는 연달아 자기조절능력을 발휘하기가 다소 힘들다.

자기조절능력은 일반적으로 수면을 취하거나 포도당을 섭취함으로써 회복된다. 최근 암스테르담 대학의 매튜 게일리엇Matthieu Gailliot을 중심으로 한 연구진은 이러한 '정신에너지'의 생물학적 토대를 밝혔다. 자기조절은 친구와 대화를 나누거나 영화를 보거나 하는 활동들에 비해 포도당을 더 많이 소모한다.[37] 그래서 자기조절이 필요한 과제를 수행한 실험참가자들에게 포도당을 보충해주었더니 자기조절능력이 소진되었을 때의 효과가 나타나지 않았다. 실제로 한 연구에서 자기조절 활동 이후에 타인을 도와주는 행동이 감소하는 현상은 포도당 음료를 마시지 않은 참가자들에게서만 나타났다.

사회적 고정관념에 대한 연구에서도 비슷한 결과를 볼 수 있었다. 자기조절 단계 이후에 고정관념을 드러낼 기회가 주어지자 포도당 음료를 마시지 않은 사람들이 더 적극적으로 의견을 피력했다. 다른 흥미로운 현상도 관찰되었다. 포도당을 필요로 하는 활동을 자주 할수록 뇌의 포도당 비축분은 늘어났다. 이 때문에 자기조절 연습이 근육운동과 비슷한 효과를 나타내는 것이리라. 이렇듯 자제력은 쓸수록 발달하는 능력이다.[38]

이러한 결과만으로 설탕의 명예를 회복시키기에는 부족하리라. 설탕은 오랫동안 도덕적으로 부정적 의미를 띠었다.[39] 단것을 많이 먹는 아이들이 단것을 적게 먹는 아이들보다 공격적이라는 최근 연구들은 이 부정적 의미를 더욱 강화했다. 17500명을 표본대상으로 삼은 영국의 한 조사에 따르면, 폭력범죄 전과가 있는 34세 성인들의 69퍼센트가 10세 어린이와 비슷한 수준으로 사탕과 초콜릿을 섭취한다고 한다. 하지만 다양한 변수들을 감안하더라도 폭력 성향이 없는 34세 일반인 중에서 이렇게 단것을 많이 먹는 사람은 42퍼센트에 불과했다.[40] 단것 그 자체보다 아이가 단것을 적당히 먹게끔 부모가 통제하지 않는 것이 더 문제다. 아이들이 지나치게 단것을 찾는 것은 욕구 충족에 문제가 있다는 표시다. 이런 아이들은 인내와 노력을 요하는 충족보다 즉각적인 충족을 선호한다. 같은 맥락에서 우리는 풍경 사진을 볼 때보다 먹음직한 케이크 사진을 볼 때에 현재의 순간에 더 사로잡히며 나중에 좀 더 큰 보상을 받기보다는 작은 보상이라도 빨리 받기를 원한다고 한다.[41]

탄탈로스와 마시멜로

즉각적 쾌락이냐, 의지력을 요하지만 더 나은 보상이냐는 인간의 영원한 딜레마다. 충족을 지연할 수 있는 능력을 다룬 연구들은 단순하지만 설득력 있는 방법론에 입각해 있다. 기본 장치는 다음과 같다. 아이의 왼쪽에는 과자(사탕, 비스킷, 초콜릿 등) 한 개, 오른쪽에는 두 개를 두고 아이에게 잠시 혼자 있으라고 지시한다. 만약 왼쪽에 있는 과자를 먹고 싶으면 벨을 울려 신호를 보내고 먹어도 좋지만, 오른쪽에 있는 두

개의 과자는 실험자가 돌아올 때까지 조용히 기다려야만 먹을 수 있다고 말해둔다. 그런 다음에 아이를 약 30분간 혼자 내버려두고 몰래 관찰한다. 어떤 아이들은 실험자가 나가기 무섭게 왼쪽의 과자를 날름 집어먹었고, 또 어떤 아이들은 실험자가 돌아올 때까지 기다렸다. 가장 오랫동안 인내심을 발휘한 아이들은 탄탈로스의 형벌(그리스 신화에서 탄탈로스는 신들을 시험한 죄로 목이 말라도 물을 마실 수 없고 굶주려도 음식을 먹을 수 없는 형벌을 받았다.—옮긴이 주)을 견디기 위한 작전을 구사했다. 자기 눈을 가린다든가, 의자를 돌려 앉거나, 홍얼홍얼 노래를 부른다든가, 손발을 써야 하는 혼자만의 놀이를 고안한 것이다. 어떤 아이는 아예 잠들기까지 했다! 반면에 과자를 계속 노려본 아이들은 결국 자제력이 무너지고 말았다.

 이 같은 아이들의 자기조절능력 차이를 어떻게 설명할까? 우선 유전적 요인(1주 후에 100유로를 받기보다는 당장 75유로를 받겠다고 선택한 사람들에게서 유전적 요인을 찾아낸 연구가 있었다.)[42]과 성격적인 측면을 들 수 있다. 일례로 생후 18개월에 엄마가 잠시 자리를 비우자 심하게 울고 떼를 쓴 아기들과 엄마가 올 때까지 잘 참고 기다린 아기들을 만 5세가 되었을 때 다시 비교해보니 전자의 아이들은 여전히 참을성이 부족했다.[43] 본보기의 영향력도 결정적 요소다. 본보기의 영향은 실험을 통해서도 확증되었다. 보상 지연에 대한 실험에서 아이들에게 우수 사례를 보여주었더니 아이들의 참을성이 향상되었다.[44] 기존의 연구들을 종합한 결과, 종교가 있는 사람들은 자기조절능력이 평균보다 높은 편이었다는 점도 알아두자.[45] 이러한 차이들은 노력의 윤리, 미덕에 대한 믿음이 무차별적으로 적용될 수 없음을 드러낸다. 사회 구조가 이러한 노력을 높이 산다면 장기적 목표에 매진하기가 좀 더 쉬워진다. 좋은 가정환경에서 성장한 사람들의 경우가 그렇다. 자기통제에 대한 연구들은 타인의 통제력이 뛰어나다고 생각할 때 자기 자신의 통제력도 향상된다는 것을 입증했다.[46]

  이 실험은 여러 가지로 변형되었다. 아이들에게 마시멜로가 솜이나 구름 조각이라고 상상해보라고 했다. 혹은 먹음직스러운 과자가 실물이 아니라 사진일 뿐이고 그 사진을 둘러싼 액자가 있다고 상상해보라고 했다. 이런 식으로 과자를 상징적으로 생각하게 함으로써 유혹을 다소 '김새게' 하자 보상을 지연하는 시간이 늘어났다. 반대로 사탕의 달콤한 맛, 비스킷의 바삭한 질감을 상상하게 했을 때에는 아이들이 더 쉽게 무너졌다. 장난감을 가지고 놀게 하거나 기분 좋은 일들을 상상해보라는 인지 활동을 제안하여 주의를 전환했을 때에도 아이들은 더 오래 참고 기다렸다. 또한 과자를 따로 치워놓으니 과자를 바로 앞에 둘 때보다 아이들이 오래 참았다. 그렇지만 과자가 바로 코앞에 있더라도 아이들에게 기분 좋은 일(엄마가 그네를 밀어주고 있다!)을 생각해보라는 지침으로 인내심을 끌어낼 수 있었다. 기분 좋은 상상을 한 아이들이 슬픈 상상을 한 아이들보다 오래 참았나.[47]

  이 연구는 처음 발표되었을 때에 상당한 반향을 불러일으켰다. 하지만 연구진의 인내심을 보상할 만큼 놀라운 결과는 그로부터 20년 후에 나왔다. 연구진은 만 5세에 마시멜로를 꿀꺽 먹어치우지 않고 가장 오랫동안 인내심을 발휘했던 아이들의 20년 후를 조사했다. 그 아이들은 성적이 우수했고, 학력이 높았으며, 약물 중독이나 섭식장애도 없었다. 뉴질랜드에서 1000여 명의 아이들을 30년간 추적 조사한 결과도 마찬가지였다. 30년간 몇 차례에 걸쳐 부모, 교사, 아이들 자신에게 설문조사를 실시한 결과, 어릴 때부터 자기통제가 뛰어난 아이들은 지능지수나 사회적 출신과 상관없이 성인이 되어서 범죄, 중독, 건강, 금전과 관련된 문제를 덜 나타냈다. 자기통제가 부족한 아이들의 32퍼센트는 (연 수입 14000유로 이하의) 저소득층이 되었지만 자기통제가 뛰어난 아이들이 저소득층이 되는 비율은 10퍼센트에 불과했다.[48]

딜레마의 대가

딜레마를 해결하려다 보면 진이 빠진다. '어떤 상품을 고를 것인가'라는 고민, 즉 여러 선택지 중에서 하나를 선택하는 활동은 우리의 통제력을 떨어뜨린다.

어느 연구에서 실험참가자들은 여러 물품 중 하나를 선택한 후 정신적 노력을 요하는 과제(얼음물에 손을 최대한 오래 담그고 버티기, 몸에는 좋지만 맛이 고약한 음료 마시기 등)를 수행했다. 선택 단계를 거친 참가자들은 오히려 그 단계를 생략한 참가자들만큼 정신적 노력을 요하는 과제를 잘 수행하지 못했다.[49] 또 다른 연구에서 실험참가자들은 12분 만에 결혼 선물을 골라야 했다. 그 후 참가자들이 고장 난 컴퓨터 모니터 앞에 멍하니 앉아 있는 시간을 측정함으로써 이들의 수동적 태도를 평가했다.[50] (우울증을 앓은 적이 있다든가 하는 이유로) 고질적인 자기조절 문제가 있는 사람들은 선택에 에너지를 쏟기 어렵기 때문에 충동구매를 하기 쉽다. 선택의 여지가 너무 많아도 우울증의 원인이 된다. 너무 많은 선택지는 의욕을 떨어뜨리고 결단을 마비시킨다. 실험참가자들에게 고급 식품점에서 24종의 잼을 시식하게 했을 때에는 불과 3퍼센트만 구매를 결정했지만, 단 6종만 시식용으로 내놓았을 때에는 30퍼센트가 구매를 결정했다.[51]

술김에 저지른 일

판단을 흐리고 통제력을 떨어뜨리는 요인으로 자주 거론되는 것이 항정신성 물질, 특히 술이다. 술이 인간 행동에 미치는 효과는 물론 화학적 성분 때문이지만 성분만으로 모든 면이 해명되지는 않는다. 심리학자 제임스 셰퍼James Shaefer는 수십 개의 전통사회를 연구한 결과, 남성이 만취할 때까지 술을 즐기는 태도는 문화적 콘텍스트에 상관없이 존재하지만 만취 후 몸싸움을 하는 문화는 그중 절반 정도에만 존재한다고 했다. 예를 들어 볼리비아의 캄바족은 한 달에 두 번씩 만취할 때까지 술을 마시는 의식을 치르지만 그 의식에서 언어적 폭력이나 신체적 폭력은 전혀 발생하지 않는다. 반대로 캄바족과 비슷한 음주의식을 치르는 핀란드의 한 전통사회에서는 음주가 매우 과격한 행동들을 동반한다. 이 두 예를 비교해보면 술에 취한 사람의 행동은 그 사람이 어떤 사회에 속해 있는가와 분명한 관계가 있음을 알 수 있다.

음주의 사회적 의미와 그에 따른 효과는 아주 어릴 때부터 학습된다. 만 8세의 미국인 아이에게 술을 마시면 어떤 행동을 하게 되는지 물어봤다. 아이는 술을 마시면 남들에게 상처를 주는 말이나 행동을 하기 쉽다고 대답했다. 문제는 술을 마시면 공격적이 된다고 생각하는 사람일수록 술을 마시면 공격적이 되어도 좋다고 은연중에 허용하고 있다는 데 있다.[52] 이러한 믿음에는 여러 가지 이유가 있다. 성인들의 경우에는 개인적인 경험 외에도 어릴 때부터 보고 자란 본보기들이 중요한 역할을 한다. 술과 폭력의 관계는 대중 매체에 반영되어왔다. 미디어에서 술이 어떤 식으로 묘사되는가를 보여주는 자료들이 있다. 심리학자 데이비드 매킨토시David McIntosh는 1940년대부터 1990년대까지 큰 성공을 거두었던 대중영화 100편에서 술을 마시는 인물과 그렇지 않은 인물 들을 비교 연구했다. 술을 마시는 등장인물은 술을 마시지 않는 등장인물에 비해 행동이 과격하다든가 다혈질로 묘사되는 경우가 훨씬 더 많았다. 이따금씩 술을 마시고 더 이타적인 사람이 될 수도 있다. 이를테면 술을 많이 마실수록 종업원에게 주는 팁의 액수는 늘어난다.[53] 모든 것은 술을 마신 사람이 무엇에 주의를 쏟느냐에 달렸다. 이것을 '알코올 근시 효과'라고 한다.

술과 공격성의 연관성이 부분적으로 술에 부여된 사회적 의미에서 기인한다면 무알코올 음료를 마시고도 술을 마셨다고 생각하는 사람들도 공격적 행동이 증가해야 할 것이다. 나는 대학 연구진과의 협력하에 100여 명의 실험참가자들에게 이 가설을 시험해보았다. 참가자들은 자기들이 에너지음료 시음을 하고 일정한 사례를 받는 것으로 알고 있었다. 참가자들은 9개 집단으로 나뉘었다. 어떤 집단은 무알코올 음료를 마셨다고 생각했고, 또 다른 집단은 알코올이 아주 약간 들어간 음료를 마셨다고 생각했으며, 음료의 알코올 함량이 꽤 높다고 알고 있는 집단도 있었다. 이 세 집단은 실제로도 각자 알코올이 없거나, 아주 조금 들었거나, 꽤 많이 들어간 음료를 마셨다. 일부 참가자들은 자기들이 굉장히 독한 술을 마셨다고 생각했지만 실제로는 알코올이 전혀 없는 음료를 마셨다. 다른 일부 참가자들은 반대로 주스를 마신 줄 알고 있었지만 알코올이 많이 들어간 음료를 마셨다. 이들에게는 진짜 술맛이 나는 무알코올 음료를 개발하는 중이라고 둘러댔다.[54] 그 후 참가자 중 한 명으로 위장한 실험조교에게 그들을 도발하게 하고 미리 정해놓은 기준에 따라 참가자들의 공격성을 평가했다.[55] 이 실험에서 나는 크게 두 가지 결과를 얻었다. 우선, 원래 공격성 수준이 높은 참가자들은 술과 무관하게 좀 더 공격적인 태도를 보였다.(실험을 며칠 앞두고 설문조사로 이들의 공격성 수준을 미리 파악해두었다.) 그다음은 참가자들이 '자신이 마셨다고 생각하는 술의 양'의 효과였다. 참가자들은 스스로 술을 많이 마셨다고 생각할수록 도발에 공격적으로 반응했다.[56]

섹스, 알코올, 플라세보

술의 플라세보 효과는 성적 영역에도 적용된다. 술을 마셨다고 생각하는 사람은 (실제로는 단 한 방울의 술도 마시지 않았어도) 성적으로 더 쉽게 흥분하고 성에 대한 흥미를 더 많이 드러낸다. 플로리다 주립대학의 앨런 랭 Alan Lang은 실험참가자들에게 주스 혹은 알코올이 함유된 음료를 마시고 난 후에 야한 사진들을 보고 그 사진들의 심미적 측면을 평가하라고 했다. 그러나 알코올이 들었다는 음료는 사실 완전한 무알코올

음료였다. 랭은 참가자들이 각각의 사진을 얼마나 오랫동안 바라보는가가 성적 흥미를 나타내는 지표라고 간주하고 그들이 사진을 한 장 한 장 넘기기까지 소요되는 시간을 측정했다. 그 결과 자기가 술을 마셨다고 생각한 사람들은 주스를 마신 사람들에 비해 야한 사진을 더 오래 바라보았다. 또 다른 연구는 참가자들을 2인 1조로 묶어서 음료를 마신 후 야한 슬라이드 사진을 보게 했다. 실제로는 모두 알코올이 들어 있지 않은 음료였으나 어떤 사람은 자기 음료에 알코올이 들었다고 생각했고 어떤 사람은 무알코올 음료라고 생각했다. 실험자는 슬라이드의 노출 시간을 둘 중 한 명이 알아서 정하게 하고 이렇게 지시했다. "각각의 사진은 당신이나 당신 파트너가 충분히 보고 싶은 만큼 보고 다음 사진으로 넘어가세요." 따라서 파트너가 야한 사진을 오래 보고 싶어할 것이라고 예측하면 사진을 넘기는 속도가 느려질 터였다. 슬라이드를 다루는 사람이 자기가 술을 마셨다고 생각하거나 파트너가 술을 마셨다고 생각한 경우에는 야한 사진의 노출 시간을 더 길게 잡았다.

오늘날 '중독'이라는 용어는 혼란스러울 만큼 다양한 대상에 적용되고 있다. 미셸 레노Michel Reynaud 교수의 『중독론』은 한 장 전체를 '섹스중독'에 할애했다.[57] 정신의학적 범주를 논하기 전에, 철학자들은 지나친 성욕을 파괴의 한 요소로 보았다는 점을 기억하자. 그래서 인간 사회는 성적 충동이 야기할 수 있는 사회적 혼란을 막기 위해 다양한 규범 체계들을 발전시켰다. 프로이트는 『문명 속의 불안』에서 성을 반사회적인 힘으로 묘사했고 수많은 사상가와 철학자 들이 이에 동조했다. 그들이 보기에 성욕은 혼란을 내포하기 때문에 엄격하게 관리해야만 하는 것이다. 성을 근본적으로 경계하고 부정적으로 바라보는 도교적 태도는 이미 고대 문화에도 존재했다. 피타고라스, 디오게네스 라에르티우스, 플라톤, 아리스토텔레스, 히포크라테스는 성행위가 건강에 해롭거나 정신적으로 좋지 못한 것처럼 묘사했다.[58]

마자랭 추기경이 자기 궁의 동상들의 성기를 없애고, 안 도트리슈가 점잖지 못한 그림들을 모두 폐기하고, 루이 13세가 침실의 선정적인 벽화를 전부 덮어버리기 전에 일찍이 세네카가 "부끄러운 신체기관들"에 대해서 말하지 않았던가. 역사학자 장 클로드 볼로뉴Jean Claude Bologne는 중세가 로마의 영향(벌거벗음의 수치)과 유대교의 영향(육신을 더럽히는 수치) 하에 육신의 죄를 특히 엄하게 다루었다고 말한다.[59]

도덕과 권위주의

일부 저자들은 거대 이데올로기를 앞세워 성욕의 통제를 모든 악의 근원으로 보고자 했다. 그중 가장 유명한 예로, 빌헬름 라이히Wilhelm Reich는 독일인들의 성적 억압이 나치 반유대주의를 낳았다고 주장했다.[60] 그로부터 몇 년 후, 테오도어 아도르노Theodor Adorno가 기념비적 저작을 통하여 권위적 인격에 대한 이론을 제시했다. 그는 권위적인 사람을 인습적이고, 파괴적이며, 소수에게 공격적이고, 감정적으로 억눌려 있으며, 성적 방임에 불안해하는 인간형으로 정의했다. 우리는 이러한 인물들에게서 타르튀프의 목소리를 들을 수 있다.

내가 보지 못하게 그 가슴을 가려주시오.
그런 모습 때문에 영혼은 상처를 입고
죄악 된 생각을 품게 된다오.[61]

벌거벗음에 대한 공포와 그로 인해 싹트는 죄악이 깃든 생각 때문에 권위적 유형의 인간은 인간의 벗은 몸을 묘사한 예술작품에 엄격한 도덕적 판단을 내린다. 한 연구에서 220명의 권위적 인간들에게 35점의 회화 슬라이드를 보여주었다. 이들을 선발하는 과정에는 아도르노가 제시한 권위주의 척도와 버클리 대학 연구진이 개발한 검사가 사용되었다.

> **아도르노의 권위적 인간형 측정 검사 질문들의 예**
> - 아이들에게 가장 중요하게 가르쳐야 할 것은 권위에 복종하는 자세다.
> - 너무 친해지면 만만하게 보여서 안 된다.
> - 고통 없이는 중요한 것을 하나도 배우지 못한다.
> - 우리의 명예를 실추시킨 사람은 반드시 벌을 받아야 한다.

참가자들은 그림의 선정성에 대해 판단을 내려야 했다. 슬라이드로 제시된 작품들 중에는 마네의 〈풀밭 위의 식사〉, 고갱의 〈타히티 여인들〉, 소른의 〈미의 여신들〉 등이 포함되어 있었다. 결과적으로, 권위적인 사람들은 보통 사람들에 비해 더 많은 작품들을 '야한 그림'의 범주에 넣었다.[62] 아도르노의 연구가 나온 지 50년이 넘었지만 권위주의와 성공포증의 관계는 여전히 조명될 만한 가치가 있다. 최근에 캘리포니아 대학의 빌 피터슨Bill Peterson과 아일린 주브리겐Eileen Zubriggen은

권위주의 성향이 높은 남성은 포르노그래피를 잘 이용하지 않는다는 연구 결과를 발표하기도 했다.[63]

악은 자기통제의 부재 상태인가

자기통제에 어려움을 겪는 사람은 상처를 받기 쉽고, 공격적 행동을 하기도 쉬우며, 뭔가에 중독되기도 쉽다고 과학적으로 증명되었다.[64] 유명 범죄학자 존 갓프레슨John Gottfredson과 트래비스 허쉬는 고질적으로 유독 충동적이고 생각 없이 행동하는 사람들이 있다고 보았다. 이런 사람들은 위험을 무릅쓰기 좋아하고, 자기 행동의 장기적 결과를 생각지 않으며, 말로 풀기 전에 행동부터 저지르고 본다. '현재주의'[65]를 특징으로 하는 이 사람들은 범죄행위를 저지를 확률도 높다. 그리스 신화에서 경솔한 사내 에피메테우스는 판도라를 아내로 맞는다. 에피메테우스라는 이름 자체가 '일단 행동하고 나중에 생각하는 자'라는 뜻이다. 판도라라면 인간을 괴롭힐 온갖 불행과 고통을 담은 그 유명한 상자를 가신 여사 아닌가. 충동을 통제하지 못하면 장기적으로 사회적인 관계가 악화된다는 점은 분명하다.

또한 우리는 일반적으로 자제력이 뛰어나 보이는 사람을 더 신뢰한다.[66] 도발을 당할 때마다 공격성을 자제할 수 없다면, 성충동을 조절할 수 없다면, 먹고 마시는 데 절제가 없다면, 시간과 금전을 적절히 관리하지 못한다면 사회적으로 치명적 반향이 돌아올 수밖에 없고 실제로 그런 문제로 심리상담사를 찾는 사람들도 많다. 중세 신학이 말하는 일곱 대죄(분노, 폭식, 색욕, 오만, 탐욕, 질투, 나태) 중에서 네 가지가 자기통제의 부족에서 나온다. 그렇지만 자기통제가 도덕성을 보장해줄 것처럼, 의지의 결핍이 청렴성의 반대인 것처럼 성급히 생각해서도 안 된다. 해야 할 일을 하지 않거나 약속을 지키지 않으면 비난을 받기 쉽다. 하지만 군인이 적군에게 총을 쏠 수 없다면 어떻게 될까?

1860년대에 아르당 뒤 피크Ardant du Picq라는 프랑스 대령은 적을 명중시키지 않기 위해 허공에 총을 쏘는 군인들에게 흥미를 느꼈다. 최근의 추산에 따르면 제2차 세계대전 기간에 적군을 정말로 겨냥하고 총을 쏜 미군은 5명 중 1명뿐이라고 한다.[67] 특별한 상황에서 타인을 죽이거나 다치게 해야 할 입장에 선 사람들이—밀그램의 표현을 빌리자면 "무고한 사람에게 고통을 입힌다는 것에 본능적인 반감을 느낀 탓에"—그 책임을 다하지 못하는 경우는 예상외로 많다.[68] 어떤 이들은 양심에 가책을 느껴 '거부'를 하지만, 또 어떤 이들은 악을 저지를 만한 힘이 없을 뿐이다. 군인다운 용기가 기대되는 상황에서 (자신과 타인의) 위험과 고통이 두려워 도망친다고나 할까. "싸움을 거부하는 자는 잠재적 피해자보다는 자기 자신을 생각해서 그렇게 하는 것이다. 그러한 거부는 감정이입보다 일종의 이기심에서 비롯된다."[69]

악행을 삼가는 자들을 이런 식으로 말한다면 '선의 평범성'을 강화하게 될 것이다. 칭송받을 만한 양심고백이 사실은 도덕성이 투철해서가 아니라 할 수 있었던 일을 하지 못한 후회에서 나오는 경우도 있다. 반대로, 타인의 고통에 눈곱만큼의 감정이입도 없이 자신은 '의무'를 다 했을 뿐이라고 믿는 사람들도 있다.(아이히만은 칸트까지 들먹여가며 자신의 악행을 정당화했다.) 제이 리프턴Jay Lifton은 나치가 죄수들에게 자행한 실험

보고서를 살펴보면서 의학자가 무고한 사람에게 이런 짓을 하려면 대단한 자기통제력이 필요했을 거라고 했다. 그들 중 상당수는 직업적 의무를 다한다는 명목으로 인간생체실험에 대한 반감을 극복해야만 했다.[70] 『죽음은 나의 일』에서 묘사된 수용소 간수였던 루돌프 랑Rudolf Lang은 끔찍한 구석도 있었지만 무엇보다 '의무의 인간'이었다.[71] 이같은 극단적 순응성, 지나친 경직성에서는 자기통제가 미덕으로 연결되지 않는다고 할 수 있다. 소시오패스, 사이코패스뿐만 아니라 규범norme에 집착하는 노모패스normopath도 문제라는 얘기다.

하지만 오늘날 이 주제를 다룬 대부분의 연구들은 자기통제의 부재가 부도덕한 행동들을 낳는다고 암시하고 있다. 소위 '성실한 인격'에 대한 연구들이 제공하는 정보는 자기통제의 사회적 가치에만 지나치게 집중된 감이 있다. 하지만 성실한 인격은 학업 성적과 직업적 성공에서부터 직장에서의 근무 태도에 이르기까지 아주 다양한 행동 지표들과 관련이 있다. 또한 성실한 인격은 건강에 이로운 행동들과도 관계가 있어서 이러한 심리적 특성을 지닌 사람들은 평균수명이 다소 높다는 연구 결과가 있을 정도다.[72] 그러나 성실한 인격의 소유자들이 부당한 명령을 내리는 권위에 잘 저항하지 못한다는 사실을 간과해서는 안 된다. 프랑스에서 재현된 밀그램의 실험에서 성실성 수준이 높은 사람일수록 강도 높은 전기충격을 가하는 모습을 볼 수 있었다.

철학자 앙드레 콩트 스퐁빌André Comte-Sponville의 말마따나 자기통제는 '힘'이다. 그러나 모든 현자들이 스토아철학자처럼 자기통제력을 칭송하지는 않았다. 저마다 도덕 영역에서의 의지력에 대해서는 다른 미덕들과 비교하여 나름의 의견을 낼 수 있다. 1767년 3월에 장 자크

루소가 미라보에게 보낸 편지를 인용하면서 우리의 논의를 마무리할까 한다. 루소는 절제에 대한 견해를 이렇게 피력한다.

"내가 살면서 저지른 모든 잘못은 심사숙고 끝에 나온 것이었네. 반면에 얼마 안 되는 선행은 충동적으로 한 일이었네."[73]

에필로그

앙드레 자크 빅토르 오르셀André Jacques Victor Orsel,
〈선과 악〉

인간은 기본적으로 부화뇌동하는 '모방기계'다. 우리는 늘 교제에 목말라 있고 타인의 욕구에 민감하게 반응한다.

선과 악에 대한 심리학은 우리의 근본적인 사회성을 드러낸다. 우리는 아주 어릴 때부터 사회적 관계에 둘러싸이고 그 관계에 얽매인다. 인간의 집단성은 너무나 결정적이기 때문에 우리에게 가장 의미 있는 개인적 경험은 결국 다른 인간과 우리를 이이준 경험이다.

인간은 배척을 무엇보다 두려워한다. 집단 안에서의 자기 자리를 확인하거나 한껏 누릴 때 가장 보편적인 기쁨과 만족감을 느낀다. 우리는 도덕적 이상에 따라 타인을 돌보기도 하고 무기를 손에 들기도 한다. 생각해보라. 어떤 상황에서도 타인에 대한 공격을 유발하지 않는 도덕적 이상이 과연 존재할까? 인간은 기본적으로 부화뇌동하는 모방 기계다. 우리는 늘 교제에 목말라 있고 타인의 욕구에 민감하기 때문에 본능적으로 우리 자신이 만들어낸 인간사회의 심판관이자 집행인처럼 군다. 사회가 우리가 추구하는 소속감, 지식, 안정감에 대한 최종 답변이 아니라면 우리가 이처럼 보편적이고 합의된 방식으로 타인들과 어울려 살아가지는 못할 것이다.

어린아이가 어른으로 성장하면서 사회규칙에 대한 추상적 이해와 담론은 변해간다. 내가 '옳다고 생각하는 것'이 금세 '나한테 유리한 것'으로 변하지는 않을 것이다. 하지만 '옳다고 생각하는 것'은 나에게 중요하고 가까운 이들의 생각을 반영하여 구성될 것이며, 이때야 비로소 그들의 생각에 대한 나의 동의가 결정적인 것이 될 것이다. 법과 질서에 대한 존중은 여러 가지 개인적 경험, 특히 다양한 집단에 참여한 경험에 의해 더 넓은 시각으로 확장된다. 이때에는 법이 도덕의 최종 지평이 아니며, 창조적인 도덕성을 발휘하여 도덕적 이견을 제시할 수도 있다. 이 같은 도덕적 사유의 발달과정은 수십 개 문화권에서 치밀하고 상세하게 연구되어왔다. 우리는 그러한 연구를 통해 규범에 대해 고민하는 능력이 인간의 근본 특징이라는 것을 알았다. 반성적 능력은 도덕성의 중요한 측면이지만 결코 유일한 측면은 아니다.

나는 이 책에서 우리가 타인과 강력하게 연결되는 데 감정 체계가 얼마나 중요한 역할을 하는지 강조했다. 우리는 태어나자마자 그러한 체계에 힘입어 살아간다. 인간의 근본적 사회성은 상호의존성을 낳고, 그래서 우리는 저 사람을 가까이할 것인가 말 것인가 결정하기 위해 매 순간 타인을 평가한다. 생후 6개월 된 아기도 적의를 보이는 사람들보다는 이타적인 사람들을 선호한다. 한 연구자는 이 점을 입증하기 위해 아기들에게 짧은 만화영화를 보여주었다. 어떤 사람이 땀을 뻘뻘

흘리며 산을 올라가는 동안 그를 뒤에서 밀어주고 도와주는 사람이 있는가 하면 고의로 진로를 방해하는 사람도 있다. 그 후 아기들에게 등장인물 인형들을 가지고 놀게 했다. 아기들은 하나같이 이타적인 인물 인형을 훨씬 좋아했다.[1]

인문학과 사회과학에서의 연구가 지난 20년간 인간이라는 존재에 대해 가르쳐준 것이 있다면 그건 '호모 에코노미쿠스'라는 계산적이고 이기적인 인간상이 더 이상 유효하지 않다는 깨달음이었다.[2] 내가 이 책에서 주장하고자 한 바는 인간의 선행과 악행, 그 모든 행동의 첫번째 동기를 인간의 사회성에서 찾아야 한다는 것이었다. 다른 사람들이 잘되기를 바라는 마음이 '호모 모랄리스'의 진정한 동기이다. 게다가 그러한 행동이 인간에게 심리적 충족감을 준다는 점에서 도덕의식은 인간 진화의 산물이라 해도 지나친 말은 아니다.[3]

우리의 마음은 다른 사람들을 위해서 행동할 때 만족을 느끼게끔 되어 있다. 『사이언스』지에 발표된 한 연구는 이러한 생각을 단순하고 확실하게 보여준다. 사람들이 많이 지나다니는 공공장소에서 행인들에게 간단한 설문조사를 하여 그들의 주관적 행복지수를 알아본 후 무작위로 5달러 혹은 20달러의 사례금을 수었다. (액수에 관계없이)사례금을 받은 사람들 중 절반에게는 그 돈을 자기 자신을 위해 쓰라고 했고, 나머지 절반에게는 다른 사람에게 선물을 하거나 자선단체에 기부하라고 했다. 그날 오후 늦게 그들에게 전화를 걸어 다시 한 번 주관적 행복지수를 측정해보았다. 사례금 액수에 상관없이, 타인에게 사례금을 쓴 사람들이 자신을 위해 사례금을 쓴 사람들보다 행복지수가 높게 나타났다. 이처럼 우리가 이따금 다른 사람을 도우면서 느끼는 활력과

열의는 우리의 사회성을 나타낸다. 마찬가지로 가끔씩 뜨끔하게 다가오는 죄의식과 수치심, 사회적 고립에서 비롯되는 심신의 폐해는 일종의 비상경보다. 한시 바삐 사회구성원들과 다시 이어질 수 있도록 복구대책을 세우라는 신호 말이다. 사회성은 우리의 본성을 이루는 요소이고, 바로 그렇기 때문에 우리는 권장되는 행동을 취함으로써(때로는 부도덕한 일은 생각조차 하지 않으려고 노력하면서) 우리에게 소중한 사람들과 집단들의 기대를 최대한 충족시키려 한다.[4]

도덕의 프리즘으로 사람과 사물을 바라보려는 성향은 한계를 모르는 듯하다. 오늘날에는 환경에 유해한 영향을 미치는 동물의 사육조건, 커피의 불공정무역, 토마토의 유통과정이 도덕성 문제로 심각하게 제기되고 있다. 최근에는 이혼이 이사와 주택 수요의 증가를 낳기 때문에 환경에 유해한 영향을 미친다는 이유로 지탄의 대상이 되기도 했다![5]

도덕적 선택을 하는 사람들

우리는 타인과의 교류에서 상대의 신뢰성을 드러내는 정보들에 특히 민감하다. 우리가 취하는 도덕적 태도들은 일단 자기방어의 한 형태다. 우리는 다른 사람들도 우리처럼 청렴의 지표들에 민감하다는 것을 안다.(설령 그 지표들이 가면에 불과할지라도 말이다.) 위선은 악을 통해 선에 대한 존중을 드러내는 것이다.[6] 위선은 사회적 삶의 연극적인 부분을 보여준다. 우리는 때때로 아무렇지도 않은 척 표정관리를 하면서 자신의 올바름을 칭송하는 복화술사가 되거나 타인의 선행이 우리에게 그늘을 드리우거나 위협으로 다가올 수 있다는 이유로 그 사람을 헐뜯고 싶은 유혹에 굴복한다.[7] 우리는 도덕적인 반항아들을 포용할 준비가 되어 있지만, 그건 어디까지나 그들의 행위가 우리를 비겁한 사람이나 우유부단한 사람으로 보이게 하지 않을 때 얘기다.[8]

우리는 사회에 편입되고 싶어서 욕망을 버린다. 자기통제는 도덕과 관련된 중요한 도덕적, 신학적 사유들의 근간에 있다. 게다가 우리는 기꺼이 타인에게 도덕적 판단을 내림으로써—때로는 꽤나 가혹한 판단을—규범이 세상을 지배하게끔 힘을 보탠다. 타인에 대한 민감성이나 감정이입능력은 선천적으로 타고나는 것이지만 분명히 선택적으로 작용한다. 자기가 당한 일에 어느 정도 책임이 있는 피해자, 도덕적으로 문제가 있는 피해자는 무시당하기 쉽다. 또 우리는 무고한데도 너무 큰 고통을 당하는 피해자를 회피하는 경향이 있다.

내 안의 타인

몇 년 전에 모 작가는 이제 인류에게 "탈도덕 시대"가 열릴 것이라고 예언했다.[9] 그렇지만 오늘날에도 인간의 사회성은 선악 개념을 통해 유지되고 조절된다. 선악 개념을 완전히 뛰어넘는다는 것은 과거에도 없었고 앞으로도 생각할 수 없는 일이다. 요람에서부터 사회에 대한 편입은 시작되고, 집단생활에 대한 열망은 그 누구도 피해갈 수 없다. 타인의 존재를 상상하거나 도덕규칙을 환기하기만 해도 우리의 청렴성이나 성실성은 강화된다. 고결한 명분을 위해 힘든 시간을 견뎌야만 할 때, 가까운 사람의 사진을 들여다보거나 그 사람을 떠올리기만 해도 고통을 덜 느낀다는 사실이 실험을 통해 입증되었다.[10]

우리의 건강도 사회적 애착의 크기와 질에 달려 있다. 자신을 어떤 사회집단의 구성원으로 생각하는 태도는 수명을 연장시킨다는 점에서 측정 가능한 효과들을 내놓는다. 사회적 관계를 잘 쌓아온 사람은 요절할 위험이 낮은 것으로 나타났다.[11] 아내와 잘 지내는 남성은 동갑내기 홀아비보다 다섯 살이나 젊어 보인다.[12] 그뿐 아니다. 중요한 정서적 관계가 위기에 빠지면 삶의 여러 가지 활동들이 뿌리부터 흔들리게 마련이다.[13] 일례로, 이혼이나 별거 중에는 교통사고를 당할 위험이 4배나 높다.[14]

여러 역학조사 결과는 집단주의가 지배적인 문화가 개인주의 문화보다 건강에 이롭게 작용한다는 것을 보여주었다. 우리의 삶은 그 삶이 뿌리 내리고 있는 사회적 부식토와 밀접하게 관계되어 있다. 이로써 우리가 그토록 사회에 잘 편입되기를 갈망하고 무슨 수를 써서라도 사회관계망 속에서 자리잡고자 하는 이유를 짐작할 수 있을 것이다.

아는 만큼 도덕적으로 살 수 있다

나는 도덕적 사유와 행동을 이해하는 데 가장 유용하다고 여겨지는 개념들을 이 책으로 정리하고 싶었다. 그중 가장 지배적인 개념들에는 사회적 통제에 대한 민감성, 소속에 대한 욕구, 관찰에 의한 모방 기능과 학습능력, 정의와 공감이라는 차원에서의 반성적 능력 등이 포함된다. 나는 또한 도덕적 평가가 우리의 명증한 의식 없이도 이루어질 수 있으며, 겉으로 드러나지 않는 감정에 휘둘리기도 한다는 것을 말하고 싶었다. 상황이 생각지도 못한 영향력을 발휘할 수 있다는 점을 지적함으로써 도덕적 사유와 행동이 일치하지 않는 이유도 어느 정도 다루었다고 생각한다.

이 책을 마무리하면서 이 말을 덧붙이는 것이 좋을 것 같다. 인간의 지각과 행동에 관여하는 기제들을 선악의 표상과 관련된 것으로 제시하는 것이 인간의 적극적 태도를 부정하지는 않는다. 오히려 그러한 제시는 "도덕적인 것/부도덕한 것"에 대한 사회적 이해, 환경에 영향을 미칠 수 있는 잠재적 능력을 확인하는 계기가 될 수 있다. 또 어떤 면에서는 인간 행동과 사유를 바로잡는 데에도 기여한다. 일례로 위급 상황에서 목격자가 너무 많으면 방관자가 되기 쉽다는 연구 결과를 접한 사람들에게서는 책임 확산 현상이 한결 적게 나타났다.[15] 반대로 실험참가자들에게 우리의 행동은 우리가 통제할 수 없는 원인에 의해 결정되기 쉽다는 과학적 연구 결과를 전달했더니, 그들은 다른 사람을 도울 수 있는 기회에 적극적으로 참여하지 않았다.[16]

하버드 대학의 인류학자 클리포드 기어츠Clifford Geertz[17]는 인간이 자기가 짠 의미의 거미줄에 매달려 살아가는 동물이라고 했다. 각 집단, 각 세대는 그 나름대로 도덕의 거미줄을 짜고 선악에 대한 나름의 표상을 유지하고 전파하기를 원한다.[18] 규범의 전달에 협력할수록 규범을 자기 것으로 만들기 쉽다. 실제로 어린이들에게 이타적 행동을 친구에게 가르쳐주라는 과제를 냈더니 자신들의 이타적 행동이 더 증가하는 결과가 나타났다.[19] 우리는 우리가 동질감을 느끼는 집단의 도덕적 척도에 따라 타인을 판단하고 평가함으로써 그 집단에 더욱 단단히 결속된다. 도덕적 성향은 사람들을 서로 가깝게 해주고 사회적 협력을 끌어내는 최고의 도구이자 대립의 요인이기도 하다. 우리가 도덕적 성향을 조건화하거나 고양하는 것을 규명하고자 노력할 때에 이 성향은 아마 더욱 예리하게 다듬어질 수 있을 것이다. 또 도덕성이 전혀 상반되는 방향으로 작용할 수 있다는 것을 알 때, 즉 '선'과 '악'이 가끔은 관점의 차이에서 나온 부실한 근거의 '선포'에 지나지 않으며 이기적인 의도로 악용될 수도 있다는 것을 알게 될 것이다. 우리의 도덕성에 만족하고 자부심을 품기보다는 명철하고 객관적인 자세로 그것을 바라볼 때 우리의 도덕성은 더욱 완전해질 것이다.

니체는 말했다. "자신의 부도덕한 짓에 얼굴을 붉히는 것부터 한 계단 한 계단 올라간다면 결국은 자신의 도덕성에도 부끄러움을 느끼게 될 것이다."[20]

이 책은 좀 더 도덕적인 사람이 되기 위한 지침을 제시하거나 인간의 선의 혹은 악의 그 자체에 대한 의견을 주장하기보다는 선악에 대한 표상과 연관된 우리의 판단이 행동방식에 미치는 사회심리적 영향들을 분석하고자 했다. 독자들의 타자를 향한 나름의 탐색에 이 책이 새로운 단초를 던져줄 수 있기를 바란다. 타자야말로 인간 도덕성의 근원이자 목적이니까.

미주

프롤로그

1 Lipovetski G., *Le Crépuscule du devoir*, Paris, Gallimard, 1992.

2 Sloterdijk P., *Règles pour le parc humain. Une lettre en réponse à la Lettre sur l' Humanisme de Heidegger*, Paris, Éditions Mille et Une Nuits, 2000.

3 우리에 대한 타인의 도덕적 판단은 피부색뿐만 아니라 체모의 많고 적음에도 영향을 받는다. 다리나 겨드랑이에 털이 많은 여성은 털이 없는 여성에 비해 덜 사교적이고 공격적인 인상을 준다는 연구도 있다. (Basow S., Braman A., "Woman and body hair", *Psychology of Women Quarterly*, 1998, 22, p. 637-646) 우리가 먹는 음식도 영향을 미친다. 기름진 것을 경계하는 문화권에서 그런 음식을 즐겨 먹는 사람은 도덕적으로 열등한 것처럼 여겨지기 십상이다. (Stein R. I., Nemeroff C. J., "Moral Overtones of Food: Judgement of others based on what they eat", *Personality and Social Psychology Bulletin*, 1995, 21, p. 480-490) 우리는 우리가 먹고 마시는 것에 도덕적 의미를 부여하며 고기, 술, 단것을 죄악시한다. 따라서 스테이크나 치즈를 먹고 있는 것으로 묘사되는 인물은 닭고기와 샐러드를 먹고 있는 인물보다 모질고 적대적이라는 인상을 준다. (Rozin P., "Towards a psychology on food and eating: From motivation to model to meaning, morality and metaphor", *Current Directions in Psychological Science*, 1996, 5, p. 1-7)

4 흄의 충고를 적용하자면, 철학자들이 준수하는 규칙 중 하나가 사람들의 '실제 행위'와 '해야 하는 바'를 혼동하지 않아야 한다는 것이다. 전문석인 '규범학사'들은 이 규칙을 몹시 중요시하는 반면, 일반인들은 바로 이 두 항 사이에서 늘 혼란을 겪는 경향이 있다. 예쁜 얼굴에 대한 평가에 대한 연구를 감히 예로 들어보겠다. 대다수가 아름답다고 생각하는 얼굴을 사진으로 찍어서 살펴보면 '개인들의 가장 평균적인 특징들'이 집약되어 있다. 이를 증명하기 위해서 디지털 도구를 이용하여 수많은 얼굴들을 합성해 보았다. 그 결과, 사람들이 예쁘거나 잘생겼다고 평가하는 얼굴은 대개 매우 평균적인 얼굴이었다. (Holden C., "Ordinary is beautiful", *Science*, 1990, 248, p. 306) 우리가 주위의 모든 것에 도덕적 의미를 투사한다는 사실은 특히 우리와 같은 인간들에 대해서 더 큰 파급력을 갖는다. 여러 문화권을 막론하고 '동안(큰 눈, 동그란 얼굴, 가는 눈썹, 낮은 코)'을 지닌 사람들은 좀 더 정직하다는 인상을 준다. (Zebrowitz L. A., Voinescu L., Collins M., "'Wide-eyed' and 'Crooked-faced':

Determinants of perceivedand real honesty across the life span", *Personality and Social Psychology Bulletin*, 1996, 22(12), p. 1258-1269)

5 메타포로 나타나는 선악의 표상들은 좌우로 쏠려 있다. 사회학자 로저 카이유아는 "왼손잡이는 악령이 들렸다거나 마술을 부린다는 평판을 듣기 쉽다. 반면에 그리스도교 성인들은 요람에서부터 엄마 젖도 오른쪽만 빠는 것처럼 묘사된다. 오른손은 왕홀, 권위, 맹세, 선의의 손이요, 왼손은 사기와 배신의 손이다. … 오른쪽과 능란함은 신의 호의와 순수를 나타내고 왼쪽과 서투름은 더러움과 죄를 나타낸다."(Caillois R., *L' Homme et le Sacré*, Paris, Gallimard, 1950, p. 56-57) 그러나 극동 지방에서는 반대로 왼쪽이 성스러움을 뜻하고 오른쪽이 세속을 뜻하기 때문에 그리스 로마 전통, 이어서 켈트와 그리스도교 전통을 벗어나면 이러한 구분은 더 이상 통하지 않는다. (Mozzani E., *Le Livre des superstitions*, Paris, Robert Laffont, 1995, p. 801) 하지만 오른쪽보다는 왼쪽에서 악을 연상하는 경향이 훨씬 더 강하기 때문에 인류학자들은 왼손잡이 인구 비율을 문화적 압박의 정도를 나타내는 지표로 삼을 정도다. 오른손잡이를 호의적으로 바라보는 문화적 압력이 없는 자연 상태에서 왼손잡이는 인구의 14퍼센트쯤 된다고 한다. 그러나 강제성이 강한 일부 문화권에서는 왼손잡이가 전체 인구의 1퍼센트도 안 된다. (Triandis H., *Individualisme and Collectivism*, Boulder, Westview Press, 1995, p. 56)

6 대부분의 사회과학 연구자들은 에밀 뒤르켐의 『도덕교육론』에 입각해 도덕규범을 타인에게서 습득하는 행동규칙들로 간주한다.
타인은 우리가 특정 상황에서 적절하게 행동하는 방식을 알려준다. (Benedict R., *Patterns of Culture*, New York, Houghton Mifflin, 1934) 이러한 행동규칙들을 위반하면 다른 사람들에게 비난을 받을 위험에 놓인다. (Durkeim E., *De la division du travail social. Étude sur l'organisation des sociétés supérieurs*, Paris, PUF, 1893/1975, Ⅱ, p. 275)

7 Pottet F., "La lumière des robins des bois", *Le Monde*, 2005, 27 décembre, p. 16.

8 Mounier E., *Manifeste au service du personnalisme*, Paris, Seuil, 1961.

9 Weisman E., *La Désobéissance éthique*, Paris, Stock, 2010.

10 Moscovici S., *Psychologie des minorités actives*, Paris, PUF, 1976.

11 Grossman D., "Hope on the battlefield", *in* Keltner D., Marsh J., Smith J. A., *The Compassionate Instinct*, New York, Norton, 2010, p. 36-44.

12 Gabor T., *Everybody does it! Crime by public*, Toronto, University of Toronto Press, 1994. 사전에서 '규범'이라는 단어는 통계적 규칙성과 규정의 의미를 동시에 지니고 있다. 작가 로베르트 무질도 "규칙성이 발생하는 지점에서 하나의 도덕이 만들어진다."는 통찰력 있는 지적을 남긴 바 있다.

13 Agostinelli G., Brown J. M., Miller W. R., "Effects of normative feedback on consumption among heavy drinking college students", *Journal of Drug*

Education, 1995, 25, p. 31-40.

14 Sagarin B. J., Rhoads K. V., Cialdini R. B., "Deceiver's distrust: Denigration as a consequence of undiscovered deception", *Personality and Social Psychology Bulletin*, 1998, 24, p. 1167-1176; Mudracks P., "An investigation into the acceptability of workplace behaviors of a dubious ethical nature", *Journal of Business Ethics*, 1993, 12, p. 517-524; Wirtz J., Kum D., "Consumer cheating on service guarantees", *Journal of Acardemy of Marketing Science*, 2004, 32, p. 159-175.

15 Cunningham M. R., Wong D. T., Barbee A. P. "Self-presentation dynamics on overt integrity tests: Experimental studies of the Reid Report", *Journal of Applied Psychology*, 85, 1994, p. 812-821.

16 이성애를 다룬 영화를 볼 때에는 두 집단의 반응이 완전히 동일하게 나타났음을 알아둘 필요가 있겠다. (Adams H. E., Wright L. W., Lohr B. A., "Is homophobia associated with homosexual arousal?", *Journal of Abnormal Psychology*, 1996, 105, p. 440-445)

17 Quervain J. -F. de, *et al.*, "The neural basis of altruistic punishment", *Science*, 2004, 305, p. 1254.

1장 — 나는 누구인가

1 Voltaire, *Correspondance à M. Damilaville*, 7 mai 1764.

2 Harrower, "Rorschach records of Nazi war criminals: An experimental study after thirty years", *Journal of Personality Assessment*, 1976, 40, p. 341-351.

3 이 예는 Welzer H., *Les Exécuteurs*, Paris, Gallimard, 2007에서 발췌했다.

4 Gazzaniga M. S., Heatherton T. F., *Psychological Science*, New York, Norton, 2003.

5 Gallup G., "Chimpanzees: Self recognition", *Science*, 1970, 167, p. 86-87.

6 Courage M. L., Edison S. C., Howe M. L., "Variability in the early development of visual self-recognition", *Infant Behavior and Development*, 2004, 27, p. 509-532.

7 Brooks-Gunn J., Lewis M., "The development of early visual selfrecognition", *Developmental Review*, 1984, 4, p. 215-239.

8 Kelly W. T., *et al.*, "Finding the self? An event-related fMRI study", *Journal of Cognitive Neuroscience*, 2002, 14(5), p. 785-794.

9 Gazzaniga M. S., Heatherton T. F., *Psychological Science*, New York, Norton, 2003, p. 422-423.

10 Voir Baumeister R., "The self", *in* Gilbert D. T., Fiske S. T., Lindzey G. (éds.), *The Handbook of Social Psychology*, 4ᵉ édition, New York, Mac Graw Hill, 1998, p. 680-740.

11 Berthoz A., "Conscience et cerveau", in Michchaud Y. (éd.), *Qu'est-ce que la vie psychique?*, Paris, Odile Jacob, 2002, p. 50.

12 Ickes W., *Everyday Mind Reading : Understanding What other People Think and Feel*, Amherst, Prometheus Books, 2003.

13 Rosenberg M., *Conceiving the Self*, New York, Basic Books, 1979.

14 Loftus E., "Our changeable memories : Legal and practical implications", *Nature Reviews Neuroscience*, 2003, 4, p. 231-234.

15 Kuhn M. H., McPartland T. S., "An empirical investigation of self attitudes", *American Sociological Review*, 1954, 19, p. 68-76.

16 Higgins E. T., "Self-discrepancy. A theory relating self and affect", *Psychological Review*, 1987, 94, p. 319-340.

17 Welzer H., *Les Exécuteurs, Des hommes normaux aux meurtriers de masse*, Paris, Gallimard, 2007, p. 27.

18 *Le Monde*, "La machine de mort khmer rouge", 2009, 25 août.

19 Bruckner P., *La Tyrannie de la penitence. Essai sur le masochisme occidental*, Paris, Grasset, 2006, p. 167.

20 Leary M., *The Curse of the Self*, Oxford, Oxford University Press, 2006.

21 Moray N., "Attention in dichotic listening : Affective cues and the influence of instructions", *Quarterly Journal of Experimental Psychology*, 1959, 11, p. 56-60.

22 Nuttin J. F., "Narcissism beyond Gestalt and awareness : The name letter effect", *European Journal of Social Psychology*, 1985, 15, p. 353-363.

23 Koole S. L., Dijksterhuis A., Van Knippenberg A., "What's in a name : Implicit self-esteem and the automatic self", *Journal of Personality and Social Psychology*, 2001, 80, p. 669-685.

24 Pelham B. W., Mirenberg M. C., Jones J. K., "Why Susie sells seashells by the seashore : Implicit egotism and major life decisions", *Journal of Personality and Social Psychology*, 2002, 82, p. 469-487.

25 Nuttin J. F., "Affective consequence of mere ownership: the name letter effect in twelve European languages", *European Journal of Social Psychology*, 1987, 17, p. 381-402.

26 Chandler J., Griffin T. M., Sorenson N., "In the 'I' of the storm: Initials influence disaster relief", *Judgement and Decision Making*, 2008, 3, p. 404-410.

27 Vandenberg S. G., "Assortative mating, or who marries whom?", *Behavior Genetics*, 1972, 2, p. 127-157; Feingold A., "Matching for attractiveness in romantic partners and same-sex friends: A meta-analysis and theoretical critique", *Psychological Bulletin*, 1988, 104, p. 226-235.

28 Saxbe D. E., Repetti R. L., "For better or worse? Coregulation of couples' cortisol levels and mood states", *Journal of Personality and Social Psychology*, 2010, 98, p. 92-103.

29 Exemples cités par Vincent L., *Comment devient-on amoureux*, Paris, Odile Jacob, 2006, p. 20.

30 DeBruine L. M., "Facial resemblance enhances trust", *Proceeding of the Royal Society of London*, 2002, B269, p. 1307-1312.

31 Wiszewska A., Pawlowski B., Boothroyd L. G., "Father-daughter relationship as a moderator of sexual imprinting: A facialmetric study", *Evolution and Human Behavior*, 2007, 28, p. 248-252.

32 Fowler J. H., Christakis N. A., "The dynamic spread of happiness in a large social network: Longitudinal analysis over 20 years in the Framinham Heart Study", *British Medical Journal*, 2008, p. 337.

33 Howes M. J., Hokanson L. E., Lowenstein D. A., "Induction of depressive affect after prolonged exposure to a mildly depressed individua", *Journal of Personality and Social Psychology*, 1985, 49, p. 111-113.

34 Rogers T. B., Kupiter N. A., Kirker W. S., "Self-reference and the encoding of personal information", *Journal of Personality and Social Psychology*, 1977, 21, P. 1151-1160.

35 Langer E., "The illusion of control", *Journal of Personality and Social Psychology*, 1975, 32, p. 311-328.

36 Wolf J. R., *et al.*, "The power of touch: An examination of the effect of duration of physical contact on the valuation of objects", *Judgement and Decision Making*, 2008, p. 476-482.

37 Beggan J. K., "On the social nature of nonsocial perception: The mere ownership effect", *Journal of Personality and Social Psychology*, 1992, 62, p. 229-237.

38 Cohen C. E., "Person categories and social perception: Testing some boudaries of processing effecs of prior knowledge", *Journal of Personality and Social Psychology*, 1981, 40, p. 441-452.

39 Loftus E., *Memory*, Reading, Addison-Wesley Publishing, 1980.

40 Greenwald A., "The totalitarian ego. Fabrication and revision of personal history". *American Psychologist*, 1980, 35(7), p. 603-618.

41 Cooper J., *Cognitive Dissonance. Fifty Years of a Classic Theory*, Londres, Sage, 2007.

42 Bem D. J., Mc Connell H. K., "Testing the self-perception explanation of dissonance phenomena : On the salience of premanipulation attitudes", *Journal of Personality and Social Psychology*, 1970, 14, p. 23-31.

43 Schacter D., *The Seven Sins of Memory: How the Mind Forgets and Remembers*, Boston, Houghton Mifflin Company, 2001.

44 Nietzsche F., *La Généalogie de la morale*, Paris, Gallimard, 1986, p. 60.

45 Bègue L., *L'Agression humaine*, Paris, Dunod, 2010.

46 Ditto P. H., Boardman, A. F., "Perceived Accuracy of favorable and unfavorable psychological feedback", *Basic and Applied Social Psychology*, 1995, 16, p. 137-157.

47 Johnston W., "Individual performance and self-evaluation in a simulated team", *Organizational Behavior and Human Performance*, 1967, 2, p. 309-328.

48 Ross M., Sicoly F., "Egocentric biases in availability and attribution", *Journal of Personality and Social Psychology*, 1979, 35, p. 755-764.

49 Crocker J., Major B., "Social stigma and self-esteem: The selfprotective properties of stigma", *Psychological Review*, 1989, 96, p. 608-630.

50 Feather N. T., *Values, Achievement, and Justice: Studies in the Psychology of Deservingness*, New York, Kluwer Academic/Plenum Press, 1999.

51 Portman J., *When Bad Things Happen to Other People*, New York, Routledge, 2000.

52 Combs D., *et al.*, "Politics, schadenfreude, and ingroup identification", *Journal of Experimental Social Psychology*, 2009, 45, p. 635-646.

53 Takahashi H., et al., "When your gain is my pain and your pain is my gain: Neural correlates of envy and Schadenfreude", *Science*, 2009, 323, p. 937-939.

54 Van de ven N., Zeelenberg M., Piester R., "Warding off the evil eye: When the fear of being envied increases prosocial behavior", *Psychological Science*, 2010, 21, p. 1671-1677.

55 Martinot D., *Le Soi*, Grenoble, Presses Universitaires de Grenoble, 2002, p. 40.

56 Bègue L., "Effet du pouvoir social dans l'usage de dimensions expressives dans la description de soi", *Cahiers internationaux de psychologie sociale*, 2005, 65, p. 27-32.

57 Lemaine G., "Différenciation sociale et originalité sociale", *in* Doise W. (éd.), *Expériences entre groupes*, Paris, Mouton, 1979, p. 185-219.

58 Alicke M. D., et al., "Personal contact, individuation, and the better-than-average effect", *Journal of Personality and Social Psychology*, 1995, 68, p. 804-825.

59 Heiss J., Owens S., "Self-evaluations of Blacks and Whites", *The American Journal of Sociology*, 1972, 78, p. 360-370.

60 Dunning D., "Why people fail to recognize their own incompetence", *Current Directions in Psychological Science*, 2003, 12, p. 83-86.

61 Kruger J., Dunning D., "Unskilled and unaware of it: How difficulties in recognizing one's own incompetence lead to inflated self-assessments", *Journal of Personality and Social Psychology*, 1999, 77, p. 1121-1134.

62 El-Alayli A., et al., "Reigning cats and dogs: A pet enhancement bias and its link to per attachment, pet-self similarity, self-enhancement, and well being", *Basic and Applied Social Psychology*, 2006, 28, p. 131-143.

63 Gosling P., *Qui est responsable de l'échec scolaire?*, Paris, PUF, 1992.

64 Forsyth D., Schlenker B. R., "Attributing the causes of group performance: Effects of performance quality, task importance, and future testing", *Journal of Personality*, 1977, 45, p. 220-236.

65 Brenner S. N., Molander E., "Is the ethics of business changing?", *Harvard Buisness Review*, 1977, 55, p. 55-71.

66 Leary M., The Curse of the Self, Oxford, *Oxford University Press*, 2004, p. 57.

67 Messick D. M., et al., "Why we are fairer than others", *Journal of Experimental Social Psychology*, 1985, 21, p. 480-500.

68 Fields J., Schuman H., "Public beliefs about the beliefs of the public", *Public Opinion Quarterly*, 1976, 40, p. 427-448: O'Gorman H. J., Garry S., "Pluralistic ignorance: A replication and extension", *Public Opinion Quarterly*, 1976, 40, p. 449-458.

69 Messick D. M., *et al.*, "Why we are fairer than others", *Journal of Experimental Social Psychology*, 1985, 21, p. 480-500.

70 Van Lange P. A., Taris T. W., Vonk R., "Dilemmas of academic practice: Perceptions of superiority among social psychologists", *European Journal of Social Psychology*, 1997, 27, p. 675-685.

71 Voir Chiflet J.-L., *So Irresistible. Deux siècles d'humour anglo-saxon*, Paris, J'ai Lu, 2005, p. 103.

72 Sentyrz S. M., Bushman B. J., "Mirror, mirror on the wall, who's the thinnest one of all? Effects of self-awareness on consumption of fatty, reduced-fat, and fat-free products", *Journal of Applied Psychology*, 1998, 83, p. 944-949.

73 Heatherton T. E., *et al.*, "Self-awareness, task failure and disinhibition: How attentional focus affects eating", *Journal of Personality*, 1993, 61, p. 49-61.

74 Greenberg J., Musham C., "Avoiding and seeking self-focused attention", *Journal of Research in Personality*, 1981, 15, p. 191-200.

75 Duval S., Wicklund R. A., *A Theory of Self-awareness*, New York, Academic Press, 1972.

76 Wicklund R. A., Duval S., "Opinion change and performance facilitation as a result of objective self-awareness", *Journal of Experimental Social Psychology*, 1971, 7, p. 319-342.

77 Eugene M., Caruso F., "Blind ethics: Closing one's eyes polarizes moral judgments", *Cognition*, 2011, 118, p. 280-285.

78 Diener E., Wallbom M., "Effects of self-awareness on antinormative behaviors", *Journal of Research in Personality*, 1976, 10, p. 107-111.

79 Beaman A., Diener E., Svanum S., "Self-awareness and transgression in children: Two field studies", *Journal of Personality and Social Psychology*, 1979, 37, p. 1835-1846.

80 Hull J. G., "The self-awareness reducing effects of alcohol consumption", *Journal of Personality and Social Psychology*, 1983, 44, p. 461-473; Hull J. G., Young R. D., "Self-consciousness, self-esteem, and success-failure as determinants of alcohol consumption in male social drinkers", *Journal of*

Personality and Social Psychology, 1983, 44, p. 1097-1109.

81 Ito T., Miller N., Pollock V. E., "Alcohol and agression: A metaanalysis on the moderating effects of inhibitory cues, triggering events, and self-focused attention", *Psychological Bulletin*, 1996, p. 60-82.

82 Fussell P., *À la guerre. Psychologie et comportements pendant la Seconde Guerre mondiale*, Paris, Seuil, 1992, p. 128.

83 Browning C., *Des hommes ordinaires*, Paris, Tallandier, 2007, p. 123.

84 Edwards G., *Alcohol. The world's favorite drug*, New York, Thomas Dunne Books, 2000, p. 19.

85 Silke A., *Terrorists, Victims and Society, Psychological Perspectives on Terrorismand its Consequences*, New York, Wiley, 2003.

86 Zimbardo P., *The Lucifer Effect: Understanding How Good People Turn Evil*, New York, Random House, 2007, p. 302.

87 Mullen B., "Atrocity as a function of Lynch mob composition. A self attention perspective", *Personality and Social Psychology Bulletin*, 1986, 12, p. 187-197.

88 Garcia S. M., et al., "Crowded minds: The implicit bystander effect", *Journal of Personality and Social Psychology*, 2002, 8, p. 843-853.

89 Chekroun P., Brauer M., "Reactions to norm violations and the number of bystanders: Evidence for the bystander effect in social control behaviors", *European Journal of Social Psychology*, 2002, 32, p. 853-867.

2장 — 가로등이 지켜보는 사회

1 Coles R., *The Moral Life of Children*, New York, Atlantic Monthly Press, 2000.

2 Geen R. G., Gange J. J., "Social facilitation, drive theory, and beyond", *in* Blumberg H. H., *et al.* (éds.), *Small Groups and Social Interactions, Londres*, Wiley, 1983; Moore D. L., Baron R. S, "Social facilitation. A physiological analysis", *in* Cacioppo J. T, Petty R. (éds.), *Social Psychophysiology*, New York, Guilford, 1983.

3 Conty L., *et al.*, "The mere perception of eye contact increases arousal during a word-spelling task", *Social Neuroscience*, 2010, 5, p. 171-186.

4 Worringham C. J., Messick D. M., "Social facilitation ofrunning. An unobstrusive study", *Journal of Social Psychology*, 1983, 121, p. 23-29.

5 Forsyth D., *Social Psychology*, Monterey, Brooks/Cole, 1987.

6 Munger K., Harris S. J., "Effects of an observer on handwashing in a public restroom", *Perceptual and Motor Skills*, 1989, 69, p. 733-734.

7 Jackson J. M., Latané B., "Strength and number of solicitors and the urge toward altruism", *Personality and Social Psychology Bulletin*, 1981, 7, p. 415-422.

8 Cresson R., Shang J., "Social influence in giving. Field experiments in public radio", *in* Oppenheimer D., Olivola C. Y. (éds.), *The Science of Giving. Experimental Approaches to the Study of Charity*, New York, Psychology Press, 2010, p. 65-80.

9 Brockner J., "Organizational fundraising: Further evidence on the effect of legitimizing small donations", *Journal of Consumer Research*, 1984, 11, p. 611-614.

10 Bull R., Gibson-Robinson E., "The influence of eye-gaze, style of dress, and locality on the amounts of money donated to a charity", *Human Relations*, 1981, 34, p. 895-905; Lindskold S., *et al.*, "The effects ofdirectness of face-to-face requests and sex of solicitor on street corner donations", *Journal of Social Psychology*, 1977, 101, p. 45-51.

11 Hoffman E., McCabe K., Smith V. L., "Social distance and other – regarding behavior in dictator games", *American Economie Review*, 1996, 86, p. 653-660; Thornton B., Kirchner G., Jacobs J., "Influence of a photograph on a charitable appeal: A picture may be worth a thousand words when it has to speak for itself", *Journal of Applied Social Psychology*, 1991, 21, p. 433-445.

12 Stoks F. G., "Assessing urban public space environments for danger of violent crime-Especially rape", Unpublished doctoral dissertation, University of Washington, 1982, cité par Goldstein A., *The Ecology of Aggression*, New York, Plenum Press, 1994.

13 Emerson R.W., *The Conduct of Life*, Cambridge, Riverside, 1888.

14 Zhong C., Bohns V. K., Gino F., "Good lamps are the best police: Darkness increases self-interested behavior and dishonesty", *Psychological Science*, 2010, 21, p. 311-314.

15 Elias N., *La Civilisation des mœurs*, Paris, Calmann-Lévy, 1973.

16 Bologne J. C., *Histoire de la pudeur*, Paris, Hachette, 1986.

17 Coe C. L., Rosenblum L. A., "Male dominance in the bonnet macaque: A malleable relationship", *in* Barchas P. R., Mendoza S. (éds.), Social Cohesion:

Essay Toward Sociophysiological Perspective, Westport, Greenwood, 1984, p. 31-63.

18 Bentham J., *Panoptique. Mémoire sur un nouveau principe pour construire des maisons d'inspection*, et nommément des maisons de force, Paris, Mille et Une Nuits, 2002, 1re édition 1786, p. 13.

19 Shariff A., Norenzayan A., "God is watching you: Priming God concepts increases prosocial behavior in an anonymous economie game", *Psychological Science*, 2007, 18, p. 803-809.

20 Mazar N., Ariely D., "Dishonesty in everyday life and its policy implications", *Journal of Public Policy and Marketing*, 2006, 25, p. 117-126.

21 Mifune N., Hashimoto H., Yamagishi T., "Altruism toward ingroup members as a reputation mechanism", *Evolution and Human Behavior*, 2010, 31, p. 109-117; Haley K. J., Fessier D. M., "Nobody's watching? Subtle cues affect generosity in an anonymous economie game", *Evolution and Human Behavior*, 2005, 26, p. 245-256.

22 Ernest-Jones M., Nettie D., Bateson M., "Effects of eye images on everyday cooperative behavior: A field experiment", *Evolution and Human Behavior*, 2010, 32(3), p. 172-178.

23 Ryo Oda, *et al.*, "An eye-like painting enhances the expectation of a good reputation", *Evolution and Human Behavior*, 2011, 32, p. 166-171.

24 Milinski M., Rockenbach B., "Spying on others evolves", *Science*, 2007, 317, p. 464.

25 Foucault M., *Surveiller et punir*, Paris, Gallimard, 1975.

26 Bronner L., "Violences urbaines: la police s'empare de la rénovation des quartiers", *Le Monde*, lundi 28 janvier 2008, p. 8.

27 Brenner R., Brenner G., *Spéculation et jeux de hasard. Une histoire de l'homme par le jeu*, Paris, Presses Universitaires de France, 1993, p. 97.

28 Mayew P., *et al.*, *Crime as Opportunity*, Londres, HMSO, 1976.

29 이 결과는 가계 경제수준 등의 변수를 감안해도 유효하다.

30 Bègue L., Roché S., "Birth order and youth delinquent behavior: Testing the differentiai parental control hypothesis", *Psychology, Crime and Law*, 2005, 11, p. 73-85.

31 Levitt S., Dubner S, *Freakonomics*, Paris, Denoël, 2005.

32 Riis R. W., "Repair man will gyp you if you don't watch out", *Reader's Digest*,

1941, 39, p. 1-6.

33 Sondage Gallup, 23-25 octobre 1998, cité par Levine R., *The Power of Persuasion. How we're Bought and Sold*, New York, Wiley, 2003.

34 Feldman R. E., "Response to compatriots and foreigners who seek assistance", *Journal of Personality and Social Psychology*, 1968, 10, p. 202-214.

35 Bentham J., *Le Panoptique*, Paris, Mille et Une Nuits, 2002, p. 13-14.

36 LeBlanc M. M., Barling J., "Workplace aggression", *Current Directions in Psychological Science*, 2004, p. 13, p. 9-12.

3장 ― 코끼리보다 도덕적인 인간은 누구인가

1 Baumard N., *Comment nous sommes devenus moraux*, Paris, Odile Jacob, 2010.

2 Wright R., *The Moral Animal: Why We Are, the Way We Are. The New Science of Evolutionary Psychology*, New York, Pantheon Books, 1994.

3 Voir Pelt J.-M., *La Solidarité: chez les plantes, les animaux, les humains*, Paris, Le Livre de Poche, 2006, p. 100.

4 Bettelheim B., *Psychanalyse des contes de fées*, Paris, Robert Laffont, 1976, p. 60.

5 Schleidt W. M., Shalter M. D., "Co-evolution of humans and canids: An alternative view of dog domestication", *Evolution and Cognition*, 2003, 9, p. 57-72.

6 「창세기」 4장 7절

7 Bechtel G., *La Chair, le diable et le confesseur*, Paris, Plon, 1994, p. 210.

8 Freud S., *Malaise dans la civilisation*, Paris, Presses Universitaires de France, 1971, 1re édition 1929.

9 Elias N., *The History of Manners*, vol.1: *The Civilizing Process*, New York, Pantheon Books, 1978.

10 Stevenson J., *L'Etrange cas du Dr. Jekyll et de Mr. Hyde*, Paris, Hachette Litteratures, 2002. (1re édition 1885)

11 Cyrulnik B., *et al.*, *La Plus Belle Histoire des animaux*, Paris, Seuil, 2000

12 Barthélemy P., "Jane Goodall. La dame aux chimpanzés", *Le Monde*, 18 janvier 2006, p. 18.

13 Shklar J., *Les Vices ordinaires*, Paris, Presses Unversitaires de France, 1989, p. 22.

14 인간 혹은 동물 집단에 긍정적 특질을 선택적으로 부여하는 행위와 뿌리 깊은 증상이 얼마든지 공존할 수 있음을 간과해서는 안 된다. 일례로, 1906년 로버트 빈Robert Bean은 『미국 해부학 저널』에 "흑인은 기본적으로 정이 많고 굉장히 감정적이다. 흑인은 자극을 받으면 쉽게 흥분하고 색을 밝힌다."라는 글을 게재했다.

15 Deconchy J.-P., *Les Animaux surnaturés*, Grenoble, Presses Universitaires de Grenoble, 2001.

16 http://humanite.fr/2010-05-20_Societe_Manger-moins-de-viandeou-produire-autrement

17 Haslam N., Bastian B., "The role of meat consumption in the denial of moral status and mind to meat animais", *Appetite*, 2010, 55, p. 156-159.

18 Moscovici S., *La Societe contre nature*, Paris, Points, 1994, p. 19.

19 Goldenberg J., et al., "1 am not an animal: Mortality salience, disgust, and the deniai of human creaturliness", *Journal of Experimental Psychlogy: General*, 2001, 130, p. 427-435.

20 두 집단이 받은 주제는 각기 다르지만 부정적인 감정은 비슷한 양상을 보였다.

21 Lévi-Strauss C., Race et histoire, Paris, Denoël-Gonthier, 1961, p. 20.

22 앞의 책

23 Montesquieu, "De l'esprit des lois", *in Œuvres complètes de Montesquieu*, vol. 1, Paris, Nagel, 1950, p. 330-331.

24 Cité par Baumard N., *Pourquoi nous sommes devenus moraux*, Paris, Odile Jacob, 2010, p. 156.

25 Rollin B. E., *The Unheeded Cry: Animal Consciousness, Animal Pain and Science*, Oxford, Oxford University Press, 1989; Plous S., "Psychological mechanisms in the human use of animals", *Journal of Social Issues*, 1993, 49, p. 11-53.

26 Castano E., Giner-Sorolla R., "Not quite human: Infra-humanization as a response to collective responsibility for intergroup killing", *Journal of Personality and Social Psychology*, 2006, 90, p. 804-818.

27 Exemple cité par Joignot F., "L'ex-commandante d'Abou Graib se rebiffe", *Le Monde 2*, 19 janvier 2008, p. 45 ; Berreby D., *Us and them. Understanding your tribal mind*, Oxford, Oxford University Press, 2006, p. 235.

28 Bandura A., Underwood B., Fromson M. E., "Disinhibition of aggression through diffusion of responsibility and dehumanization of victims", *Journal of*

Research in Personality, 1975, 9, p. 253-269.

29 Mahajan N., et al., "The evolution of intergroup bias: Perceptions and attitudes in rhesus macaques", *Journal of Personality and Social Psychology*, 2011, 100, p. 387-405.

30 De Waal F., *Le Singe en nous*, Paris, Fayard, 2006, p. 170-171.

31 Freud S., *Malaise dans la civilisation*, Paris, Presses Universitaires de France, 1971. (1re édition 1929)

32 Tajfel H., et al., "Social categorization and intergroup behavior", *European Journal of Social Psychology*, 1971, 1, p. 149-178.

33 Iyengar S., Hahn K., "Natural disasters in black and white: How racial eues influenced public response to hurricane Katrina", 2007. http://pcl.stanford.edu/common/docslresearchliyengar/2007/katrina-cues.pdf

34 Das E., et al., "How terrorism news reports increase prejudice against outgroups: A terror management account, *Journal of Experimental Social Psychology*, 2009, 45, p. 453-459.

35 Rogers R. W., Prentice-Dunn S., "Deindividuation and anger - mediated interracial aggression: Unmasking regressive racism", *Journal of Personality and Social Psychology*, 1981, 41, p. 63-73.

36 Meindl J., Lemer M. J., "The heroic motive in interpersonal relations", *Journal of Experimental Social Psychology*, 1983, 19, p. 1-20.

37 Bernat J., et al., "Homophobia and physical aggression toward homosexual and heterosexual individuals", *Journal of Abnormal Psychology*, 2001, 110, p. 179-187

38 Fein S., Spencer S. J., "Prejudice as self-image maintenance: Affirming the self through derogating others", *Journal of Personality and Social Psychology*, 1997, 73, p. 31-44.

39 Singer P., *Questions d'éthique pratique*, Paris, Bayard, 1997, p. 66.

40 위의 책, p. 74.

41 20세기의 가장 중요한 도덕철학자로 손꼽히는 존 롤스John Rawls를 추가하자.

42 Bentham J., *An Introduction to the Principles of Moral and Legislation*, Londres, University of London, 1970. (1re édition 1789)

43 Guillebaud J.-C., *Le Principe d'humanité*, Paris, Seuil, 2001, p. 52.

44 Kahn A., Godin C., *L'Homme, le bien, le mal*, Paris, Hachette, 2008. 에 나온 예.

45 Lovelock J., *La Terre est un être vivant*, Paris, Flammarion, 1993.

46 Ferry L., *Le Nouvel Ordre écologique. L'arbre, l'animal, et l'homme*, Paris, Grasset, 1992, p. 12.

47 Joignot F., "L'ex-commandante d'Abou Graib se rebiffe", *Le Monde 2*, 19 janvier 2008, p. 45.

48 Bancel N., *et al.*, *Zoo humains. Au temps des exhibitions humaines*, Paris, La Découverte, 2004.

4장 — 사회적인 사람은 도덕적인 사람인가

1 Galanter M., *Cults, Faith, healing, and coercion*, Oxford, Oxford University Press, 1999.

2 스위스, 캐나다, 프랑스에서 일어났던 태양의 사원 집단자살 사건, 미국 텍사스의 와코 대학살 사건 등을 예로 들 수 있다.

3 Baumeister R.F., Leary M. R., "The need to belong: Desire for interpersonal attachments as a fundamental human motivation", *Psychological Bulletin*, 1995, 117, p. 497-529.

4 Uchino B. N., Cacioppo J. T., Kiecolt-Glaser J. K., "The relationship between social support and physiological processes: A review with emphasis on underlying mechanisms and implications for health", *Psychological Bulletin*, 1996, 119, p. 488-531; Uchino B. N., Uno D., Holt-Lunstad J., "Social support, physiological processes, and health", *Current Directions in Psychological Science*, 1999, 8, p. 218-221; Berkrnan L. F., *et al.*, "From social integration to health", *Social Science and Medicine*, 2000, 51, p. 843-857.

5 Berkrnan J., "The role of social relations in health promotion", *Psychosomatic Medicine*, 1995, 57, p. 245-254.

6 Boucebci M., Amal Yaker A., "Psychopathologie infanto-juvénile dans les pays en voie de développement", *in Traité de psychiatrie de l'enfant et de l'adolescent*, t. III, 1985, p. 111, cité par Cyrulnik B., *Les Nourritures affectives*, Paris, Odile Jacob, 1993, p. 146.

7 Bettelheim B., *Le Cœur conscient*, Paris, Robert Laffont, 1981.

8 Cohen S., Herbert T. B., "Health psychology: Psychological factors and physical disease from the perspective of human psychoneuroimmunology", *Annual*

Review of Psychology, 1996, 47, p.113-142.

9 Boden-Albala B., *et al.*, "Social isolation and outcomes post stroke", *Neurology*, 2005,64, p. 1888-1892.

10 Ertel K. A., Glymour M. M., Berkrnan L. F., "Social networks and health: A life course perspective integrating observational and experimental evidence", *Journal of Social and Personal Relationships*, 2009, 26, p. 73-92.

11 Robbles T. F., Kiecolt-Glaser J. K., "The physiology of marriage: Pathways to health", *Physiology and Behavior*, 2003, 79, p. 409-416; House J. S., Landis K. R, Umberson D., "Social relationship and health", *Science*, 1988, 241, p. 540-545.

12 Master S. L., *et al.*, "A picture's worth: Partner photographs reduce experimentally induced pain", *Psychological Science*, 2009, 20, p. 1316-1318. Brown J. L., *et al.*, "Social support and experimental pain", *Psychosomatic Medicine*, 2003, 65, p. 276-283.

13 Avenanti A., *et al.*, "Stimulus-driven modulation of motor-evoked potentials during observation of other's pain", *Neuroimage*, 2006, 321, p. 316-324.

14 Schnall S., *et al.*, "Social support and the perception of geographical slant", *Journal of Experimental Social Psychology*, 2008, 44, p. 1246-1255.

15 Samoff I., Zimbardo P. G., "Anxiety, fear, and social affiliation", *Journal of Abnormal and Social Psychology*, 1962, p. 356-363.

16 Zimbardo P. G., "Control of pain motivation by cognitive dissonance?", *Science*, 1966, 151, p. 217-219.

17 Zimrig F. E., Hawkins G. J., *Deterrence: The legal threat in crime control*, Chicago, University of Chicago Press, 1973.

18 Schwartz R., Orleans S., "On Legal Sanctions", *University of Chicago law Review*, 1967, 25, p. 274-300.

19 Harbaugh W., *et al.*, "Neural responses to taxation and voluntary giving reveal motives for charitable donations", *Science*, 2007, 316, p. 1622.

20 Burt A., *et al.*, "Does marriage inhibit antisocial behavior?", *Archives of General Psychiatry*, 2010, 67, p. 1309-1315.

21 Mealey L., Daood C., Krage M., "Enhanced memory for faces of cheaters", *Ethology and Sociobiology*, 1996, 17, p. 119-128.

22 Pizarro D. A., *et al.*, "Ripple effects in memory: Judgments of moral biarne can distort memory for events", *Memory and Cognition*, 2006, 34, p. 550-555.

23 Eder D., Enke J., "The structure of gossip: Opportunities and constraints on collective expression among adolescents", *American Sociological Review*, 1991, p. 494-508.

24 Kahn A., Godin C., *L'Homme, le bien, le mal*, Paris, Hachette, 2008, p. 59.

25 Maison L., *Les Enfants sauvages: mythe et réalité, suivi de Jean Itard, Mémoire et rapport sur Victor de l'Aveyron*, Paris, 10-18, 2003.

26 Keltner D., *Born to Be Good: The Science of a Meaningful Life*, New York, W. W. Norton & Company, 2009.

27 Shermer M., *The Science of Good and Evil. Why People Cheat, Share, Gossip, and Follow the Golden Rule*, New York, Holt, 2004, p. 32.

28 Roché S., *Sociologie politique de l'insécurité*, Paris, PUF, 1998, p. 75-85.

29 Tennie C., Frith U., Frith C. D., "Reputation management in the age of the world-wide web", *Trends in Cognitive Science*, 2010, 14, p. 482-488.

30 Zhong C.B., Leonardelli G. J., "Cold and lonely. Does social exclusion literally feel cold?", *Psychological Science*, 2008, 19, p. 838-842.

31 Ijzerman H., *et al.*, "The thermometer of social relations: Mapping social proximity on temperature", *Psychological Science*, 2009, 10, p. 1214.

32 Baumeister R.F., *et al.*, "Social exclusion impairs self-regulation", *Journal of Personality and Social Psychology*, 2005, 88, p. 589-604.

33 Leary M. R., *et al.*, "Teasing, rejection, and violence: Case studies of the school shootings", *Aggressive Behavior*, 2003, 29, p. 202-214.

34 Twenge J. M., *et al.*, "Social exclusion decreases prosocial behavior", *Journal of Personality and Social Psychology*, 2007, 92, p. 56-66.

35 Shankland R., Bègue L., Baeyens C., "Group rejection and self – aggression", en préparation, 2011.

36 Bernstein M. J., *et al*, "Adaptive responses to social exclusion: Social rejection improves detection of real and fake smlles", *Psychological Science*, 2008, 19, p. 981-983.

37 Lakin J. L., Chartrand T. L., "Exclusion and nonconscious behavioral mimicry", *in* Williams K. D., Forgas J. P., Hippel W. von (éds.), *The Social Outcast: Ostracism, Social Exclusion, Rejection, and Bullying*, New York, Psychology Press, 2005, p. 279-295.

38 Maner J. K., et al., "Does social exclusion motivate interpersonal reconnection? Resolving the 'porcupine' problem", *Journal of Personality and Social Psychology*, 2007, 92, p. 42-55.

39 Fein S., Goethals G. R., Kugler M. B., "Social influence on political judgments: The case of presidential debates", *Political Psychology*, 2007, 28, p. 165-192.

40 Schachter S., "Deviation, rejection, and communication", *Journal of Abnormal and Social Psychology*, 1951, 46, p. 190-207.

41 Abrams D., "Knowing what to think by knowing who you are: Self-categorization and the nature of norm formation, conformity and group polarization", *British Journal of Psychology*, 1990, 29, p. 97-119.

42 Smith P. B., Bond M. H., Kagitcibasi C., *Understanding Social Psychology Across Cultures: Living and Working in a Changing World*, Londres, Sage, 2006 ; Bond R., Smith P., "Culture and confonnity: A meta-analysis of studies using Asch's (1952b, 1956) line judgment task", *Psychological Bulletin*, 1996, 119, p. 111-137.

43 Stang D. J., "Confonnity, ability, and self-esteem", *Representative Research in Social Psychology*, 1972, 3, p. 97-103.

44 Crutchfield R. S., "Conformity and character", *American Psychologist*, 1955, 10, p. 191-198.

45 일탈을 용납하지 않는 태도가 집단에 오히려 손해가 될 수도 있다. 일탈 없는 무조건적인 순응이 이따금 심각한 평가 오류를 낳기 때문이다. 예일 대학의 어빙 재니스Irving Janis는 집단사고에 대한 심화연구를 통하여 인간집단의 합리적 의사결정에 영향을 미치는 8대 요인을 찾아냈다. 무슨 일이 있어도 끄떡없다는 환상, 집단의 내재적 도덕성에 대한 믿음, 집단의 합리화, 타 집단에 대한 판에 박힌 시선, 만장일치의 환상, 집단이 보장하는 사고를 보호하려는 경향이 그 요인들이다. (Janis 1., Mann L., *Decision Making: A Psychological Analysis of Conflict, Choice, and Commitment*, New York, The Free Press, 1977, p. 132)

46 Marquès J. M., Paez D., "The "black sheep effect": Social categorization, rejection of ingroup deviates, and perception of group variability", *European Review of Social Psychology*, 1994, 5, p. 37-69.

47 이 현상을 '폴리애나 효과Pollyane effect'라고 한다. 폴리애나는 뭐든지 긍정적으로만 보는 소설 속 등장인물의 이름이다. (Vonk R., "The negativity effect in trait ratings and in open-ended descriptions of persans", *Personality and Social Psychology Bulletin*, 1993, 19, p. 269-278)

48 Boucher J., Osgood C.E., "The Pollyanna hypothesis", *Journal of Verbal Learning* and Verbal Behavior, 1969, 8, p. 1-8.

49 Fiske S. T., "Attention and weight in persan perception: The impact of negative and extreme behavior", Journal of Personality and Social Psychology, 1980, 38, p. 889-906.

50 Pratto F., John O. P., "Automatic vigilance: The attention-grabbing power of negative social information", Journal of Personality and Social Psychology, 1991, 61, p. 380-391.

51 Mealey L., Daood C., Krage M., "Enhanced memory for faces of cheaters", Ethology and Sociobiology, 1996, 17, p. 119-128.

52 DePaulo B. M., et al., "Cues to deception", Psychological Bulletin, 2003, 129, p. 74-118.

53 Wang C. S., Galinsky A. D., Murnighan J. K., "Bad drives psychological reactions, but good propels behavior", Psychological Science, 2009, 20, p. 634-644.

54 Fehr E., Gachter S., "Altruistic punishment in humans", Nature, 2002,415,p. 137-140.

55 Quervain D. J. de, et al., "The neural basis of altrusitic punishment", Science, 2004, 305, p. 1254-1258.

56 Singer T., et al., "Empathie neural responses are modulated by the perceived fairness of others", Nature, 2006, 439, p. 466-469.

57 Gouldner A. W., "The norm of reciprocity: A preliminary statement", American Sociological Review, 1960, 25, p. 165-170.

58 Kunz P. R., Woolcott M., "Season's greetings: From my status to yours", Social Science Research, 1976, 5, p. 269-278.

59 Falk A., "Gift exchange in the field", Econometrica, 2007, 75, p. 1501-1511.

60 Holmes J. G., Miller D. T., Lerner M. J., "Committing altruism under the cloak of self-interest: The exchange fiction", Journal of Experimental Social Psychology, 2002, 38, p. 144-151.

61 Brosnan S. F., De Waal F. B., "Monkeys reject unequal pay", Nature, 2003, 425, p. 297-299.

62 Boesch C., Boesch H., "Hunting behavior of wild chimpanzees in the Ta National Park", American Journal of Physical Anthropology, 1989, 78, p. 547-573.

63 Austin W., "Friendship and fairness: Effects of type of relationship and task performance on choice of distribution rules", *Personality and Social Psychology Bulletin*, 1980, 6, p. 402-408.

64 Hassebrauck M., "Rating of distress as a function of degree and kind of inequity", *Journal of Social Psychology*, 1980, 126, p. 269-270.

65 Allen N. B, Badcock P., "The social risk hypothesis of depressed mood: evolutionary, psychosocial, and neurobiological perspectives", *Psychological Bulletin*, 2003, 129, p. 887-913.

66 Markowski B., "Injustice and arousal", *Social Justice Research*, 2, p. 223-233.

67 Wilson P. R., "Perceptual distorsion of height as function of scribed academie status", *Journal of Social Psychology*, 1968, 74, p. 97-102; Dannemaier W. D., Thumin F. J., "Authority status as a factor in perceptual distortion of size", *Journal of Social Psychology*, 1964, 63, p. 361-365.

68 Herpin N., *Le Pouvoir des grands. De l'influence de la taille des hommes sur leur statut social*, Paris, La Découverte, 2006.

69 Thomsen L., *et al.*, "Big and mighty: Preverbal infants mentally represent social dominance", *Science*, 2011, 331, p. 477-480.

70 Cavalli-Sforza F., Cavalli-Sforza L, *La Science du bonheur*, Paris, Odile Jacob, "Poches Odile Jacob", 2011, p. 48.

71 Doob N., Gross A., "Status of frustrator as an inhibitor of hornhonking responses", *Journal of Social Psychology*, 1968, 76, p. 213-218.

72 Bickman L., "The effects of social status on the honesty of others", *Journal of Social Psychology*, 1971, 85, p. 87-92.

73 Vriens M., *et al.*, "Conjoint experiments for direct mail optimization", *European Journal of Marketing*, 1998, 32, p. 323-339.

74 Harris M. B., "Mediators between frustration and aggression in a field experiment", *Journal of Experimental Social Psychology*, 1974, 10, p. 561-571.

75 Guéguen N., Pascual A., "Effet du statut manifeste du voleur sur les réactions face à un comportement délictueux", *Cahiers internationaux de psychologie sociale*, 54, 2002, p. 125-135.

76 Guéguen N., Pichot N., "The influence of status in the failure to observe a road safety rule among pedestrians", *Journal of Social Psychology*, 2001, 141, p. 413-415.

77 Harari H., Mc David J., "Situational influence on moral justice: A study of finking", *Journal of Personality and Social Psychology*, 1969, 11, p. 240-244.

78 Galinsky A. D., et al., "Power and perspectives not taken", *Psychological Science*, 2006, 17, p. 1068-1074.

79 Chen S., et al., "Relationship orientation as moderator of the effect of social power", *Journal of Personality and Social Psychology*, 2001, 80, p. 183-187.

80 Cité par Parot F., Richelle M., *Introduction à la psychologie. Histoire et méthode*, Paris, PUF, 2004, p. 132.

81 Smith R. H. et al., "The role of public exposure in moral and nonmoral shame and guilt", *Journal of Personality and Social Psychology*, 2002, 83, p. 138-159.

82 Xu H., Bègue L., Shankland R., "Guilt and guiltlessness: An integrative review", *Social and Personality Psychology Compass*, 2011, 5, p. 440-457.

83 Katzev R., et al., "The effect of reprimanding transgressions on subsequent helping behavior: Two field experiments", *Personality and Social Psychology Bulletin*, 1978, 4, p. 326-329.

84 Ketelaar T., Au W., "The effects of guilt feelings on the behavior of uncooperative individuals in repeated social bargaining games: An affect as-information interpretation of the role of emotion in social interaction", *Cognition and Emotion*, 2003, 17, p. 429-453.

85 Tangney J. P., Fisher K. W., *Self-Conscious Emotions: Shame, Guilt, Embarrassment, and Pride*, New York, Guilford Press, 1995.

86 Chekroun P., Nugier A., "Le rôle des émotions morales dans le contrôle social endogroupe: 'Tu me fais honte'", *Revue internationale de psychologie sociale*, 2005, 18, p. 77-97; Chekroun P., Nugier A., "I'm ashamed because of you, so please don't do that!: Reactions to deviance as a protection against a threat to social image", *European Journal of Social Psychology*, 2011, 41, p. 479-488.

87 Eidelman S., Biernat M., "Derogating black sheep: Individual or group protection?", *Journal of Experimental Social Psychology*, 2003, 39, p. 602-609.

88 Pennebaker J. W., *Opening up: The Healing Power of Confzding in Others*, New York, William Morrow, 1990.

89 Haas V., "Approche psychosociale d'une reconstruction historique. Le cas vichyssois", *Les Cahiers internationaux de psychologie sociale*, 2002, 53, p. 32-45.

90 Baldwin M. W., et al., "Priming relationship schemas: My advisor and the pope are watching me from the back of my mind", *Journal of Experimental Social Psychology*, 1990, 26, p. 435-454.

91 죄의식에 관련된 요소들은 수치와 관련된 요소와는 구분된다. 죄의식을 느끼는 죄수는 단순히 수치심만 느끼는 죄수에 비해 재범률이 낮다. (Tangney J. P., Stuewig J., Mashek D. J., "Moral emotions and moral behavior", *Annual Review of Psychology*, 2007, 58, p. 345-372)

92 Berge A., *Les Maladies de la vertu. La. morale pour ou contre l'homme*, Paris, Grasset, 1960.

93 Blair R. J., Mitchell D., Blair K., *The Psychopath: Emotion and the Brain*, Oxford, Blackwell, 2006.

94 Baumeister R F., Stillwell A. M., Heatherton T. F., "Guilt: An interpersonal approach", *Psychological Bulletin*, 1994, 115, p. 243-267.

95 McGraw K. M., "Guilt following transgression: An attribution of responsibility approach", *Journal of Personality and Social Psychology*, 1987, 53, p. 247-256.

96 Xu H., Bègue L., Shankland R., "Guilt and guiltlessness: An integrative review", *Social and Personality Psychology Compass*, 2011, 5, p. 440-457.

97 Ferguson M. A., Branscombe N. R., "Collective guilt mediates the effect of beliefs about global warming on willingness to engage in mitigation behavior", *Journal of Environmental Psychology*, 2010, 30, p. 135-142.

98 Delumeau J., *Le Péché et la peur. La culpabilisation en Occident* (XIIIe - XVIIIe siècles), Paris, Fayard, 1983.

99 Zahn-Waxler C., Robinson J., "Empathy and guilt: Early origins of feelings of responsibility ", *in* Fischer K., Tangey J. (éds.), *Self-Conscious Emotions: Shame, Guilt, Embarrassment and Pride*, New York, Guilford, 1995, p. 143-173.

100 Stuewig J., Mc Closkey L., "The impact of maltreatment on adolescent shame and guilt: Psychological routes to depression and delin- quency", *Child Maltreatment*, 2005, 10, p. 324-359.

101 Nietzsche F., *La. Généalogie de la morale*, Paris, Gallimard, 1986, p.153.

102 Chodoff P., Freedman S. B., Hamburg D. A., "Stress defenses and coping behavior: Observations in parents of children with malignant disease", *American Journal of Psychiatry*, 1964, 120, p. 743-749.

103 Lifton J., *Death in Life: Survivors of Hiroshima*, New York, Random House,

1968.

104 Lamb S., *The Trouble with Blame. Victims, Perpetrators, and Responsibility*, Cambridge, Harvard University Press, 1996, p. 30-33; Miller D. T., Porter C. A., "Self-biarne in victims of violence", *Journal of Social Issues*, 1983, 39, p. 139-152.

105 Cité par Bechtel G., *Délires racistes et savants fous*, Paris, Plon, 2002.

106 http://www.20min.ch/ro/news/monde/story/La-boutique-princiere-etait-restee-ouverte-13460066.

107 Keltner D., Lerner J. S., "Emotio", *in* Gilbert D. T., Fiske S. T., Lindsay G. (éds.), *The Handbook of Social Psychology*, 2010, p. 312-347.

108 Keltner D., Moffitt T. E., Stouthamer-Loeber M., "Facial expressions of emotion and psychopathology in adolescent males", *Journal of Abnormal Psychology*, 1995, 104, p. 644-652.

109 Keltner D., Buswell B. N., "Embarrassment: lts distinct form and appeasement functions", *Psychological Bulletin*, 1997, 122, p. 250-270.

110 Sernin G. R, Papadopoulou K., "The acquisition of reflexive social emotions: The transmission and reproduction of social control through joint action", *in* Duveen G., Lloyd B. (éds.), *Social Representations and the Development of Knowledge*, Cambridge, Cambridge University Press, 1990, p. 107-125.

111 Jong P. J. de, Peters M. L., de Cremer D. de, "Blushing may signify guilt: Revealing effects of blushing in ambiguous social situations", *Motivation and Emotion*, 2003, 27, p. 225-249.

112 Jong P. J. de, *et al.*, "Blushing after a moral transgression in a prisoner's dilemma game: Appeasing or revealing?", *European Journal of Social Psychology*, 2002, 32, p. 627-644.

5장 — 정의를 무엇으로 실현할 것인가

1 Kafka F., *La Colonie pénitentiaire*, Paris, Garnier-Flammarion, 1991, p. 92.

2 Kandel E., *La Memoire, de l'esprit aux molecules*, Paris, Champs-Flammarion, 2005.

3 Moss M., Page R., "The effects of reinforcement, punishment and dependency on helping behavior", *Personality and Social Psychology Bulletin*, 1972, 1, p. 596-599.

4 매정한 소리를 듣고 단순히 기분이 나빠서 그런 것 아니냐는 반박이 있을 수 있겠으나 이 현상은 그 밖에도 많은 연구를 통해 입증되었다.

5 Fabes R. A., et al., "Effects of rewards on children's prosocial motivation: A socialization study", *Developmental Psychology*, 1989, 25, p. 509-515.

6 Zuckerman M., Lazzaro M. M., Waldgeir D., "Undermining effects of the foot-in-the-door technique with extrinsic regards", *Journal of Applied Social Psychology*, 1979, 9, p. 292-296.

7 Freedman J. L., Fraser S. C., "Compliance without pressure: The foot-in-the-door technique", *Journal of Personality and Social Psychology*, 1966, 4, p. 195-202.

8 Lepper M. R., "Dissonance, self-perception, and honesty in children", *Journal of Personality and Social Psychology*, 1973, 25, p. 65-74.

9 Mills R., Grusec J., "Cognitive, affective and behavioral consequences of praising altruism", *Merrill-Palmer Quarterly*, 1989, 35, p. 299-326.

10 Swinyard W., Ray M. L., "Effects of praise and small requests on receptivity to direct-mail appeals", *Journal of Social Psychology*, 1979, 108, p. 177-184.

11 Miller R. L., Brickman P., Bolen D., "Attribution versus persuasion as a means for modifying behavior", *Journal of Personality and Social Psychology*, 1975, 31, p. 430-441.

12 Tang S.-H., Hall V. C., "The overjustification effect: A meta-analysis", *Applied Cognitive Psychology*, 1995, 9, p. 365-404.

13 Lepper M. R., "Dissonance, self-perception, and honesty in children", *Journal of Personality and Social Psychology*, 1973, 25, p. 65-74.

14 Murayama K., et al., "Neural basis of the undermining effect of extrinsic reward on intrinsic motivation", *Proceedings of the National Academy of Sciences of the United States of America*, 2010, 107, p. 20911-20916 ; Camerer C. F., "Removing financial incentives demotivates the brain", *Proceedings of the National Academy of Sciences of the United States of America*, 2010, 107, p. 20849-20850.

15 Ariely D., et al., "Large stakes and big mistakes", *The Reviews of Economic Studies*, 2009, 76, p. 451-469.

16 Deci E. L., Koestner R., Ryan R. M., "A meta-analytic review of experiments examining the effects of extrinsic rewards on intrinsic motivation", *Personality and Social Psychology Bulletin*, 1999, 3, p. 280-228.

17 Vohs K. D., Mead N. L., Goode M. R., "The psychological consequence of money", Science, 2006, 314, p. 1154-1156.

18 앞의 책.

19 Frank R. H., Gilovich T., Regan D., "Does studying economics inhibit cooperation?", *Journal of Economic Perspectives*, 1993, 7, p. 159-171 ; Frank R. H., Gilovich T., Regan D., "Do economists make bad citizens?", *Journal of Economic Perspectives*, 1996, 10, p. 187-192 ; voir aussi Guimond S., Palmer D. L., "The political socialization of commerce and social science students: Epistemic authority and attitude change", *Journal of Applied Social Psychology*, 1996, 26, p. 1985-2013.

20 Brehm S. S., Brehm, J. W., *Psychological Reactance: A Theory of Freedom and Control*, New York, Academic Press, 1981.

21 Direction de la Sécurité et de la circulation routière, 2005.

22 Tyler T., *Why People Obey the Law*, Chicago, University of Chicago Press, 1990.

23 Roberts W. A., "Are animals stuck in time?", *Psychological Bulletin*, 2002, 128, p. 473-489.

24 Zimbardo P., Boyd J., *The Time Paradox*, New York, Free Press, 2009.

25 *Le Monde*, 22 octobre 1975, cité par Badinter R., *L'Abolition*, Paris, Fayard, 2000, p. 33.

26 Smith M. D., ZahnM. A., *Homicide: A sourcebook of social research*, Thousand Oaks, Sage, 1999.

27 Thomson E., "Deterrence versus brutalization", *Homicide studies*, 1997, 1, p. 110-128 ; Bowers W. J., "Deterrence or brutalization: What is the effect of executions?", *Crime and Delinquency*, 1980, 26, p. 453-484.

28 Sherman L, Smith, D. "Crime, punishment and stake in conformity: Legal and informal control of domestic violence", *American Sociological Review*, 1992, 57, p. 680-690.

29 Braithwaite J., *Crime, Shame, and Reintegration*, Cambridge, Cambridge University Press, 1989, p. 14.

30 Sherman L. W., Strang H., *Restorative Justice: The Evidence*, Londres, The Smith Institute, 2007 ; Nugent W., *et al.*, "Participation in victim-offender mediation and the prevalence and severity of subsequent delinquent behavior: A meta-analysis", *Utah Law Review*, 1, p. 137-166.

6장 — 파괴적 모방과 이타적 모방

1 Oliner S. P., Oliner P. M., *The Altruistic Personality*, New York, The Free Press, 1988.

2 London P., "The rescuers: motivational hypothesis about Christians who saved Jews from the Nazis", *in* Macauley J. (éd), *Altruism and helping behavior*, New York, Academic press, 1970.

3 Dovidio J. F., et al., *The Social Psychology of Prosocial Behavior*, Mahwah, Erlbaum, 2006, p. 206.

4 Delumeau J., *Le Péché et la peur*, Paris, Flammarion, p. 31.

5 Sherill D., et al., "Seating aggregation as an index of contagion", *Educational and Psychological Measurement*, 1970, 30, p. 663-668.

6 Hartshorne H., May M. A., *Studies in the Nature of Character*, New York, Macmillan, 1928-1930.

7 Wilson J. Q., Kelling G., "Broken windows", *Atlantic Monthly*, 1982, p. 29-38.

8 Keizer K., Lindenberg S., Steg L., "The spreading of disorder", *Science*, 2008, 322, p. 1681-1685.

9 Bryan J. H., Test M. A., "Models and helping: Naturalistic studies in aiding behavior", *Journal of Personality and Social Psychology*, 1967, 6, p. 400-407.

10 Schnall S., Roper J., Fessler, D., "Elevation leads to altruistic behavior", *Psychological Science*, 21, p. 315-320.

11 Silvers J. A., Haidt J., "Moral elevation can induce nursing", *Emotion*, 2008, 8, p. 291-295.

12 Fischer J., Hinde R. A., "The opening of milk bottles by birds", *British Birds*, 1949, 42, p. 347-357.

13 Kawai M., "Newly acquired pre-cultural behavior of the natural troop of Japanese monkeys on Koshima islet", *Primates*, 1965, 6, p. 1-30.

14 De Waal F., *Quand les singes prennent le thé*, Paris, Fayard, 2001, p. 243.

15 Dugatkin L., *The Imitation Factor*, New York, Free Press, 2000.

16 Girard R., *La Violence et le sacré*, Paris, Grasset, 1972, p. 217.

17 Place S., et al., "Humans show mate copying after observing real mate choices", *Evolution and Human Behavior*, 2010, 31, p. 320-325.

18 Bayliss A. P., "Affective evaluations of objects are influenced by observed gaze direction and emotional expression", *Cognition*, 2007, 104, p. 644-653 ; Bry C., *et al.*, "Eye'm lovin'it! The role of awareness in mimetic desires", *Journal of Experimental Social Psychology*, 2011, a paraitre.

19 Cook M., Mineka S., "Selective associations in the observational conditioning of fear in rhesus monkeys", *Journal of Experimental Psychology: Animal Behavior Processes*, 1990, 16, p. 372-389.

20 Mumme D. L., Fernald A., "The infant as onlooker: Learning from emotional reactions observed in a television scenario", *Child Development*, 2003, 74, p. 221-237.

21 Harris J. R., "Where is the child's environment? A group socialization theory of development", *Psychological Review*, 1995, 102, p. 458-489.

22 Kugiumutzakis G., "Genesis and development of early infant mimesis to facial and vocal models", *in* Nadel J., Butterworth G. (éds), *Imitation in infancy*, Cambridge, Cambridge University Press, 1999, p. 36-59.

23 Metlzoff A. N., Moore M. K., "Imitation in newborn infants: Exploring the range of gestures imitated and the underlying mechanisms", *Developmental Psychology*, 1989, 25, p. 954-962.

24 Field T. M., *et al.*, "Discrimination and imitation of facial expressions by neonates", *Science*, 1982, 218, p. 179-181.

25 Hatfield E., Cacioppo J., Rapson R. L., *Emotional Contagion*, New York, Cambridge University Press, 1994.

26 Ramanathan S., McGill A., "Consuming with Others: Social Influences on Moment-to-Moment and Retrospective Evaluations of an Experience", *Journal of Consumer Research*, 2007, 34, p. 506-524.

27 Paccalin C., *et al.*, "Changes in breathing during observation of effortful actions", *Brain Research*, 2000, 862, p. 194.

28 Berger S. M., *et al.*, "Electromyographic activity during observational learning", *American Journal of Psychology*, 1970, 83, p. 86-94.

29 Attwood A. S., *et al.*, "Effects of acute alcohol consumption on processing of perceptual cues of emotional expression", *Journal of Psychopharmacology*, 2009, 23, p. 23-30.

30 Van Honk J., Schutter D., "Testosterone reduces conscious detection of signals serving social correction", *Psychological Science*, 2007, 18, p. 663-667.

31 Tcherkassof A., Mandran N., Dubois M., Bègue L., "Les effets de l'ingestion aiguë d'alcool sur le jugement d'expressions faciales émotionnelles spontanées et dynamiques", Psychologie française, 2011.

32 Gallese V., Keysers C., Rizzolatti G., "A unifying view of the basis of social cognition", *Trends in Cognitive Sciences*, 2004, 8, p. 396-403.

33 위의 책

34 Dijksterhuis A., "Automatic social influence: The perception-behavior links as an explanatory mechanism for behavior matching", *in* Forgas J. P., Williams K. D. (éds.), *Social Influence. Direct and Indirect Processes*, Londres, Psychology Press, 2001, p. 95-109.

35 Prinz J., *The Emotional Construction of Morals*, Oxford, Oxford University Press, 2007.

36 Havas D., *et al.*, "Cosmetic use of botulinum toxin affects processing of emotional language", *Psychological Science*.

37 Keltner D., Ellsworth P. C., Edwards K., "Beyond simple pessimism: Effects of sadness and anger on social perception", *Journal of Personality and Social Psychology*, 1993, 64, p. 740-752.

38 Miller R., et al., "Alignment to visual speech information", *Attention Perception and Psychophysics*, 2010, 72, p. 1614.

39 Chartrand T. L., Bargh J. A., "The chameleon effet: The perception-behavior link and social interaction", *Journal of Personality and Social Psychology*, 1999, 76, p. 893-910.

40 Bernieri F., Reznick J. S., Rosenthal R., "Synchrony, pseudo synchrony, and dissynchrony: Measuring the entrainment process in motherinfant interactions", *Journal of Personality and Social Psychology*, 1988, 54, p. 243-253.

41 Zajonc R. B., "Convergence in the physical appearance of spouses", *Motivation and Emotion*, 1987, 11, p. 335-346.

42 Lakin J. L., Chartrand T. L., "Exclusion and nonconscious behavioral mimicry", *in* Williams K. D., Forgas, J. P., Hippel W. von (éds.), *The Social Outcast: Ostracism, Social Exclusion, Rejection, and Bullying*, New York, Psychology Press, 2005, p. 279-295.

43 Van Baaren R. B., *et al.*, "Mimicry for money: Behavioral consequences of imitation", *Journal of Experimental Social Psychology*, 2003, 39, p. 393-398.

44 Wiltermuth S. S., Heath C., "Synchrony and cooperation", *Psychological Science*, 2009, 20, p. 1-5.

45 Guéguen N., "Mimicry and seduction: An evaluation in a courtship context", *Social Influence*, 2009, 4, p. 249-255.

46 Ashton-James C., et al., "Mimicry and me: The impact of mimicry on self-construal", *Social Cognition*, 2007, 25, p. 518-535.

47 Stel M., Harinck F., "Beink mimicked makes you a prosocial voter", *Experimental Psychology*, 2011, 58, p. 79-84.

48 Stel M., et al., "The consequence of mimicry for prosocials and pro selfs: Effects of social value orientation on the mimicry-liking link", *European Journal of Social Psychology*, 2011, 41, p. 249-274.

49 Burger J. M., et al., "What a coincidence! The effects of incidental similarity on compliance", *Personality and Social Psychology Bulletin*, 2004, 30, p. 35-43 ; Guéguen N., et al., "L'effet de similarité fortuite entre deux individus sur le comportement humain", Psychologie française, 2009, 54 (4), p. 337-353.

50 Cheng C. M., Chartrand T. L., "Self-monitoring without awareness: Using mimicry as a nonconscious affiliation strategy", *Journal of Personality and Social Psychology*, 2003, 85, p. 1170-1179.

51 Lakin J. L., Chartrand T. L., "Using nonconscious behavioral mimicry to create affiliation and rapport", *Psychological Science*, 2003, 14, p. 334-339.

52 Bushman B. J., Anderson C. A., "Comfortably numb: Desensitizing effects of violent media on helping others", *Psychological Science*, 2009, 21, p. 273-277.

53 Whiting B. B., Edwards C. P., *Children of Different Worlds: The Foundations of Social Behavior*, Cambridge, Harvard University Press, 1988.

54 Baumeister R. F., Stillwell A. M., Heatherton T. F., "Guilt: An interpersonal approach", *Psychological Bulletin*, 1994, 115, p. 243-267.

55 Cohen D., Rozin D., "Religion and the morality of mentality", *Journal of Personality and Social Psychology*, 2001, 81, p. 697-710.

56 Gino F., Ayal S., Ariely D., "Contagion and differenciation in unethical behavior", *Psychological Science*, 2009, 20, p. 393-398.

57 Bandura A., Kupers C. J., "Transmission of patterns of self-reinforcement through modeling", *Journal of Abnormal and Social Psychology*, 1964, 69, p. 1-9.

58 Lepper M. R., Sagotsky G., Mailer J., "Generalization and persistence of effects of exposure to self-reinforcement models", *Child Development*, 1975, 46, p. 618-630.

59 Forman D.R., Kochanska G., "Viewing imitation as child responsiveness: A link between teaching and discipline domains of socialization", *Developmental Psychology*, 2001, 37, p. 198-206 ; Forman D., Aksan N., Kochanska G., "Toddlers' responsive imitation predicts preschool-age conscience", *Psychological Science*, 2004, 15, p. 699-704.

60 Liddell C., *et al.*, "Community violence and young south african children's involvement in aggression", *International Journal of Behavioral Development*, 1994 17, p. 613-628.

61 Archer J., Gartner R., *Violence and Crime in Cross-National Perspective*, New Haven, Yale, University Press, 1984.

62 Fowler J., Christakis N., "Cooperative behavior cascades in human social networks", *Proceeding of the National Academy of Science*, 23, p. 5334-5338.

63 Christakis N. A., Fowler J. H., *Connected. The Surprising Power of our Social Networks and How they Shape our Lives*, New York, Little, Brown, and Company, 2009.

64 Brugueilles C., Cromer S., Panissal N., "Le sexisme au programme? Représentations sexuées dans les lectures de référence à l'école", *Travail, Genre, Société*, 2009, 21, p. 107-129, cité par Vermunt M.-F., Richardot S., "Comment le care vient aux enfants", *in* Nurock V., *Carol Gilligan et l'éthique du care*, Paris, PUF, 2010, p. 121-135.

65 Johnson F. L., Young K., "Gendered voices in children's television advertising", *Critical Studies in Media Communication*, 2002, 19, p. 461-480.

66 Potter J., *On media violence*, Londres, Sage, 1999.

67 Boyatzis C. *et al.*, "Effects of "The mighty Morphin Power Rangers" on children's aggression with peers, *Child Study Journal*, 1995, 25, p. 45-55.

68 Johnson, J.G., *et al.*, "Television viewing and aggressive behavior during adolescence and adulthood", *Science*, 2002, 295, p. 2468-2471.

69 Desmurget M., *TV lobotomie. La vérité scientifique sur les effets de la télévision*, Paris, Max Milo, 2011. 종합적인 연구로 추천할 만하다.

70 Anderson C. A. *et al.*, "Violent video game effects on aggression, empathy, and prosocial behavior in Eastern and Western countries: A meta-analytic review",

Psychological Bulletin, 2010, 136, p. 151-173.

71 Mares M., Woodward E. H., "Prosocial effects on children's interactions", *in* Singer D. G., Singer J. (éds), *Handbook of Children and the Media*, Thousand Oaks, Sage, 2001.

72 Gorn G. J., "The effects of music in advertising on choice behavior: A classical conditioning approach", *Journal of Marketing Research*, 1982, 46, p. 94-101 ; Olivier Corneille, *Nos préférences sous influence*, Bruxelles, Mardaga, 2010.

73 Faw T., Parker, R., "Acquisition and generalisation on conditioned reward value", *Psychological Reports*, 1972, 30, p. 167-170.

74 Berkowitz L., Knurek D. A., "Label-mediated hostility generalization", *Journal of Personality and Social Psychology*, 1969, 13, p. 200-206.

75 Olsson A., *et al.*, "The role of social groups in the persistence of learned fear?", *Science*, 2005, 309, p. 785-787.

76 Kagan J., *La Part de l'inné*, Paris, Bayard, 1999.

77 Voir Rouyer V., Zaouche-Gaudron C., "La socialisation des filles et des garçons au sein de la famille: enjeux pour le développement", *in* Dafflon Novelle A. (éd), *Filles-garçons. Socialisation différenciée?*, Grenoble, PUG, 2006, p. 27-54.

78 Patterson G. R., Fleishman M. J., "Maintenance of treatment effects: Some considerations concerning family systems and follow-up data", *Behavior Therapy*, 1979, 10, p. 168-185.

79 Kochanska G., "Socialization and temperament in the development of guilt and conscience", *Child Development*, 1991, 62, p. 1379-1392.

80 Kochanska G., "Multiple pathways to conscience for children with different temperaments: From toddlerhood to age five", *Developmental Psychology*, 1997, 33, p. 228-240.

81 Kochanska G., "Guilt in young children: Development, determinants, and relations with a broader system of standards", *Child Development*, 2002, 73, p. 461-482 ; Kochanska G., Coy K. C., Murray K. T., "The development of self-regulation in the first four years of life", *Child Development*, 2001, 72, p. 1091-1111.

82 Kohn M. L., Schooler K., "Occupation experience and psychological functioning: An assessment of reciprocal effects", *American Sociological Review*, 1973, 38, p. 97-118.

83 Larzelere R. E., Patterson G. R., "Parental management: Mediator of effect of socioeconomic status on early delinquency", *Criminology*, 1990, 28, p. 301-323.

84 Deater-Deckard K., *et al.*, "Physical discipline among African American and European American mothers: Links to children's externalizing behaviors", *Developmental Psychology*, 1996, 32, p. 1065-1072.

7장 — 도덕과 이성은 관습과 전통을 뛰어넘을 수 있는가

1 Tetlock P. E., Suedfeld P., "Integrative complexity coding of verbal behavior", *in* Antaki C. (éd.), *Analyzing lay explanation: A casebook of methods*, Beverly Hills, Sage, 1988, p. 72-87 ; Sanders C. E., Lubinski D., Benbow C. P., "Does the defining issues test measure psychological phenomena distinct from verbal ability?", *Journal of Personality and Social Psychology*, 1995, 69, p. 498-504.

2 Keasey C. B., "Experimentally induced changes in moral opinions and reasoning", *Journal of Personality and Social Psychology*, 1973, 28, p. 30-38.

3 콜버그의 이러한 생각은 하버드 대학에 재직 중이던 정치철학자 존 롤스에게서 영감을 얻은 것이다. 롤스는 기념비적인 저작 『정의론』의 저자로서 콜버그에게 많은 영향을 미쳤다.

4 Voir Colby A., *et al.*, *The Measurement of Moral Judgment*, New York, Cambridge University Press, 1987.

5 13건의 인류학 연구를 종합한 결과, 우리는 가까운 친족일수록 적극적인 도움을 주는 것으로 나타났다. 의료기록 통계를 보더라도 가족이 아닌 사람에게 신장을 기증하는 경우는 27퍼센트에 불과하다. (Borgida E., Conner C., Manteufal L., "Understanding living kidney donation: A behavioral decision-making. Perspective", in Spacapan S., Oskamp S. (éds.), *Helping and Being Helped*, Newbury Park, Sage, 1992, p. 183-212) 박애주의에 대한 연구 역시 가까운 사람이 어떤 질병으로 고통을 받으면 그 질병을 퇴치하고 환우들을 돕는 운동에 더 적극적으로 참여하게 된다는 것을 보여준다. (Burgoyne C. B., Young B., Walker C. M., "Deciding to give to charity: A focus group study in the context of the household economy", *Journal of Community and Applied Social Psychology*, 2005, 15, p. 383-405)

6 Bégue L. "De la cognition morale à l'étude des stratégies du positionnement moral: aperçu théorique et controverses actuelles en psychologie morale", *L' Annee psychologique*, 1998, 98, p. 295-352.

7 Krevans J., Gibbs J. C., "Parents' use of inductive discipline: Relations to children's empathy and prosocial behavior", *Child Development*, 1996, 69, p. 3263-3277.

8 Holstein C. E., "The relation of children's moral judgment level to that of their parents and to communication patterns in the family", *in* Smart M. S., Smart R. C. (éds.), *Adolescents: Development and Relationships*, New York, Macmillan, 1973, p. 238-248.

9 Snarey J. R., "Cross-cultural universality of social-moral development: A critical review of kohlbergian research", *Psychological Bulletin*, 1985, 97, p. 202-232.

10 Gielen U. P., Markoulis D. C., "Preference for principled moral reasoning: A developmental and cross-cultural perspective", *in* Adler L. L., Gielen U. P. (éds.), *Cross-Cultural Topics in Psychology*, Westport, Praeger Publishers/Greenwood Publishing Group, 1994, p. 73-87.

11 Shweder R., "Commentary", *Human Development*, 1991, 34, p. 353-362.

12 Bond M. H., Pang M. K., "Trusting to the Tao: Chinese values and the re-centering of psychology", *Bulletin of the Hong-Kong Psychological Society*, 1991, 26/27, p. 5-27 ; Shweder R., "Beyond self-constructed knowledge: The study of culture and morality", *Merill-Palmer Quarterly*, 1982, 28, p. 41-69.

13 Denton K., Krebs D. L, "From the scene to the crime: The effect of alcohol and social context on moral judgment", *Journal of Personality and Social Psychology*, 1990, 59, p. 242-248.

14 Dukerich J. M., *et al.*, "Moral reasoning in groups: Leaders make a difference", *Human Relations*, 1990, 43, p. 473-493.

15 Palmer E., *Offending Behavior,Moral Reasoning, Criminal Conduct and the Rehabilitation of Offenses*, Portland, Willan, 2003.

16 콜버그는 도덕적 추론의 발현에 관심을 기울였을 뿐, 그 행동 결과에 대해서는 대체로 무관심했다. 세나가 농일한 단계에서도 위반행위에 대한 찬성과 반대가 모두 가능하기 때문에 주어진 추론 유형과 행동의 관계는 직접적이지 않다. 그렇지만 가장 높은 단계의 추론에서 나타나는 인지적 탈자기중심성은 인지적 공감 현상의 중요한 구성 요소다. 이로써 왜 탈관습적으로 도덕적 추론을 하는 사람들에게서 이타적인 행동이 더 많이 나타나고, 반사회적 행동은 드물게 나타났는지 이해할 수 있다. (Palmer E., *Offending Behavior. Moral Reasoning, Criminal Conduct and the Rehabilitation of Offenses*, Portland, Willan, 2003)

17 이 연령대의 아이는 도덕적인 것, 관습적인 것, 지극히 사적인 선택 및 선호를 구분할 줄 안다. 예를 들어 날씨가 좋은 아침에 TV를 보면서 뒹굴다던가, 모두가 하는 놀이를 싫어하는 문제는 도덕이나 관습과 별개의 것이라는 것을 알 수 있다. (Smetana J.

G., "Preschool conceptions of moral and social rules", *Child Development*, 1981, 52, p. 1333-1336)

18 Nucci L., "Conceptions of personal issues: A domain distinct from moral or societal concepts", *Child Development*, 1981, 52, p. 114-121. ; Nucci L., Turiel E., "The moral and the personal: Sources of social conflicts", *in* Nucci L. P., Saxe G. B., Turiel E. (éds.), *Culture, thought, and development*, Mahwah, Lawrence Erlbaum, 2000, p. 115-137.

19 반면에 도덕규칙은 일반적으로 불변적이고 필연적이며 일반화될 수 있는 것, 위반해서는 안 되는 것으로 여겨진다.

20 Colapinto J., *As Nature Made Him: The Boy Who Was Raised as a Girl*, New York, Harper Perennial, 2001.

21 Haidt J., Koller S., Dias M., "Affect, culture, and morality, or is it wrong to eat your dog?", *Journal of Personality and Social Psychology*, 1993, 65, p. 613-628.

22 Miller J. G., Bersoff D. B., "The role of liking in perceptions of the moral responsibility to help: A cultural perspective", *Journal of Experimental Social Psychology*, 1998, 34, p. 443-469.

23 Shweder R., *et al.*, "The 'Big Three' of morality (autonomy, community, divinity) and the 'Big Three' explanations of suffering", *in* Brandt A. M., Rozin P. (éds.), *Morality and Health*, New York, Routledge, 1997, p. 119-169. Voir aussi Haidt J., Graham J., "When morality opposes justice: Conservatives have moral intuitions that liberals may not recognize", *Social Justice Research*, 2007, 20, p. 98-116.

24 Douglas M., *De la souillure*, Paris, La Découverte, 1971 ; Caillois R., *L'Homme et le sacré*, Paris, Folio, 1989. (1re édition, 1950)

25 Haidt J., "The emotional dog and its rational tail: A social intuitionist approach to moral judgment", *Psychological Review*, 2001, 108, p. 814-834.

8장 — 인간, 감정의 딜레마에 빠지다

1 Sanday P. R., *Divine hunger: Cannibalism as a cultural system*, Cambridge, Cambridge University Press, 1986, cité par Prinz, J., *The Emotional Construction of Morals*, Oxford, Oxford University Press, 2007.

2 콜버그에게 영감을 주었던 칸트 철학의 관점에서 보면 도덕적 감정은 도덕적 결단의 중요한 요소가 아니라 오히려 교란의 원인에 가깝기 때문에 감시하고 제거해야 할 대상

이다. 칸트는 의무를 고려하지 않고 감정에 이끌려 실행한 행동은 도덕적으로 불완전하다고 보았다.

3 Damasio A., *L'Erreur de Descartes*, Paris, Odile Jacob, 2001. (특히 3장)

4 그렇지만 다마시오는 아동기에 뇌의 일부를 절제하는 수술을 받고 전관습적 수준의 도덕성을 성인이 되어서까지 유지한 두 환자의 사례도 찾아냈다. 따라서 도덕적 지식을 습득하는 데에는 결정적 시기가 있는 것으로 보인다. 게다가 한 연구에서는 전전두피질 제거수술을 받은 환자들이 도덕적 판단에 중요한 정보들을 파악하거나 행위의 의도를 짐작하는 데 어려움을 겪는다고 보고되었다. 이 환자들은 의도치 않게 타인을 죽이는 행위보다 타인을 죽이고 싶었지만 실패한 행위가 더 도덕적이라고 보았다. (Young L., *et al.*, "Damage to ventromedial prefrontal cortex impairs judgment of harmful intent", *Neuron*, 2010, 65, p. 845)

5 Greene J., *et al.*, "Pushing moral buttons: The interaction between personal force and intention in moral judgment", *Cognition*, 2009, 111, p. 364-371.

6 전대상피질, 전전두피질, 편도체가 이 영역에 해당한다.

7 Greene J. D., "An fMRI investigation of emotional engagement in moral judgment", *Science*, 2001, 293, p. 2105-2108.

8 Valdesolo P., DeSteno D. A., "Manipulations of emotional context shape moral judgment", *Psychological Science*, 2006, 17, p. 476-477.

9 Carney D., Mason M. F., "Decision making and testosterone: When the ends justify the means", *Journal of Experimental Social Psychology*, 2010, 46, p. 668-671.

10 Krosnick J., "Subliminal conditioning of attitudes", *Personality and Social Psychology Bulletin*, 1992, 18, p. 152-162.

11 Murphy S. T., Zajonc R. B, "Affect, cognition, and awareness: Affective priming with optimal and suboptimal stimulus exposures", *Journal of Personality and Social Psychology*, 1993, 64, p. 723-739.

12 Nisbett R., Wilson T., "Telling more than we can know: Verbal reports on mental processes", *Psychological Review*, 1977, 84, p. 231-259.

13 Dunn E. W., Ashton-James C., "On emotional innumeracy: Predicted and actual affective responses to grand-scale tragedies", *Journal of Experimental Social Psychology*, 2008, 44, p. 692-698.

14 Wilson T., *et al.*, "Effects of analyzing reasons on attitude-behavior consistency", *Journal of Personality and Social Psychology*, 1984, 47, p. 5-16.

15 Wilson T. D., Schooler J. W., "Thinking too much: Introspection can reduce the quality of preferences and decisions", *Journal of Personality and Social Psychology*, 1991, 60, p. 181-192.

16 Stevenson R., Case T., Oaten M., "Frequency and recency of infection and their relationship with disgust and contamination sensitivity", *Evolution and Human Behavior*, 2009, 30, p. 363-368.

17 Rozin P., Haidt J., McCauley C., "Disgust", *in* Lewis M., Haviland J. (éds.), *Handbook of Emotions*, New York, Guilford Press, 1993.

18 Chapman H. A., *et al.*, "In bad taste: Evidence for the oral origins of moral disgust", *Science*, 2009, 323, p. 1222-1226 ; Rozin P., *et al.*, "Varieties of disgust faces and the structure of disgust", *Journal of Personality and Social Psychology*, 1994, 66, p. 870-881.

19 Sherman G. D., Haidt J., Coan J. A., "Viewing cute images increases behavioral carefulness", *Emotion*, 2009, 9, p. 282-286.

20 Moll J., *et al.*, "The neural correlates of moral sensitivity: A functional magnetic resonance imaging investigation of basic and moral emotions", *Journal of Neuroscience*, 2002, 22, p. 2730-2736.

21 Il s'agit du cortex prefrontal dorsolateral, voir Sanfey A. G., *et al.*, "The neural basis of economic decision making in the Ultimatum Game", *Science*, 2003, 300, p. 1755-1758.

22 Knoch D., *et al.*, "Diminishing reciprocal fairness by disrupting the right prefrontal cortex", *Science*, 2006, 314, p. 829-832.

23 Wheatley T., Haidt J., "Hypnotically induced disgust makes moral judgments more severe", *Psychological Science*, 2005, 16, p. 780-784.

24 Rozin P., Millman L., Nemeroff C., "Operation of the laws of sympathetic magic in disgust and other domains", *Journal of Personality and Social Psychology*, 1986, 50, p. 703-712.

25 Holland R. W., Hendriks M., Aarts H., "Smells like clean spirit: Nonconscious effects of scent on cognition and behavior", *Psychological Science*, 2005, 16, p. 689-693.

26 이렇게 부연하는 이유는 청결한 냄새 때문에 기분이 좋아져서 남을 돕고 싶어졌을 거라는 반박이 있을 수 있기 때문이다. 게다가 실제로 깨끗하다는 느낌이 이타성을 자극한다는 연구결과도 있다.

27 Schnall S., *et al.*, "Disgust as embodied moral judgment", *Personality and Social Psychology Bulletin*, 2008, 34, p. 1096-1109.

28 Schnall S., Benton J., Harvey S., "With a clean conscience: Cleanliness reduces the severity of moral judgments", *Psychological Science*, 2008, 19, p. 1219-1222.

29 Lee S. W., Schwarz N., "Dirty hands and dirty mouths: Embodiment of the moral-purity metaphor is specific to the motor modality involved in moral transgression", *Psychological Science*, 2010, 21, p. 1423-1425.

30 Zhong C. B, Liljenquist K., "Washing away your sins: Threatened morality and physical cleansing", *Science*, 2006, 313, p. 1451-1452.

31 Zhong C. B., Strejcek B., Sivanathan N., "A clean self can render harsh moral judgment", *Journal of Experimental Social Psychology*, 2010, 46, p. 859-862.

32 Lavater K., *L'Art de connaître les hommes par la physionomie (1775-1778)*, trad., Paris, Depélafoi, libraire, rue de Grands Augustins, n° 21, 1820.

33 Lombroso C., *L'Homme criminel*, Paris, Alcan, 1887.

34 Carraca, "Anomalie dei solchi palmari neu normali et nei criminali", *Archivio di psichiatria*, 1896, p. 38.

35 Daniel J.,"Le salut par la beauté", *Le Nouvel Observateur*, 4-10 décembre 2008.

36 Power T. G., Hildebrandt K. A., Fitzgerald H. E., "Adults' responses to infants varying in facial expression and perceived attractiveness", *Infant Behavior and Development*, 1982, 5, p. 33-44.

37 Casey R. J., Ritter J. M., "How infant appearance informs: Child care providers' responses to babies varying in appearance of age and attractiveness", *Journal of Applied Developmental Psychology*, 1996, 17, p. 495-518 ; Langlois J. H., et al., "Infant attractiveness predicts maternal behavior and attitudes", *Developmental Psychology*, 1995, 31, p. 462-472.

38 Slater A., et al., "Newborn infants prefer attractive faces", *Infant Behavior and Development*, 1998, 21, p. 345-354.

39 Clifford M. M., Walster E., "The effects of physical attractiveness on teacher expectations", *Sociology of Education*, 1973, 46, p. 248-258.

40 위의 책

41 Cann A., Siegfried W. D., Pearce L., "Forced attention to specific applicant qualifications: Impact of physical attractiveness and sex of applicant", *Personnel Psychology*, 1981, 34, p. 65-75.

42 Frieze I. H., Olson J. E., Russell J. "Attractiveness and income for men and women in management", *Journal of Applied Social Psychology*, 1991, 21, p. 1039-1057.

43 Langlois J. H., *et al.*, "Infant's diffferential social responses to attractive and unattractive faces", *Developmental Psychology*, 1990, 26, p. 153-159.

44 Baudouin J. Y., *Ce qui est beau est bien. Psychosociobiologie de la beauté*, Grenoble, PUG, 2004, p. 17.

45 Fize M., *Mais qu'est-ce qui passe par la tête des méchants?*, Paris, Marabout, 2009, p. 98.

46 Dion K., "Physical attractiveness and evaluation of children's transgressions", *Journal of Personality and Social Psychology*, 1972, 24, p. 207-213.

47 Dion K. L., Dion K. K., "Belief in a just world and physical attractiveness stereotyping", *Journal of Personality and Social Psychology*, 1987, 52, p. 775-780.

9장 — 피해자의 관점에서 세상 바라보기

1 Gibran K, *Le Précurseur*, Paris, Mille et Une Nuits, 2000.

2 Sagi A., Hoffman M., "Empathic distress in the newborn", *Developmental Psychology*, 1976, 12, p. 175-176 ; Simner M. L., "Newborn's response to the cry of another infant", *Developmental Psychology*, 1971, 5, p. 136-150.

3 Zahn-Waxler C., "Development of concerne for others", *Developmental Psychology*, 1992, 28, p. 126-136.

4 Church R. M., "Emotional reactions of rats to the pain of others", *Journal of Comparative and Physiological Psychology*, 1959, 52, p. 132-134.

5 Masserman J., Wechkin M. S., Terris W., "Altruistic behavior in rhesus monkeys", *American Journal of Psychiatry*, 1964, 121, p. 584-585.

6 De Wall F., *L'Âge de l'empathie*, Paris, Éditions Les liens qui liberent, 2010, p. 48.

7 '맹점(盲點, scotome)'은 '어둠, 보이지 않음'을 뜻하는 그리스어 'scotos'에서 유래했으며 시야에 들어오지 않는 지점을 가리킨다.

8 Pancer S. M., "Salience of appeal and avoidance of helping situations", *Canadian Journal of Behavioral Science*, 1988, 20, p. 133-139.

9 Small D. A., Loewenstein G., "Helping a victim or helping the victim: Altruism and identifiability", *Journal of Risk and Uncertainty*, 2003, 26, p. 5-16.

10 Small D. A., Loewenstein G., Slovic P., "Sympathy and callousness: The impact of deliberative thought on donations to identifiable and statistical victims", *Organizational Behavior and Human Decision Processes*, 2007, 102, p. 143-153.

11 Small D. A., Loewenstein G., "Helping a victim or helping the victim: Altruism and identifiability", *Journal of Risk and Uncertainty*, 2003, 26, p. 5-16.

12 Dupuy J.-P., *Petite Métaphysique des tsunamis*, Paris, Seuil, 2005.

13 Weiner B., *Judgments of Responsibility*, New York, Guilford Press, 1995.

14 Dooley P. A., "Perceptions of the onset controllability of AIDS and helping judgments: An attributional analysis", *Journal of Applied Social Psychology*, 1995, 25, p. 858-869 ; Capitanio J. P., Herek G. M., "AIDS-related stigma and attitudes toward injecting drug users among Black and White Americans", *American Behavioral Scientist*, 1999, 42, p. 1144-1157.

15 전대상피질, 뇌섬엽, 중뇌수도관주위회색질periaqueductal gray이 여기에 해당한다.

16 Decety J., Echols S., Correll J., "The blame game: The effects of responsibility and social stigma on empathy for pain", *Journal of Cognitive Neuroscience*, 2009, 22, p. 985-997.

17 Zucker G. S., Weiner B., "Conservatism and perceptions of poverty: An attributional analysis", *Journal of Applied Social Psychology*, 1993, 23, p. 925-943.

18 Walster E., "Assignment of responsability for an accident", *Journal of Personality and Social Psychology*, 1966, 3, p. 73-79 ; Sadow D. C., Laird J. D., ""Irrational" attributions of responsibility: Who's to blame for them?", *European Journal of Social Psychology*, 1981, 11, p. 427-430.

19 Janoff-Bulman R., Timko C., Carli L., "Cognitive biases in blaming the victim", *Journal of Experimental Social Psychology*, 1985, 21, p. 161-177.

20 Fiske A. P., *Structures of Social Life. The Four Elementary Forms of Human Relations*, New York, Free Press, 1991.

21 Janoff-Bulman R., Thomas C. E., "Toward an understanding of self-defeating responses following victimization", *in* Curtis R. (éd.), *Self-Defeating Behavior*, New York, Plenum Press, 1989, p. 215-234.

22 Janoff-Bulman R., *Shattered Assumptions*, New York, Basic Books, 1992.

23 David Camroux, *Libération*, 29 décembre 2004.

24 Murdoch G., *Theories of Illness. A World Survey*, Pittsburg, University of Pittsburg Press, 1980.

25 Camus A., *La Peste*, Paris, Gallimard, "Folio", 1972, 1ʳᵉ édition 1947.

26 Stroobants J. P., "La justice immanente de Mgr Leonard?", *Le Monde*, 20 octobre 2010.

27 Ruffié J., Sournia J.-C., *Les Épidémies dans l'histoire de l'homme. De la peste au sida*, Paris, Flammarion, 1995, p. 223.

28 Marková I., Wilkie P., "Representations, concepts and social change: The phenomenon of AIDS", *Journal for the Theory of Social Behaviour*, 1987, 17, p. 389-401.

29 Ruffié J., Sournia J.-C., *Les Épidémies dans l'histoire de l'homme. De la peste au sida*, Paris, Flammarion, 1995, p. 159.

30 Stengers J., Van Neck A., *Histoire d'une grande peur, la masturbation*, Paris, Les Empêcheurs de penser en rond, 1998.

31 이 내용은 다음 책들을 참고했다. Bechtel, G., *La Chair, le diable et le confesseur*, Paris, Plon, 1995 ; Bruguès J.-L., *La Fécondation artificielle au crible de l' éthique chrétienne*, Paris, Communio/Fayard, 1989 ; Mossuz Lavau J., *Les Lois de l'amour. Les politiques de la sexualité en France (1950-1990)*, Paris, Payot, 1991 ; Ranke-Heineman U., *Des eunuques pour le royaume de Dieu. L'église catholique et la sexualité*, Paris, Hachette, 1992 ; Schooyans M., *L'Avortement. Enjeux politiques*, Longueuil, Québec, Éditions du Préambule, 1991 ; Sévegrand M., *Les Enfants du Bon Dieu. Les catholiques français et la procréation au XXe siècle*, Paris, Albin Michel, 1994 ; Venner F., *L'Opposition à l'avortement*, Paris, Berg International Éditeurs, 1995.

32 Freud S., *L'Homme aux loups*, Paris, Presses Universitaires de France, 1990.

33 Ruffié J., Sournia J.-C., *Les Épidémies dans l'histoire de l'homme. De la peste au sida*, Paris, Flammarion, 1995, p. 89.

34 Le Guérer A., *Les Pouvoirs de l'odeur*, Paris, Odile Jacob, 1998, p. 77.

35 Mikulincer M., Floria V., Hirschberger G., "The terror of death and the quest for love - An existential perspective on close relationships", *in* Greenberg J., Koole S. L., Pyszczynski T. (éds.), *Handbook of Experimental Existential Psychology*, New York, Guilford, 2004, p. 287-304.

36 Jonas E., Greenberg J., Frey D., "Connecting terror management and dissonance theory: Evidence that mortality salience increases the preference for supporting information after decisions", *Personality and Social Psychology Bulletin*, 2003, 29, p. 1181-1189.

37 Rosenblatt A., *et al.*, "Evidence for terror management theory: I. The effects of mortality salience on reactions to", *Journal of Personality and Social Psychology*, 1989, 57, p. 681-690 ; Florian V., Mikulincer M., "Fear of death and the judgment of social transgressions: A multidimensional test of terror management theory", *Journal of Personality and Social Psychology*, 1997, 73, p. 369-380.

38 Young L., *et al.*, "Disruption of the right temporo-parietal junction with transcranial magnetic stimulation reduces the role of beliefs in moral judgment", *Proceedings of the National Academy of Science*, 2010, 107, p. 6753-6758.

39 Jose P. "Measurement issues in children's immanent justice judgments", *Merill Palmer Quarterly*, 1991, 37, p. 601-617.

40 Lerner M. J., "Evaluation of performance as a function of performer's reward and attractiveness", *Journal of Personality and Social Psychology*, 1965, 1, p. 355-360.

41 Lerner M. J., *The Belief in a just World. A Fundamental Delusion*, New York, Plenum Press, 1980.

42 Lerner M., Simmons C. H., "Observer's reaction to the "Innocent victim": Compassion or rejection?", *Journal of Personality and Social Psychology*, 1966, 4, p. 203-210.

43 Hafer C. L., Bègue L., "Experimental research on just-world theory: Problems, developments, and future challenges", *Psychological Bulletin*, 2005, 131, p. 128-167 ; Lerner M. J., *The Belief in a Just World. A Fundamental Delusion*, New York, Plenum Press, 1980.

44 Aderman O., Brehm S., Katz L., "Empathetic observation of an innocent victim: The just world revisited", *Journal of Personality and Social Psychology*, 1974, 29, p. 342-347.

45 Novak D. W., Lerner M. J., "Rejection as a consequence of perceived similarity", *Journal of Personality and Social Psychology*, 1968, 9, p. 147-152 ; Lerner M. J., Agar E., "The consequences of perceived similarity: Attraction and rejection, approach and avoidance", *Journal of Experimental Research in Personality*, 1972, 6, p. 69-75.

46 Singer T., *et al.*, "Empathy for pain involves the affective but not sensory components of pain", *Science*, 2004, 303 (5661), p. 1157-1162.

47 Zuckerman M., *et al.*, "The belief in a just world and reactions to innocent victims", *Catalog of Selected Documents in Psychology*, 1975, 5, p. 326.

48 Furnham A., Procter E., "Belief in a just world: Review and critique of the individual difference literature", *British Journal of Social Psychology*, 1989, 28, p. 365-384.

49 Bègue L., BastounisM., "Two spheres of belief in justice. Extensive support for the bidimensionalmodel of belief in just world", *Journal of Personality*, 2003, 71, p. 435-463.

50 Guzewicz T. D, Takooshian H., "Development of a short-form scale of public attitudes toward homelessness", *Journal of Social Distress and the Homeless*, 1992, 1, p. 67-79.

51 Montada L., Lerner M. J., *Responses to Victimizations and Belief in a just World*, New York, Plenum Press, 1998.

52 Furnham A., "The just world, charitable giving and attitudes to disability", *Personality and Individual Differences*, 1995, 19, p. 577-583.

53 Bègue L., Bastounis M., "Two spheres of belief in justice. Extensive support for the bidimensional model of belief in just world", *Journal of Personality*, 2003, 71, p. 435-463 ; McLean M. J., Chown S. M., "Just world beliefs and attitudes toward helping elderly people: A comparison of British and Canadian university students", *International Journal of Aging and Human Development*, 1988, 26, p. 249-260.

54 Lipkus I. M., Dalbert C., Siegler I. C., "The importance of distinguishing the belief in a just world for self versus for éthers: Implications for psychological well-being", *Personality and Social Psychology Bulletin*, 1996, 22, p. 666-677.

55 Bègue L., "Self-esteem regulation in threatening social comparison: The role of belief in a just jorld and self-efficacy", *Social Behavior and Personality*, 2005, 33, p. 69-75.

56 Bègue L., Muller D., "Belief in a just world as moderator of hostile attributional bias", *British Journal of Social Psychology*, 2006, 45, p. 117-126.

57 Bègue L., *et al.*, "Altruistic behaviour and the bidimensional just world belief", *American Journal of Psychology*, 2008, 212, p. 47-56.

58 Zuckerman M., "Belief in a just world and altruistic behavior", *Journal of Personality and Social Psychology*, 1975, 31, p. 972-976.

59 최근의 한 연구에 따르면, 우리는 인재人災가 발생했을 때보다 자연재해가 발생했을 때 더 기꺼이 도움을 제공한다고 한다. (Zagefa H., et al., "Donating to disaster victims: responses to natural and humanly caused events", *Journal of Experimental Social Psychology*, 2011, 41, p. 353-363)

60 Weiner B., *Judgments of responsibility*, New York, Guilford Press, 1995.

61 Darley J. M., Zanna M. P., "Making moral judgments", *American Scientist*, 1982, 70, p. 515-521.

62 Bersoff D. M., Miller J. G., "Culture, context, and the development of moral accountability judgments", *Developmental Psychology*, 1993, 29, p. 664-676 ; Fincham F. Roberts C., "Intervening causation and the mitigation of responsability for harm doing: II. The role of limited mental capacities", *Journal of Experimental Social Psychology*, 1985, 21, p. 178-194.

63 Bègue L., Subra B., "Alcohol and aggression: Perspectives on controlled and uncontrolled social information processing", *Social and Personality Psychology Compass*, 2008, 2, p. 511-538.

64 Strayer J., "Children's concordant emotions and cognitions in response to observed emotions", *Child Development*, 1993, 64, p. 188-201.

65 Fabes R. A., et al., "The relations of children's emotion regulation to their vicarious emotional responses and comforting behaviors", *Child Development*, 1994, 65, p. 1678-1693.

66 Stotland E., "Exploratory investigations of empathy", *Advances in Experimental Social Psychology*, 1969, 4, p. 271-314.

67 뇌섬엽, 전대상피질, 중뇌수도관주위회색질이 여기에 해당한다.

68 Cheng Y., et al., "Expertise modulates the perception of pain in others", *Current Biology*, 2007, 19, p. 1708-1713.

69 Jost J. T., Banaji M. R., "The role of stereotyping in system-justification and the production of false consciousness", *British Journal of Social Psychology*, 1994, 33, p. 1-27.

70 Sykes G., Matza D., "Techniques of neutralization, a theory of delinquency", *American Sociological Review*, 1957, 22, p. 664-670.

71 Castano E., Giner-Sorolla R. "Not quite human: Infra-humanization as a response to collective responsibility for intergroup killing", *Journal of Personality and Social Psychology*, 2006, 90, p. 804-818.

72 Lerner M. J., Matthews G., "Reactions to suffering of others under conditions of indirect responsibility", *Journal of Personality and Social Psychology*, 1967, 5, p. 319-325.

73 Milgram S., *Soumission à l'autorite*, Paris, Calmann-Lévy, 1971, p. 199-200.

74 Davis K. E., Jones E. E., "Changes in interpersonal perception as a means of reducing cognitive dissonance", *Journal of Abnormal and Social Psychology*, 1960, 61, p. 402-410.

75 Berscheid E., Boye D.,Walster E., "Retaliation as a means of restoring equity", *Journal of Personality and Social Psychology*, 1968, 10, p. 370-376.

76 Ross A. S., "Modes of guilt reduction", *Paper presented at Eastern Psychological Association*, New York, April, cité par Waltzer E., *Equity. Theory and research*, Boston, Allyn & Bacon, 1978, p. 292.

77 Aderman O., Brehm S., Katz L., "Empathetic observation of an innocent victim: The just world revisited", *Journal of Personality and Social Psychology*, 1974, 29, p. 342-347.

78 Glass D. C., "Changes in liking as a means of reducing cognitive discrepancies", *Journal of Personality*, 32, p. 531-549.

10장 ─ 자신에게만 관대한 사람들

1 Sennett R., *Les Tyrannies de l'intimité*, Paris, Seuil, 1979, p. 202.

2 Borden R. J., Taylor S. P., "The social instigation and control of physical aggression", *Journal of Applied Social Psychology*, 1973, 3, p. 354-361.

3 Luckenbill D., "Murder and assault", *in* Meier R. F. (éd.), *Major Form of Crime*, Beverly Hills, Sage, 1984.

4 Dunning D., "Self-image motives and consumer behavior: How sacrosanct self-beliefs sway preferences in the marketplace", *Journal of Consumer Psychology*, 2007, 17, p. 237-249.

5 Keltner D., *Born to be Good*, Boston, Norton, 2009.

6 Panchanathan K., Boyd R., "Indirect reciprocity can stabilize cooperation without the second order", *Nature*, 2004, 432, p. 499-502.

7 Wedekind C., Milinski M., "Cooperation through image scoring in humans", *Science*, 2000, 288, p. 850-852.

8 Hafer C. L., "Investment in long-term goals and commitment to just means drive the need to believe in a just world", *Personality and Social Psychology Bulletin*, 2000, 26, p. 1059-1073.

9 Frank R. H., *Passions within Reason*, New York, Norton, 1988.

10 Christie R., Geis F., *Studies in Machiavellianism*, New York, Academic Press, 1970.

11 Aziz A., Relationship between Machiavellianism scores and performance of real estate salespersons, *Psychological Reports*, 2004, 96, p. 235-238.

12 Aziz A., May K., Crotts J. C., "Relations of machiavellian behaviors with sales performance of stockbrokers", *Psychological Reports*, 2002, 90, p. 451-460.

13 Kashy D. A., DePaulo B. M., "Who lies?", *Journal of Personality and Social Psychology*, 1996, 70, p. 1037-1051.

14 Nathanson C., Paulhus D. L.,Williams K. M., "Predictors of a behavioral measure of scholastic cheating: Personality and competence but not demographics", *Contemporary Educational Psychology*, 2006, 31, p. 97-122.

15 Meyer H. D., "Norms and self-interest in ultimatum bargaining: The prince's prudence",*Journal of Economic Psychology*, 1992, 13, p. 215-232.

16 Spitzer M., *et al.*, "The neural signature of social norm compliance", *Neuron*, 2007, 4 (56), p. 185-196.

17 Christie R., Geis F., *Studies in Machiavellianism*, New York, Academic Press, 1970.

18 Braginsky D., "Machiavellianism and manipulative interpersonal behavior in children",*Journal of Experimental Social Psychology*, 6, p. 77-99.

19 Ellard J., *et al.*, "Just world processes in demonizing", *in* Ross M., Miller D. T. (éds.), *The Justice Motive in Everyday Life*, New York, Cambridge University Press, 2002.

20 Goncourt E., Goncourt J., *Idées et sensations*, Paris, Charpentier, 1877.

21 Kleinberg A., *Péchés capitaux*, Paris, Seuil, 2008, p. 197.

22 Satow K. L., "Social approval and helping", *Journal of Experimental Social Psychology*, 1975, 11, p. 501-509.

23 Bereczkei T., Birkas B., Kerekes, Z., "Public charity offer as a proximate factor of evolved reputation-building strategy: An experimental analysis of a real life situation", *Evolution and Human Behavior*, 2007, 28, p. 277-284 ; Haley K. J., Fessler D. M., "Nobody's watching? Subtle cues affect generosity in an anonymous economic game", *Evolution and Human Behavior*, 2005, 26, p. 245-256 ; Kuzban R., DeScioli P., O'Brien E., "Audience effects on moralistic punishment", *Evolution and Human Behavior*, 2007, 28, p. 75-84.

24 Van Rompay T., *et al.*, "The eye of the camera", *Environment and Behavior*, 2009, 41, p. 60-74.

25 Kuzban R., DeScioli P., O'Brien E., "Audience effects on moralistic punishment", *Evolution and Human Behavior*, 2007, 28, p. 75-84.

26 Pascal, *Pensées*.

27 이들이 인격의 다른 부분에서도 자기가 더 낫다고 생각하지는 않았음을 기억해두자.

28 Jordan A. H., Monin B., "From sucker to saint: Moralization in response to self-threat", *Psychological Science*, 2008, 19, p. 809-818.

29 Mills J., "Changes in moral attitudes following temptation", *Journal of Personality*, 1958, 26, p. 517-531. 장 드 라 퐁텐은 『여우와 신포도』에서 이러한 현상을 유머러스하게 묘사했다.

30 Gino F., Baerman M., "When misconduct goes unnoticed: The acceptability of gradual erosion in others' unethical behavior", *Journal of Experimental Social Psychology*, 2009, 45, p. 708-719.

31 Zimbardo P., *The Lucifer Effect: Understanding How Good People Turn Evil*, New York, Random House, 2007 ;Wright J., Hensley C., "From animal cruelty to serial murder: Applying the graduation hypothesis", *International Journal of Offender Therapy and Comparative Criminology*, 2003, 47, p. 71-88.

32 Dutton D. G., "Reactions of restaurateurs to Blacks and Whites violating restaurant dress requirements", *Canadian Journal of Behavioural Science*, 1971, 3, p. 298-302.

33 Czopp A. M. (2009), "I'm not racist but··· I'm racist: Blacks' and Whites' evaluations of disclaimers of prejudice", affiche présentée à la Society for Personality and Social Psychology de Tampa (Floride), cité par Miller D. T., Effron D. A., "Psychological license:When it is needed and how it functions", *Advances in Experimental Social Psychology*, 2010, 43, p. 117-158.

34 BernsteinW. M., *et al.*, "Causal ambiguity and heterosexual affiliation", *Journal of Experimental Social Psychology*, 1983, 19, p. 78-92.

35 Batson C., Naifeh S., Pate S., "Social desirability, religious orientation and racial prejudice", *Journal for the Scientific Study of Religion*, 1978, 17, p. 31-41.

36 Darley J. M., Batson C. D., "From Jerusalem to Jericho: A study of situational and dispositional variables in helping behavior", *Journal of Personality and Social Psychology*, 1973, 27, p. 100-108.

37 이 결과는 달리와 뱃슨의 논문이 직접 명시한 것이 아니라 달리와 뱃슨의 데이터를 나중에 분석한 결과이다. (Greenwald A., "Does the good Samaritan parable increase helping? A comment on Darley and Batson's no-effect conclusion", *Journal of Personality and Social Psychology*, 1975, 32, p. 578-583)

38 Sherif M. et al., *Intergroup Conflict and Cooperation: The Robbers Cave Experiment*, Norman, University Book Exchange, 1961.

39 Brooks A. C., "Does social capital make you generous?", *Social Science Quarterly*, 2005, 86, p. 1-15.

40 Norenzayan A., Shariff A. F., "The origin and evolution of religious prosociality", *Science*, 2008, 322, p. 58-62.

41 Smith R. E., Wheeler G. E., "Faith without works: Jesus people, resistance to temptation, and altruism", *Journal of Applied Social Psychology*, 1975, 54, p. 320-330.

42 Annis L. V., "Emergency helping and religious behavior", *Psychological Reports*, 1976, 39, p. 151-58.

43 Saroglou V., et al., "Prosocial behavior and religion. New evidence based on projective measures and peer ratings", *Journal for the Scientific Study of Religion*, 2005, 44, p. 323-348.

44 Myer D., *Introduction à la psychologie sociale*, Montréal, Chenelières/ Mc Graw Hill, p. 109.

45 Exline J., et al., "Too proud to let go: Narcissistic entitlement as a barrier to forgiveness", *Journal of Personality and Social Psychology*, 2004, 87, p. 894-912.

46 Sachdeva S., Iliev R., Medin D., "Sinning saints and saintly sinners: The paradox of moral self-regulation", *Psychological Science*, 2009, 20, p. 523-528.

47 Jordan J., Mullen E., Murnighan J. K., "On the pendulum of moral action: Contrasting effects of own and others' past moral behavior on future moral behavior", article soumis à publication, 2001.

48 Mazar N., Zhong C. B., "Do green products make us better people?", *Psychological Science*, 2010, 21, p. 494-498.

49 Khan U., Dhar R., "The licensing effect in consumer choice", *Journal of Marketing Research*, 2006, 43, p. 259-266.

50 Harris M. B., Benson S. M., Hall C. L., "The effects of confession on altruism", *Journal of Social Psychology*, 1975, 96, p. 187-192.

51 Todd Gilbert D., *Et si le bonheur vous tombait dessus?*, Paris, Robert Laffont, 2007.

52 Proust M., *À l'ombre des jeunes filles en fleurs*, Paris, Gallimard, "Bibliothèque de la Pléiade", 1987, p. 423-424, cité par Elster J., *Agir contre soi. La Faiblesse de la volonté*, Paris, Odile Jacob, 2007, p. 52.

53 Elster J., *Agir contre soi. La Faiblesse de la volonté*, Paris, Odile Jacob, 2007.

54 Terestchenko M., *Un si fragile vernis d'humanité. Banalité du mal, banalité du bien*, Paris, La Découverte, 2005, chapitre 1.

55 Batson C. D., *et al.*, "In a very different voice: Unmasking moral hypocrisy", *Journal of Personality and Social Psychology*, 1997, 72, p. 1335-1348 ; Batson C. D., *et al.*, "Moral hypocrisy: Appearing moral to oneself without being so", *Journal of Personality and Social Psychology*, 1999, 77, p. 525-537.

56 Valdesolo P., DeSteno D., "Moral hypocrisy: Social groups and the flexibility of virtue", *Psychological Science*, 2007, 18, p. 689-690.

57 Valdesolo P., DeSteno D., "The duality of virtue: Deconstructing the moral hypocrite", *Journal of Experimental Social Psychology*, 2008, 44, p. 1334-1338.

58 Berreby D., *Us and them. Understanding your tribal mind*, New York, Little, Brown and Company, 2005.

59 Lammers J., Stapel D. A., Galinsky A. D., "Power increases hypocrisy: Moralizing in reasoning, immorality in behavior", *Psychological Science*, 2010, 21, p. 737-744.

11장 —인간이 부도덕에 굴복할 때

1 Levi P., *Si c'est un homme*, Paris, Presses Pocket, 1971, p. 211-212.

2 Cohen L., *Musiques d'ailleurs. Anthologie de poèmes et de chansons*, Paris, Christian Bourgois, 1994, p. 105.

3 아렌트의 분석에 모두 동의하지는 않았다. 다음을 참고하자. Walters, G., *La Traque du mal*, Paris, Flammarion, 2009 ; voir aussi l'interessante discussion de Wieviorka M., *La Violence*, Balandier, 2004, chap. 11

4 Arendt H., *Considérations morales*, Paris, Rivages, 1996, p. 25.

5 Caillois R., *Instincts et société*, Paris, Gonthier, 1964, p. 11 et 34, cité par Fize M., *Mais qu'est-ce qui passe par la tête des méchants?*, Paris, Marabout, 2009.

6 반대로, 모르는 사이라 해도 짧게 시선을 맞춘 상대에게는 도움을 제공할 가능성이 높아진다. (Solomon H., *et al.*, "Anonymity and helping", *Journal of Social Psychology*, 1981, 113, p. 37-43)

7 Blass T., *The Man Who Shocked the World: The Life and Legacy of Stanley Milgram*, New York, Basic Books, 2004 ; Guéguen N., *Autorité et soumission*, Paris, Dunod, 2010 ; voir aussi Dambrun M., Vatiné E., "Reopening the study of extreme social behaviors: Obedience to authority within an immersive video environment", *European Journal of Social Psychology*, 2010, 40, p. 760-773.

8 Meeus W., Raaijmakers Q., "Administrative obedience: Carrying out orders to use psychological-administrative violence", *European Journal of Social Psychology*, 1986, 16, p. 311-324.

9 Doise W., *Discriminations sociales et droits universels*, Grenoble, Presses Universitaires de Grenoble, 2009.

10 밀그램의 실험을 그대로 따온 연구자들이 제시한 결론이 모두 정당화되기는 어렵다. 다음 기사를 참고하라. Bègue L., Terestchenko M., "La télévision favorise-t-elle les comportements violents? De tueurs-nés à la zone extrême", *Esprit*, 2010, mai, p. 44-62.

11 Browning C., *Des hommes ordinaires*, Paris, Tallandier, 2007.

12 앞의 책, p. 259.

13 Ogien R., *La Panique morale*, Paris, Grasset, 2004.

14 Goldhagen J., *Les Bourreaux volontaires de Hitler*, Paris, 1997, Seuil, p. 22.

15 Chalk F. R., Jonassohn K., *The History and Sociology of Genocide: Analyses and Case Studies*, New Haven, Yale University Press, 1990.

16 Shamay-Tsoory S., "The role of the orbitofrontal cortex in affective theory of mind deficits in criminal offenders with psychopathic tendencies", *Cortex*, 2010, 46, p. 668.

17 Williams K., *et al.*, "Identifying and profiling scholastic cheaters: Their personality, cognitive ability, and motivation", *Journal of Experimental Psychology*: Applied, 2010, 16, p. 293.

18 Williamson S., Hare R. D., Wong S., "Violence: Criminal psychopaths and their victims", *Canadian Journal of Behavioral Science*, 1987, 19, p. 454-462.

19 Blair J., "Neurocognitive models of aggression, the antisocial personality disorders, and psychopathy", *Neurology, Neurosurgery, and Psychiatry*, 2001, 71, p. 727-731.

20 Blair R. J., Mitchell D., Blair K, *The Psychopath : Emotion and the Brain*, Oxford, Blackwell, 2006.

21 Jones D. N., Paulhus D. L., "Different provocations trigger aggression in narcissists and psychopaths", *Social Psychological and Personality Science*, 2010, 1, p. 12-18.

22 Blair J., "The roles of orbital frontal cortex in the modulation of antisocial behavior", *Brain and Cognition*, 2004, 55, p. 198-208.

23 Baumeister R., *Evil*, New York, Basic Books, 1999, p. 221.

24 전화 설문조사를 마치면서 피실험자에게 8개월 전의 TV쇼와의 관련성을 밝히고 당시의 녹화 자료와 연결 지어 설문자료를 분석해도 좋은지 양해를 구했다.

25 Goldberg L. R., "An alternative "description of personality": The big-five factor structure", *Journal of Personality and Social Psychology*, 1990, 59, p. 1216-1229.

26 Dovidio J. F., et al., *The Social psychology of prosocial behavior*, Mahwah, Erlbaum, 2006.

27 Srivastava S., et al., "Development of personality in early and middle adulthood: Set like plaster or persistent change?", *Journal of Personality and Social Psychology*, 2003, 84, p. 1041-1053.

28 Sande G. N. et al., "Value-guided attributions: Maintaining the moral self-image and the diabolical enemy image", *Journal of Social Issues*, 1989, 45, p. 91-118.

29 Hesse P., Mack J. E., "The world is a dangerous place: Images of the enemy on children's television", in Rieber W. R. (éd.), *The Psychology of War and Peace. The Image of the Enemy*, New York, Plenum Press, 1991.

30 Lev-Ari S., et al., "Why don' we believe non-native speakers? The influence of accent on credibility", *Journal of Experimental Social Psychology*, 2010, 46, p. 1093-1096.

31 Kinzler K., Dupoux E., Spelke E., "The native language of social cognition", *Proceedings of the National Academy of Science*, 2007, 104, p. 12577-12580.

32 Pepitone A., Reichling G., "Group cohesiveness and the expression of hostility", *Human Relations*, 1955, 8, p. 327-337.

33 Yinon Y., Jaffe Y., Feshbach S., "Risky aggression in individuals and groups", *Journal of Personality and Social Psychology*, 1975, 31, p. 808-815 ; Meier B. P., Hinsz V. B., "A comparison of human aggression committed by groups and individuals: An interindividual-intergroup discontinuity", *Journal of Experimental Social Psychology*, 2004, 40, p. 551-559.

34 Craig K., "Examining hate-motivated aggression. A review of the social psychological literature on hate crimes as a distinct form of aggression", *Aggression and Violent Behavior*, 2002, 7, p. 85-101.

35 Hoyle R. H., Pinkley R. L., Insko C. A., "Perceptions of behavior: Evidence of differing expectations for interpersonal and intergroup interactions", *Personality and Social Psychology Bulletin*, 1989, 15, p. 365-376.

36 Zimbardo P., *The Lucifer Effect: Understanding How Good People Turn Evil*, New York, Random House, 2007.

37 위의 책, p. 198-199.

38 Carnahan T., Mc Farland S., "Revisiting the Stanford prison experiment: Could participant self-selection have led to the cruelty?", *Personality and Social Psychology Bulletin*, 2007, 33, p. 603-614.

39 Hugo V., *Claude Gueux et les derniers jours d'un condamné*, Paris, Larousse, 2008.

40 Bègue L., "There is no such thing as an accident, especially when people are drunk", *Personality and Social Psychology Bulletin*, 2010, 36, p. 1301-1304.

41 Bandura A., "Selective activation and disengagement of moral control", *Journal of Social Issues*, 1990, 46, p. 27-46.

42 Nietzsche F., *Humain trop humain*, Paris, Gallimard, 1995, paragraphe 11, p. 181.

43 Baumeister R., *Evil*, New York, Basic Books, 1999, p. 74.

44 Arsenio W. F., Lover A., "Children's conceptions of sociomoral affect: Happy victimizers, mixed emotions and other expectancies", *in* Killen M., Hart D. (éds.), *Morality in Everyday Life: Developmental Perspectives*, Cambridge University Press, 1995, p. 87-128.

45 Osofsky M. J., Bandura A., Zimbardo P. G., "The role of moral disengagement in the execution process", *Law and Human Behavior*, 2005, 29, p. 371-393.

46 Lacoste C., *Séductions du bourreau*, Paris, Presses Universitaires de France, 2010, p. 456-457.

47 Baumeister R. F., Stillwell A. M., Heatherton T. F., "Interpersonal aspects of guilt: Evidence from narrative studies", *in* Tangney J. P., Fischer K. W. (éds.), *Self-Conscious Emotions: The Psychology of Shame, Guilt, Embarrassment, and Pride*, New York, Guilford Press, 1995, p. 255-273.

48 Orizio R., *Talk of the Devil: Encounters with Seven Dictators*, Londres, Walker Co., 2004.

49 Marc, 5,9.

50 Dejours C., *Souffrance en France*, Paris, Seuil, 2000, p. 118.

51 Bechtel G., *La Chair, le diable et le confesseur*, Paris, Plon, 1994, p. 54.

12장 — 인간을 유혹하는 것들

1 Hartshorne H., May M. A., *Studies in the Nature of Character: I. Studies in Deceit*, New York, Macmillan, 1928.

2 Farrington D. P., Knight B. J., "Two non-reactive field experiments on stealing from a 'lost' letter", *British Journal of Social and Clinical Psychology*, 1979, 18, p. 277-284.

3 『로마인들에게 보낸 편지』 7장 15-21절.

4 Browning C., *Des hommes ordinaires*, Paris, Tallandier, 2007, p. 101.

5 Zimbardo P., *The Lucifer Effect: Understanding How Good People Turn Evil*, New York, Random House, 2007, p. 13.

6 Venner F., *L'Opposition à l'avortement*, Paris, Berg International Éditeurs, 1995.

7 Singer P., *Questions d'éthique pratique*, Paris, Bayard, 1997.

8 Takooshian S. *et al.*, "Who wouldn't help a lost child? You maybe", *Psycholoy Today*, 1977, 88, p. 67-68.

9 Forgas J. P., Dunn E. W., Granland S., "Are you being served…? An unobtrusive experiment of affective influences on helping in a department store, *European Journal of Social Psychology*, 2008, 38, p. 333-342.

10 Kleinke C., "Compliance to requests made by gazing and touching experimenters in field settings", *Journal of Experimental Social Psychology*, 1977, 13, p. 218-223.

11 Baron R., "The sweet smell of helping: effects of pleasant ambient fragance on prosocial behavior in shopping mall", *Personality and Social Psychology*

Bulletin, 1997, 23, p. 498-503.

12 Isen A. M., Levin P. F., "Effect of feeling good on helping: Cookies and kindness", *Journal of Personality and Social Psychology*, 1972, 21, p. 384-388.

13 Rosenhan D. L., Salovey P., Hargis K., "The joys of helping: Focus of attention mediates the impact of positive affect on altruism", *Journal of Personality and Social Psychology*, 1981, 40, p. 899-905.

14 Rosenhan D. L., Underwood B., Moore B. S., "Affect moderates self-gratification and altruism", *Journal of Personality and Social Psychology*, 1974, 30, 552.

15 Levin P. F., Isen A. M., "Further studies of the effect of feeling good and helping", *Sociometry*, 1975, 38, p. 141-147.

16 Carnevale P. J., Isen A. M., "The influence of positive affect and visual access on the discovery of integrative solutions in bilateral negotiation", *Organizational Behavior and Human Decision Processes*, 1986, 37, p. 1-13.

17 North A. C., Tarrant M., Hargreaves D. J., "The effects of music on helping behavior: A field study", *Environment and Behavior*, 2004, 36, p. 266-275.

18 Kosfeld M., *et al.*, "Oxytocin increases trust in humans", *Nature*, 2005, 435, p. 673-676.

19 Carlson M., Charlin V., Miller N., "Positive mood and helping behavior: A test of six hypotheses", *Journal of Personality and Social Psychology*, 1988, 55, p. 211-229.

20 Bègue L., *L'Agression humaine*, Paris, Dunod, 2010.

21 Latane B., Darley J. M., "Group inhibition of bystander intervention in emergencies", *Journal of Personality and Social Psychology*, 1968, 10, p. 215-221.

22 Simpson M. A., "Brought in dead", *Omega, Journal on Death and Dying*, 1976, 7, p. 243-248; Samerotte G. C., Harris M. B., "Some factors influencing helping: The effects of an handicap, responsibility, and requesting help", *Journal of Social Psychology*, 98, p. 39-45.

23 Smith R. E., Smythe L., Lien D., "Inhibition of helping behavior by a similar or dissimilar nonreactive fellow bystander", *Journal of Personality and Social Psychology*, 1972, 23, p. 414-419.

24 Firestone I. J., Lichtman C. M., Colamosca J. V., "Leader effectiveness and leadership conferral as determinants of helping in a medical emergency",

Journal of Personality and Social Psychology, 1975, 31, p. 343-348.

25 Peterson L, "Role of donor competence, donor age, and peer presence on helping in an emergency", *Developmental Psychology*, 1983, 19, p. 873-880.

26 Huston T. L., et al., "Bystander intervention into crime: A study based on naturally-occurring episodes", *Social Psychology Quarterly*, 1981, 44, p. 14-23.

27 Duval S., Duval V. H., Neely R., "Self-focus, felt responsibility, and helping behavior", *Journal of Personality and Social Psychology*, 1979, 37, p. 1169-1778.

28 Aquino K. Reed A., "The self importance of moral identity", *Journal of Personality and Social Psychology*, 2002, 83, p. 1423-1440.

29 Narvaez D., et al., "Moral chronicity and social information processing: Tests of a social cognitive approach to the moral personality", *Journal of Research in Personality*, 2006, 40, p. 966-985.

30 Sandrine Blanchard, *Le Monde*, 20 octobre 2003.

31 Muraven M., Tice D. M., Baumeister R. F., "Self-control as limited resource: Regulatory depletion patterns", *Journal of Personality and Social Psychology*, 1998, 74, p. 774-789.

32 Voir Baumeister R. F., Vohs K. D. "Self-regulation, ego depletion, and motivation", *Social and Personality Psychology Compass*, 2007, 1, p. 1-14.

33 Muraven M., Collins R. L., Nienhaus K., "Self-control and alcohol restraint: A test of the self-control strengthmodel", *Psychology of Addictive Behaviors*, 2002, 16, p. 113-120.

34 Mead N. L., et al., "Too tired to tell the truth: Self-control resource depletion and dishonesty", *Journal of Experimental Social Psychology*, 2009, 45, p. 594-597.

35 Crandall C. S., Eshleman A., "A justification-suppression model of the expression and experience of prejudice", *Psychological Bulletin*, 2003, 129, p. 414-446.

36 Baumeister R., "Ego depletion and self-control failure", *Self and Identity*, 2002, 1, p. 129-136.

37 Gailliot M. T., et al., "Self-control relies on glucose as a limited energy source: Willpower is more than a metaphor", *Journal of Personality and Social Psychology*, 2007, 92, p. 325-336.

38 Baumeister R. F., *et al.*, "Self-regulation and personality: How interventions increase regulatory success, and how depletion moderates the effects of traits on behavior", *Journal of Personality*, 2006, 74, p. 1773-1801; GailliotM., *et al.*, "Increasing self-regulatory strength via exercise can reduce the depleting effect of suppressing stereotypes", *Personality and Social Psychology Bulletin*, 2007, 33, p. 281-294.

39 Voir Mintz S., "Sugar and morality", *in* Brandt A., Rozin P. (éds), *Health and Morality*, New York, Routledge, 1997, p. 173-184.

40 Moore S. C., Carter L., Van Goozen S., "Confectionary consumption in childhood and adult violence", *British Journal of Psychiatry*, 2009, 195, p. 366-367.

41 Li X., *et al.*, "The effects of appetite stimuli on out of domain consumption impatience", *The Journal of Consumer Research*, 2008, 34, p. 649.

42 Boettiger C. A., *et al.*, "Immediate reward bias in humans: Frontoparietal networks and a role for the catechol-O-methyltransferase 158(Val/Val) genotype", *The Journal of Neuroscience*, 2007, 27, p. 14383.

43 Sethi A., *et al.*, "The role of strategic attention deployment in development of self-regulation: Predicting preschoolers' delay of gratification from mother-toddler interactions", *Developmental Psychology*, 2000, 36, p. 767-777.

44 Bandura A., Mischel W., "Modification of self-imposed delay of reward through exposure to live and symbolic models", *Journal of Personality and Social Psychology*, 1965, 2, p. 698-705.

45 McCullough M. E., Willoughby B., "Religion, self-regulation, and self-control: Associations, explanations, and implications", *Psychological Bulletin*, 2009, 135, p. 69-93.

46 Van Dellen M. R., Hoyle R. H., "Regulatory accessibility and social influences on state self-control", *Personality and Social Psychology Bulletin*, 2010, 36, p. 251-263.

47 Mischel W., Shoda Y., Rodriguez M. L., "Delay of gratification in children", *Science*, 1989, 244, p. 933-938.

48 Moffitt T., *et al.*, "A gradient of childhood self-control predicts health, wealth, and public safety", *Proceedings of the National Academy of Science*, 2011, 108, p. 2693-2698.

49 Baumeister R. F., Vohs K. D., Tice D. M., "The strength model of self-control", *Current Directions in Psychological Science*, 2007, 16, p. 396-403.

50 Vohs K. D., et al. "Making choices impairs subsequent selfcontrol: A limited resource account of decision making, self-regulation, and active initiative", *Journal of Personality and Social Psychology*, 2008, 94, p. 883-898.

51 Schwartz B., *Le Paradoxe du choix*, Paris, Marabout, 2006.

52 Subra B., Bègue L., "Alcool et conduites agressives: le rôle modulateur des attentes en matière d'agressivité ébrieuse", *Alcoologie et addictologie*, 2009, 31, p. 5-11.

53 Lynn M., "The effect of alcohol consumption on restaurant tipping", *Personality and Social Psychology Bulletin*, 1988, 14, p. 87-91.

54 예기치 못한 상황을 피하기 위해 음료를 나눠주는 조교들에게도 그 음료에 알코올이 들어있는지 여부를 알려주지 않았다.

55 Lieberman J. D., Solomon S., Greenberg J., "A hot new way to measure aggression: Hot sauce allocation", *Aggressive Behavior*, 1999, 25, p. 331-348.

56 Bègue L., et al., "The message, not the bottle: Extrapharmacological effects of alcohol on aggression", *Journal of Experimental Social Psychology*, 2009, 45, p. 137-142.

57 Reynaud M., *Traité d'addictologie*, Paris, Flammarion, 2006 ; voir aussi Reynaud M., Karila L., *On ne pense qu'à ça*, Paris, Flammarion, 2009 ; Valleur M., Matysiak J.-C, *Les Nouvelles Formes d'addiction. L'amour, le sexe, les jeux vidéos*, Paris, Flammarion, 2004.

58 Ranke-Heineman U., *Des eunuques pour le royaume de Dieu. L'Église catholique et la sexualité*, Paris, Hachette, 1992, p. 16.

59 Bologne J. C., *Histoire de la pudeur*, Paris, Hachette, 1997, p. 380.

60 Reich W., *Psychologie de masse du fascisme*, Paris, Payot, 1972.

61 *Tartuffe*, III, 3. (v. 861-862)

62 Eliasberg W. G., Stuart I. R., "Authoritarian personality and the obscenity threshold", *Journal of Social Psychology*, 1981, 55, p. 143-151.

63 Peterson B., Zurbriggen E., "Gender, sexuality, and the authoritarian personality", *Journal of Personality*, 2010, 78, p. 1801-1826. 아도르노의 이론에 입각한 연구들 중에서 짚고 넘어갈 만한 것은, (밀그램의 전기충격 실험과 비슷한 유형의) 실험 상황에서 권위에 잘 복종하는 사람일수록 아도르노의 검사에서도 권위주의 수준이 높게 나왔다는 점이다. 따라서 이 권위주의 척도는 집단의 영향력에 대한 복종 여부를 어느 정도 예측하게 해준다. 애시의 실험(이 책 4장)을 활용한 한 연구에서도 집단의 생각에 많이 휘둘리는 사람일수록 권위주의 수준이 높다는 결과가 나왔

다. (Crutchfield R. S., "Conformity and character", *American Psychologist*, 1959, 10, p. 191-198)

64 Gottfredson M., Hirschi T., *A General Theory of Crime*, Stanford, Stanford University Press, 1990.

65 Cusson M., *Criminologie actuelle*, Paris, PUF, 1998.

66 Righetti F., Finkenauer C., "I trust you because you are able to control yourself: The role of perceived self-control on interpersonal trust", *Journal of Personality and Social Psychology*, 2011, 100, p. 874-886.

67 Marshall S. L., *Men against Fire*, Gloucester, Peter Smith, 1978.

68 Milgram S., *Soumission à l'autorité*, Paris, Calmann-Lévy, p. 193-194.

69 Breton P., *Les Refusants. Comment refuse-t-on de devenir exécuteur*, Paris, La Découverte, 2009, p. 78.

70 Lifton J., *The Nazi Doctors*, New York, Basic books, 1986.

71 Merle R., *La Mort est mon métier*, Paris, Gallimard, 1972, p. III.

72 Roberts B. W., *et al.*, "Conscientiousness", *in* Leary M., Hoyle R. (éds.), *Handbook of Individual Differences in Social Behavior*, New York, Guilford, 2009.

73 *Lettres philosophiques*, Paris, Vrin, p. 162, cité par Valadier P., *Éloge de la conscience*, Paris, Seuil, 1994.

에필로그

1 Hamlin G., *et al.*, "Social evaluation by preverbal infants", *Nature*, 2007, 450, p. 557.

2 Miller D. T., Ratner R. K., "The power of the myth of self-interest", in Montada L., Lerner M. J. (éds.), *Current Societal Issues about Justice*, New York, Plenum Press, 1996, p. 25-48.

3 Baumeister R., *The Cultural Animal*, Oxford, Oxford University Press, 2005.

4 Cohen A. B., Rozin P., "Religion and the morality of mentality", *Journal of Personality and Social Psychology*, 2001, 81, p. 697-710.

5 Yu E., Liu J., "Environmental impacts of divorce", *Proceedings of the National Academy of Sciences of the United States of America*, 2007, 104, p. 20629-20634.

6 La Rochefoucauld, Maxime 128.

7 Parks C., *et al.*, "The desire to expel unselfish members from the group", *Journal of Personality and Social Psychology*, 2010, 99, p. 303-310.

8 Monin B., Sawyer P. J., Marquez M. J., "The rejection of moral rebels: Resenting those who do the right thing", *Journal of Personality and Social Psychology*, 2008, 95, p. 76-93.

9 Lipovesky G., "L'ère de l'apres-devoir", *in* Besnier J.-M., *et al.* (éds.), *La Société en quête de valeurs*, Paris, Laurent du Mesnil éditeur, 1996.

10 Master S. L., *et al.*, "A picture's worth: Partner photographs reduce experimentally induced pain", *Psychological Science*, 2009, 20, p. 1316-1318.

11 Triandis H., *Individualism and Collectivism*, Boulder, Westview Press, 1995.

12 Bouhia R., "Les personnes en couple vivent plus longtemps", *Insee Première*, 2007, n° 1155.

13 Bloom B. L., Hodges W. F., "The predicament of the newly separated", *Community Mental Health Journal*, 1981, 17, p. 277-293.

14 Lagarde E, *et al.*, "Emotional stress and traffic accidents: The impact of separation and divorce", *Epidemiology*, 2004, 15, p. 762-766.

15 Keltner D., Marsh J., Smith J. A., *The Compassionate Instinct*, New York, Norton, 2010, p. 189.

16 Baumeister R. F., Masicampo E. J., DeWall C. N., "Prosocial benefits of feeling free: Disbelief in free will increases aggression and reduces helpfulness", *Personality and Social Psychology Bulletin*, 2009, 35, p. 260-268.

17 Geertz C., *The Interpretation of Culture*, New York, Basic Books, 1973, p. 5.

18 Blackmore S., *La Théorie des mêmes*, Paris, Max Milo, 2006.

19 Staub E., *Positive Social Behavior and Morality*, vol. 2: *Socialization and Development*, New York, Academic Press, 1979.

20 Nietzsche F., *Par-delà bien et mal*, Paris, Gallimard, 1987, p. 91.